Vjekoslav Radović

# KAD SU CVETALE JAPANSKE TREŠNJE

PROSVETA

*Svaka eventualna sličnost junaka ovog romana,
sa ličnostima iz stvarnog života je slučajna.*

# I

# O ŽIVOTU I SMRTI

## 1

Kad su pogrebna kola krenula od kapele na beogradskom Novom groblju prema Aleji zaslužnih građana, masa sveta se malo razmakla da napravi prolaz, a žene u crnini – kao i poneki muškarac nežnijeg srca – počeli su da šmrcaju. Oglasili su se i zvuci posmrtnog marša, dok se kolona, predvođena sveštenicima, polako kretala prema odredištu.

„Sad smo jedan manje", reče prosed, stariji čovek, uključujući se u pogrebnu povorku, skrušeno prekrštenih ruku ispred sebe, koje kao da su ga sputavale u hodu. Čovek, prosto, ne može napred, ako se ne razmahne. Ali, ovo nije bio trenutak za razmahivanje. Bio je to trijumf smrti nad životom, manifestacija ljudskog ništavila i nemoći u odnosu na veliku tajnu – „tamo negde iza".

„To ti je život, danas jesi, sutra nisi!" – reče drugi. „Makar kad bi se znao neki red. Zamisli, čovek je bio deset godina mlađi od mene!"

„Strašno", opet će onaj prvi, „sve češće se viđamo samo u ovakvim prilikama."

Prisluškivao sam krajičkom uha razgovor, koji se mešao sa zvucima posmrtnog marša, i razmišljao kako su sve sahrane jedna nalik drugoj, a dijalozi maltene u dlaku isti;

nekako usiljeni, nelagodni i, u suštini, isprazni. Ponekad je bolje ćutati. Nije mi bilo jasno otkud Gorana da sahrane u Aleji velikana, ili zaslužnih građana. Nisam mogao da se setim nijednog novinara kome je bila ukazana takva čast. Čak ni za „kosovskog slavuja", veliku pesnikinju Darinku Jevrić, tamo nije bilo mesta, pa je završila „bogu iza leđa" – na Orlovači. Mora da je u Goranovom slučaju postojala neka „tajna veza", koje nisam bio svestan. A, nije bio ni poslušnik, ni ulizica, ni podrepaš.

Setio sam se jednog sunčanog dana pre pedesetak i više godina, kad sam kao klinac slušao u dlaku isti razgovor u jednoj pogrebnoj povorci. Umrla je jedna mlada žena i sahranjena je po tadašnjim običajima – bez sveštenika. Govor je, kako su posle komentarisali prisutni, „biranim rečima" držao lokalni komunistički funkcioner. Žestok, prolećni vetar je u naletima mlatarao vencima na odru, vitlao krošnjama drveća, „vadeći iz konteksta", kako je posle običavalo da se kaže, delove rečenica, preteći da zajedno sa beličastim oblacima koji su, kao beli jaganjci, nekud hitro plovili po plavom svodu, pomete ceo tužni skup.

„I vetar kao da rida za pokojnicom!" – promrmljao je jedan skrušeni seljak. Lokalni komunistički funkcioner, koji je u to vreme bio zadužen za sve, od rađanja do umiranja, posegao je rukom u unutrašnji džep kaputa, značajno se nakašljao i počeo da čita svoj oproštajni govor. Vetar, kao da se u njega slilo duvanje svih „narodnih neprijatelja" toga vremena, bio je odlučan da ga onemogući. Do ušiju bi dopirale tek retke reči, koje je bilo nemoguće povezati u smislenu celinu. Ali, funkcioner nije želeo da se preda i poklekne pred neprijateljem. Sricao je uporno svoj napisani govor, držeći grozničavo papir obema rukama da ga vetar slučajno ne odnese, jer onda propade ukop. Tek kad su okupljeni već počeli da se nelagodno meškolje i značajno zagledaju, funkcioner je efektno poentirao: „I, neka je zauvek proklet dan kad si se ti rastala od svojih najmilijih!"

Posle toliko godina, ni sam ne znajući zašto, često sam se sećao samo tih reči. Da li zato što mi je to bila prva sahrana kojoj sam prisustvovao, ili mi se kletva, kao detetu, učinila nekako neprikladnom za taj trenutak, ili zbog toga što je vetar sve ostalo odneo u zaborav? I, čudio sam se kako se čoveku, ponekad, najobičnije, bezvezne i beznačajne banalnosti urežu u pamćenje za ceo život a, s druge strane, stvari u koje smo uložili mnogo truda i učenja da bi ih upamtili zauvek iščile.

Onda su došla vremena kad je „nebo plakalo" za svim zaslužnim „herojima revolucije", koji su redom odlazili na raport Svetom Petru. I svi su „umirali prerano". Kad su otišli i poslednji, odumrla je i Revolucija, a njena deca postadoše stegonoše demokratije, borci za ljudska prava, i zagovornici „novog svetskog poretka". Tako je to makar u zemlji Srbiji.

No, sve je to sad bilo daleka prošlost. I bila je, u svakom pogledu, jesen. Koračajući za tužnom povorkom prema Aleji zaslužnih građana, osećao sam, nekako čudno, jesen u kostima, u svakom koraku, ali pre svega u duši. Vetar je opet, ali blago, ćarlijao u krošnjama, posipajući prvim požutelim listovima stazu kojom je prolazila tužna povorka. Nebo nije plakalo. Možda se radovalo novom anđelu koji je upravo uzleteo ka njegovom plavetnilu?

„Otišao je tiho, kao što je živeo," opet se oglasio onaj prosedi. Bio je to još jedan otrcani kliše kakav se redovno čuje u sličnim prilikama, tek da se nešto kaže. Kao kad sretnete komšiju i kažete: „Zdravo, kako si?" – ali ne sačekate odgovor. Odgovor je, međutim usledio odmah: „Ni govora, Goran jeste bio tih i blag čovek, ali njegova novinarska reč bila je gromoglasna i daleko se čula!" – uzvratio je moj prijatelj Miško, koji je godinama radio sa Goranom.

„I, šta je rezultat svega toga? Umiremo osiromašeni, obespravljeni, poniženi, deca su nam bez posla, bez perspektive, kao narod smo stavljeni u geto, a zemlja nam se raspada", uzvrati onaj prvi. „Postoji li gore vreme za umiranje?"

„Ko zna, možda je smrt izbavljenje, jedini odgovor na bezizlaznost situacije u kojoj se nalazimo. Možda nam Bog zato i uzima najbolje, da bi ih poštedeo daljih muka, razočaranja i poniženja", ubacio sam se u razgovor.

„E, moj Veljko, onda ti i ja ne treba preterano da brinemo", primeti Miško u šali, kao da je želeo da skrene razgovor na malo lakše teme.

U tužnoj povorci primetio sam jednog tipa, koji je ličio na klošara. Viđao sam ga na sahranama, koje su bivale sve učestalije. I on je hodao skrušeno, usporenim korakom, mrmljajući sebi u bradu: „Veliki čovek, veliki."

„Poznavali ste ga dobro?" – upitah.

„Kako da nisam? Radili smo zajedno nekad davno, a i voleo je da popije. Eh, koliko smo samo vinjaka sljuštili zajedno, onako na sabajle, pre posla!"

„Ali, koliko znam, Goran nije preterivao ni u čemu, pa ni u piću", pokušao sam da ga demantujem.

„Eh, posle je prestao, kad mu je otišla jetra. Ali kasno, to ga je i dovelo dovde."

„Ali, Gorana je izdalo srce."

„Ma sve ti se to svodi na isto. Nego, hoće li posle biti ručak?" – upita klošar.

„Koliko znam – neće", uzvratih.

U međuvremenu, Miško me povuče u stranu i šapnu mi na uho: „Ma pusti bitangu, taj stalno dežura na groblju i ispraća pokojnike, ne bi li se ogrebao za besplatan ručak."

I stvarno, dok sam se osvrnuo, klošar je već bio malo zastao, onda se naglo okrenuo i počeo da grabi prema kapeli, da sačeka bolju priliku.

Prosedi je taman bio zaustio da kaže još nešto, kad stigosmo do rake, koja je, kao razjapljene ralje nezasite nemani, čekala svog novog „zaslužnog građanina".

Dok su sveštenici držali opelo, pogledom sam kružio po masi, tražeći poznata lica. Zapeo mi je za oko samo stasiti lik mladog kosovskog Srbina Zorana, za koga sam znao da se svojevremeno bio zamonašio, ali to nije dugo trajalo. Posle se muvao u nekoliko beogradskih redakcija, a od monaštva mu je ostalo makar toliko da je znao u pravo vreme da se prekrsti, za razliku od većine prisutnih koji bi čekali da to prvo urade sveštenici. Zoran mi je bio simpatičan, verovatno zbog svojih angažovanih tekstova koje je povremeno objavljivao, iako sam ga poznavao vrlo površno.

Prošlo je dosta godina otkad sam prestao da se krećem u novinarskim krugovima i odmetnuo u divljinu, neku vrstu svog monaškog života, posmatrajući bujanje, ili smiraje prirode, rast trave, promene godišnjih doba u krošnjama drveća, uživao sam gledajući reku kako, poput prosutog ulja, nečujno i tromo klizi prema svom dalekom cilju, osluškujući tišinu, cvrkut ptica, šum vetra u krošnjama, dobovanje kiše po krovu, čitajući i razmišljajući pored vatre. Uvukao se u mene neki blaženi mir, a nekadašnji mladalački žar da menjam svet odavno me je sasvim napustio. Ali, zarekao sam se, negde u dubini duše, da ni svetu neću dozvoliti da menja mene protiv moje savesti.U stvari, i nije to bila neka divljina – ona je bila više u meni samom – ali taj pitomi ambijent me je smirivao i omogućavao mi da se izolujem i isključim iz svog života sve što bi moglo da mi pokvari moje spokojstvo i mir.

U grad bih dolazio samo u retkim prilikama, obično na sahrane i parastose. Ređe na svadbe. Proradio je i kreč u mojim moždanim ćelijama, pa sam neke ljude prepoznavao samo po liku, neke po imenu ili prezimenu, a najčešće mi nije polazilo za rukom da spojim jedno sa drugim.

Za pokojnika me je posebno vezivao jedan davnašnji događaj, prilikom pomračenja sunca u Crnoj Gori. Veselo društvo zapilo se u kafani, odmah do predsednikovog kabineta u Podgorici, i udarilo da zbija šale zbog činjenice da su svi „hrabri Crnogorci" pobegli i sakrili se u svoje domove, jer je pomračenje najavljeno kao velika opasnost po zdravlje. Na glavnom gradskom trgu nije bilo žive duše kad se, već dobro podnapito društvo, uputilo ka kabinetu da vidi „gde čeka predsednik".

„Gde čeka – šta?" – upita sumnjičavo čovek iz obezbeđenja.

„Pa, pomračenje!" – dobio je odgovor.

„Predsednik je u Budvi i kakve vam to gluposti padaju na pamet?" – uzvrati bezbednjak i izbaci veselu družinu napolje.

„Super smo prošli", zaključi društvo i promeni kafanu. Takav je bio pokojnik.

U Crnoj Gori je posle došlo do pomračenja uma, što je pokojniku teško palo, i dok su ga pratili do „poslednjeg počivališta" – mada su neki tvrdili da on ni tamo neće da se smiri – Crna Gora je već bila druga država, nešto nalik na loše inostranstvo.

Sveštenici su nad grobom pojali: „Gospodi pomiluj, gospodi pomiluj!" Potom je usledila „vječnaja pamjat", pa onda „reči oproštaja", pri čemu se izređalo nekoliko Goranovih kolega i prijatelja.

Opet sam se setio jednog bivšeg visokog funkcionera, koji je obožavao da drži govore u sličnim prilikama. Od drugarice Mice, kafe kuvarice, do drugova iz Komiteta, i za svakoga bi našao poneku lepu reč, i istakao pokojnikove „revolucionarne zasluge" i vrline. Besednik je bio neiživljeni literata i svoje govore je posle objavljivao u knjigama. Objavljivale su to, bogami, ugledne izdavačke kuće, u više proširenih i dopunjenih izdanja, kako su se drugovi polako selili na onaj svet. Onda se država raspala, besednik je ostao bez funkcije, pa je samim tim i njegova literatura otišla na „smetlište istorije", zajedno sa delima druga Tita,

Marksa, Engelsa i Lenjina. Malo li je biti u takvom društvu, pa makar i na smetlištu?

## 2

Nekoliko nedelja kasnije, iznenada je otišao i Miško, što sam doživeo kao pravi šok. Setio sam se one njegove upadice na Goranovoj sahrani – da on i ja ne bi trebalo da brinemo. Neuspela šala. Danima nisam mogao da dođem sebi, prisećajući se raznih zgoda i nezgoda iz života, srećnih i manje srećnih trenutaka. Ostalo je toliko toga što je trebalo da mu kažem, toliko toga da ga pitam, ali za sve je, kao, bilo vremena, pa bismo ostavljali za drugi put. Kao kad se čovek usredsredi na daleka putovanja, a da prethodno ne upozna ni svoj zavičaj. Jer za to, kao, uvek ima vremena, jer je to tu, pred nosom. A, nikad se ne zna kad će vreme da stane. Onda, odjednom – kraj.

Kao u onoj pesmi, italijanskog nobelovca Salvatora Kvazimoda, *Ed è subito sera*: *Svako stoji sam na srcu zemlje/obasjan zračkom sunca/i odjednom je veče.* Mrak. Ništa. Nepovrat.

Nisam nikako mogao da se pomirim s tim stanjem i gubitkom druga. Tek sad sam osetio neodoljivu potrebu da s njim komuniciram, da mu kažem sve što sam propustio, uzmem, i urežem u pamćenje, makar deo onoga što je odneo sa sobom. Jedino rešenje bilo je da sednem i napišem pismo mrtvom drugu. Zbog sopstvene savesti, pre i iznad svega.

*Dragi Miško,*
*Ovo je stvarno previše. I ko to može da izdrži – dve sahrane u tako kratko vreme, i to dvojici dragih prijatelja! Šta ti bi da se iskradeš iz naših života tako nenadano, da nas osta-*

viš u neverici, zaprepašćene i nespremne? Nemaš pojma koliko nas je plakalo na tvom poslednjem ispraćaju, onako iskreno, neobuzdno, iz srca. Smrt, izgleda, oplemenjuje one koji ostaju, makar na kratko. Posle opet sve zaboravimo i postanemo zveri, ujedajući levo i desno, zbog nekih problematičnih uverenja, makijavelističkih ciljeva, ili ideala. Postoji li ideal ujedanja? I kakvim ciljem može da se opravda?

Izgleda da mi, oplakujući pokojnika, istovremeno, ako ne i prevashodno, oplakujemo sebe, sluteći neminovnost istog ishoda. Nema većeg razloga da se rasplačeš na tuđoj sahrani od spoznaje da na svojoj sigurno nećeš imati priliku. Odjednom ti padne na pamet: Bog te, šta ako ja sutra capnem, a nisam se ni „spakovao"!? Pitanje je sasvim na mestu, bez obzira na dob, pol i društveni status. Sve se pobrkalo i smrt, kao da je pomahnitala, više ne poštuje nikakav red. Da li je u pitanju „osiromašeni uranijum", koji su nam ostavili naši nekadašnji idoli, Amerikanci, godine ratova, sankcija i stresnog življenja? Siromaštvo i beda koji su se uvukli u naše živote? Ozonske rupe i efekat „staklene bašte", ili nešto o čemu još uvek nemamo pojma?

Koliko je smrt nepravedna što ne poštuje nikakav red, toliko je, ipak, pravedna što ne priznaje ni klasne, ni rasne, ni socijalne, ni verske, ni političke, ni bilo kakve druge razlike. Bog te, hoće li ostati iko da meni održi govor? - čovek se zapita u takvim situacijama. I, šta će da kaže? Kome da ostavim ceduljicu?

Tebi su, dragi moj Miško, došli na ispraćaj svi oni kojih nije bilo kad su ti bili najpotrebniji. Impresivna masa – namerno neću da kažem – gomila, sveta. A, ja sam ponekad imao utisak da si sam na svetu i da, na neki svoj uvrnuti način, uživaš u toj svojoj samoći, da je to tvoj izbor. Znam, ti bi, verovatno, rekao – smradovi!

Jedan ti je čak održao divan govor, pravo iz duše, iskreno i toplo i, što je najvažnije – istinito. Poznavao te je, *i cenio, više nego što si mogao da slutiš. Zato, nemoj da im zameraš. Možda su shvatili svoje propuste, možda ih je baš tvoja smrt otreznila i oplemenila. Svaka smrt ima otrežnjujuće dejstvo. Možda smo zbog tebe svi mi postali bolji ljudi? Prekasno za tebe, ali ne za nas i čovečanstvo.*

*A, što se sad i ja prenemažem nad tvojom smrću, kao da sam uvek bio tu kad ti je trebalo? Kao da sam bio bolji od drugih. Istina, pokušavao sam neke stvari da učinim, ali nijedna nije urodila plodom. Nismo se čak ni družili tako često, kao što to čine pravi prijatelji. Ali, nekako sam uvek znao da si tu, prosto sam te osećao u svojoj blizini. i osećao se dobro. To ti je kao kad imaš nešto za šta si siguran da nikad u životu ne možeš da izgubiš. Srbi su, verovatno, najdruželjubiviji narod na svetu, ali se i oni sve manje druže. Takva su, izgleda, vremena. Nemaština, beda i nedostatak svake perspektive učinili su svoje.*

*Onda si ti zeznuo celu stvar: otišao si naprasno u bolnicu, navodno, zbog napada žuči, a umro od srca, kao i Goran! Sve u dva dana. To, verovatno, može samo u Srbiji. Jer, toliko se gorčine nagomilalo u svima nama, koja se preliva iz žuči u srce, da se sve svodi na isto, što reče onaj kološar na Goranovoj sahrani. Pitanje je samo šta će pre, i koga, da izda.*

*I tek sad, kad si se ti uputio na svoje poslednje putovanje, u rodnu Crnu Goru, kao da mi dopire do svesti da si otišao zauvek. Da više nisi tu, negde u blizini, da je ostalo milion stvari koje te nisam pitao, toliko toga što nisam stigao da ti kažem; milion tvojih muka koje mi, ponosan kakav si bio, nikad nisi rekao. Ali, neću ti dozvoliti da tek tako odeš. Zaustaviću te negde ispod onih surih vrleti u kanjonu Morače, i ima da me čuješ do kraja. A, tek kad se sretnemo kod svetog Petra, možda već sutra, reći ću ti kolika inspiracija si bio za mene. U međuvremenu, znam da od sada možemo da komuniciramo samo putem mentalnih talasa, možda bioenergije, ili putem duhovnih SMS poruka, mada više nismo u istoj mreži.*

*Idi, bre, Miško, opet ću početi da ridam, kao poslednja cmizdra. Ne znam samo da li zbog tebe, ili zbog sebe. Moram nešto da ti priznam: prisustvujući u poslednje vreme sve učestalijim sahranama, uglavnom mlađih od sebe, počeo sam da razmišljam kome da ostavim onu ceduljicu, da eventualno kaže neku reč, kad dođe vreme. Izbor se, nekako, uvek svodio na tebe. Međutim, pokvario si mi celu koncepciju – otišavši pre vremena.*

*Ali, moram da ti priznam da si i mene učinio malčice boljim čovekom i da sam odustao od ceduljice. Na tvom ispraćaju sreo sam ženu s kojom se ni u čemu nisam slagao, i koju sam u nekoliko navrata žestoko opaučio u novinama. Znaš ona, što se preziva po donjem vešu? Čak sam bio napisao da joj je sva pamet u prezimenu. A, ona je izgovorila toliko toplih, ljudskih reči o tebi, da sam se postideo. To me je dovelo u čudnu nelagodu. Osetio sam odjednom kako su sva naša sporenja, razmirice i razlike, ništavni pred veličinom i neumitnošću smrti.*

*Nama, koji smo pretrpeli tolike nepravde, nedaće i šikaniranja, ponekad se učini prirodnim da ujedemo protivnika zubima i nemilosrdno izgrebemo noktima. Ali, i sama pomisao na smrt navede čoveka na razmišljanje o posledicama i – treba li baš tako? Odlučio sam da ubuduće budem obazriviji i tolerantniji, samo ne znam hoću li moći da nadvladam svoju poganu narav. Ali, trudiću se. Vidiš, i to je tvoj doprinos čovečanstvu i poboljšanju međuljudskih odnosa. Znam, ti bi sad, verovatno, rekao – ne seri! Ali, veruj mi da je tako.*

*Još nešto moram da ti kažem: posle onog pića nakon Goranove sahrane, video sam se sa njegovim šefom i porazgovarao o tebi. Bilo mi je neprijatno, jer Goran se još nije ni ohladio, a ja sam mu predložio da te uzme na nje-*

*govo mesto. Jeste, sve je to pomalo odvratno, i taj princip „dok se jednome ne smrkne drugome ne svane", ali svi su se negde udenuli, samo ti si ostao da visiš skoro deset godina bez pravog posla. Počeo je nešto da vrluda, kao već je pretrpan, ima višak ljudi, ali, kao – čućemo se. Poznate su ti te cake. Samo što mi nije rekao: „Nemoj da me zoveš – zvaću ja tebe!"*

*Nisam ni stigao da ga zovem jer, umesto da sedneš na Goranovo mesto, ti si otišao za njim. Verovatno si me samo poštedeo još jednog poniženja. Ti si našao svoje mesto i više ti niko ne treba. Tu si u prednosti nad nama živima. Ne moraš više da slušaš ono: „Pa što mi ne reče juče, sve bismo sredili!"*

*Pišem ti sve ovo umesto govora nad tvojim odrom. Tako je bolje za obojicu, jer sam, inače, nikakav govornik. Ali, evo, ne mogu da odolim a da s tobom ne popričam o smislu života i smrti. A, ti si sad podjednako verziran i u jedno i u drugo.*

*Još ovo da ti kažem: odmah posle tvoje sahrane popričao sam s onim našim kolegom Zoranom, koji se svojevremeno bio zamonašio, pa ubrzo opet vratio u novinarstvo. Hteo je da odemo na piće, da popijemo koju čašicu za pokoj tvoje duše. Morao sam da ga odbijem, jer posle onog našeg pića kod „Ruskog cara" za pokoj Goranove duše, više posle sahrane ni sa kim ne idem u kafanu.*

*Reče da bi hteo nešto važno da popričamo. Nemam pojma o čemu se radi, ali sve se nešto plašim da mu ja ličim na Majku Terezu i da mu treba nešto što je van mojih moći. Ipak, dogovorili smo se da se uskoro vidimo. Pisaću ti, možda, o tome, i svemu drugom. Znam da te sve zanima, a tu ti je sigurno užasno dosadno bez televizije, novina, interneta.*

*Nadam se da se onaj Asanž iz Vikiliksa još nije fokusirao na moje depeše.*

*U životu i smrti tvoj, Veljko*

# II

# DUH GAVRILA PRINCIPA

## 1

Sa Zoranom sam se sreo desetak dana kasnije i moram da priznam da me je ozbiljno zaintrigirao. Zakazao je sastanak u jednoj prčvarnici u Ulici Gavrila Principa, što je bilo čudno, jer u okolini ima toliko „narodskih" kafana u kojima čovek može da se ispriča do mile volje. U prčvarnici nije bilo skoro nikoga. Mesto je bilo neugledno, mada prijatno. Usamljeni konobar nije mnogo obraćao pažnju ni na ono malo gostiju, nego je nalakćen na sto u jednom ćošku odsutno čitao novine.

„Izvinite, ja se malo zaneo", reče prilazeći našem stolu. „ Čitam šta nam rade ovi belosvetski zlikovci. Nego, šta ste želeli?"

„Ja bih jednu kajsijevaču", rekoh. „Zvuči dobro!" – složio se Zoran. „I dve čaše kisele vode", doviknuh konobaru koji se već bio uputio prema šanku.

„Otkud baš ovo mesto, šta te vezuje za ovu prčvarnicu?" – upitah. On se značajno nasmešio: „Ništa posebno. Možda Gavrilo Pricip. Ova ulica je sve što je od njega ostalo u Beogradu. Više nema Gavrila, ni u jednini ni u množini, a nema ni principa. Nema ni njegove omiljene kafane *Zlatna moruna*, a ni spomenik mu nismo podigli svih ovih godina."

„To bi moglo da bude problematično", rekoh. „On se sada po svetskim standardima smatra teroristom, a gde si video da se takvima podižu spomenici? Čak su mu i ona stopala na obali Miljacke u Sarajevu izbrisali. Nije mala stvar ubiti austrougarskog nadvojvodu, pa još i ženu mu."

„Sofija je tu bila samo 'kolateralna šteta'. To je lepo objasnio onaj monstruozni Džejmi Šej, portparol NATO, u vreme bombardovanja Jugoslavije. Sve se danas, dragi moj, okrenulo naglavačke. Srušili su i spomenike Andriću i Ćopiću u Bosni. Ali, da je samo to", lamentirao je Zoran. „A, Adem Jašari, Hašim Tači i njima slični su po tim istim standardima 'demokrate i borci za slobodu', je l' da?" procedio je kiselo i zapalio novu *drinu* bez filtera.

Gledajući njegove nemirne, crne oči, pune nekog neobjašnjivog naboja i strasti, koji su na trenutke delovali zastrašujuće, njegovo isposničko lice i prosedu kosu, iako se tek približavao četrdesetoj, pomislih kako je šteta što ipak nije ostao u manastiru. Nedostajala mu je samo brada i mantija. Ali onda, opet, pomislih, koji manastir može da ukroti tu nemirnu, kontradiktornu narav. Nije on, ipak, tip za „tihovanje", što bi rekao Radovan Karadžić, nego pre čovek od akcije.

„Stvarno, šta ti bi da, prvo, odeš u manastir, a potom da ga tako brzo napustiš?" – upitah bojažljivo.

Otpio je gutljaj kajsijevače, pa mi se unese u lice, pogledom koji je nagoveštavao da ne treba da očekujem suvisli odgovor. Dilema kao da ni u njegovoj glavi još nije bila savim razrešena.

„Teško je to objasniti", reče najzad. „Mi smo iz jednog sela kod Kline, na samoj obali Belog Drima. Imali smo tu lepu kuću i imanje, na samoj obali reke, koje su roditelji marljivo obrađivali i sasvim smo pristojno živeli. Bilo je tu na okupu desetak srpskih kuća i sa komšijama Albancima u okolini nismo imali nikakvih problema, do početka devedesetih, kad je zlo počelo da ulazi u završnu fazu. Onda su, kad bismo se sreli, počeli da okreću glavu u stranu."

Pričao je kako je otišao u Prištinu da studira prava, ali tenzije na Univerzitetu su tada već bile toliko uzavrele da je atmosfera bila nepodnošljiva. Kao i na prištinskom korzou, gde su uveče Albanci šetali jednom, Srbi drugom stranom, i na Univerzitetu su bili podeljeni na dva potpuno odvojena, neprijateljska, sveta, uz česte sukobe i tuče.

Još pre nego što je diplomirao, počeo je da tezgari u prištinskom dnevniku *Jedinstvo*, posle dobio i stalan posao. „Mislio sam da još uvek nije kasno da se iznađe neko rešenje, da se dođe do zajedničkog života i pomirenja, i verovao sam da mediji u tome mogu da odigraju ključnu ulogu. U to vreme još sam bio 'mirotvorac'", reče, apologetskim tonom. „Međutim, mediji su u dobroj meri sve i zakuvali, a *Jedinstvo* i *Rilindja* već su delovali kao da jedan izlazi na Severnom, a drugi na Južnom polu, reflektujući antagonizme između Albanaca i Srba. Kasnije je izbio rat i sve je otišlo dođavola."

Posle NATO bombardovanja i Kumanovskog sporazuma, uz povlačenje srpske vojske i policije, otišlo je i *Jedinstvo* i većina naroda, prisećao se Zoran. „Pre toga, otac mi je poginuo od NATO bombe, na njivi. 'Roknuli' su neku 'krmaču' u most na Belom Drimu, baš pored naše njive, koja je ostavila krater dubine tri i širine oko pet metara. Šrapnel veličine opanka razneo mu je grudini koš. Dugo sam čuvao to parče okrvavljenog metala, onda se i to negde zaturilo u čestim seobama."

Sahranili su oca na seoskom groblju, koje je posle razrušeno, a Zoran i majka su izbegli sa vojskom i dve godine su se mlatarali po izbegličkim centrima od Kraljeva, preko Kragujevca do Krnjače. On je počeo da obija pragove beogradskih redakcija, ne bi li se negde udenuo i obezbedio kakvu-takvu egzistenciju. Ali, sve se svodilo na tezgarenje od slučaja do slučaja.

„Majku je koju godinu kasnije izdalo srce, verovatno je presvisnula, i ostao sam bukvalno sam na svetu. Ono malo rođaka što smo imali, takođe je izbeglo, neki pre, neki posle, i pogubilo se u borbi za opstanak. Niti su oni pitali za mene, ni ja za njih."

Jedan dalji rođak, prisećao se Zoran, otišao je posle pet godina da obiđe selo, u pratnji Kfora, i imao šta da vidi: sve srpske kuće bile su porušene ili spaljene, građa raznesena, a njive plodne metohijske crnice zarasle u korov. Koju godinu kasnije, rođak je ponovo otišao s namerom da proda imanje komšijama Albancima i na svoje iznenađenje našao obrađene njive, pod usevima.

„Šta da prodaš? Pa, nije to tvoje, Mark, ovo je sad naša zemlja, Kosova. Što da ti platim, kad mogu da je obrađujem đaba?" – govorile su mu, jedan za drugim, komšije Albanci.

„Ja se više nikad nisam vratio", nastavljao je Zoran. „Ali, mi kosovski Srbi smo ti čudna sorta, na neki način zarobljeni atavizmima, kao i Šiptari. Ako izuzmeš religiju i jezik koji nas dele, prosto je neverovatno da ne možemo zajedno."

„'Ajd, živeli!" – opet je srknuo gutljaj. „Ali, nikad i nikako nisam mogao da prebolim odlazak i misli su mi stalno bežale na Beli Drim, na očev, sad nepostojeći grob, u Gračanicu, Visoke Dečane, Peć, Prizren, lutale od Prokletija do Šare, da se tu negde smire. Ali, smirenja nije bilo."

„Kad bih negde u kafani čuo Gordanu Lazarević kako peva onu prelepu i tužnu pesmu, *Vidovdan*, padao bih u trans i na kraju plakao kao kiša."

Počeo je da pevuši:

*Vidovdaaaaan*
*u nebo gledam*
*prolaze vekovi*
*sećanja davnih*
*jedini lekovi*

*kud god da pođem*
*tebi se vraćam ponovo*
*ko da mi uzme*
*iz moje duše Kosovo*

U polupraznoj prčvarnici, ono malo gostiju počeli su da se zagledaju u njega, kao da je sišao s uma, i nešto komentarisali za sebe. Ali, on nastavi:

„Znao sam da povratka nema. Iako nisam bio preterano religiozan, a nisam ni sad, odjednom sam shvatio da su one svetinje jedino što nam je ostalo od Kosova i odlučih da se zamonašim. To mi je nekako došlo kao poslednja slamka spasa, jedina veza sa zavičajem, koji nisam mogao da prebolim. Bio sam sad sam na svetu, bez igde ikoga i ičega. Čemu, uopšte služi moj život?"

„Mogao si da se oženiš, izrodiš decu, kreneš ispočetka", prekidoh ga, odmah shvativši da je primedba glupa i neumesna.

„Ej, moj Veljko, a gde? U podstanarskoj sobici i sa mojim honorarima, koji stižu od slučaja do slučaja, da upropastim još neku nesrećnicu?"

Nisam imao šta da mu odgovorim, ali sad su mi stvari postajale jasnije. Sav sam se pretvorio u uši, slušao i gledao ga netremice.

„I, šta je bilo dalje, zašto si napustio manastir? Eto, ona relativno mlada monahinja, što je trebalo da nam bude prva dama, istrajava."

„Mora da je njeno razočaranje u spoljašnji svet bilo još veće od mojega, što u potpunosti mogu da razumem. Osim toga, ona je imala sreću da ode u Pećku patrijaršiju, a ja sam bio u jednom manastiru na jugozapadu Srbije. Ne znam da li je moje iskustvo izuzetak ili pravilo, ali bolje da ti ne pričam čega sam se sve tamo nagledao. Pokušavao sam da na neke pojave skrenem pažnju pretpostavljenima ali niko nije hteo ni da me sasluša, a kamoli da mi poveruje. Naprotiv, gledali su me kao bogohulnika. Onda sam jedne noći bacio mantiju, spakovao se i pobegao. Rekao sam sebi: ako već treba da se prostituišeš, onda je manje zlo da to radiš u novinarstvu."

Pili smo već treću kajsijevaču. Misli mi odjednom pobegoše – ne znam zbog čega, ako ne zbog naziva ulice gde smo sedeli – nekoliko decenija unazad, kad sam upoznao jednog sjajnog čoveka, gorostasa u svakom pogledu. Bio je visok oko dva metra, krupan, plećat, srebrnasto sede kose i krajnje dobroćudnog izgleda. Na neki način bio je kopija Titovog biografa Vladimira Dedijera, samo u mnogo pitomijoj varijanti. Obojica su bili kršni Hercegovci ali, za razliku od Dedijera, moj poznanik, koga sam posle doživljavao kao duhovnog oca, Ratko Parežanin, u to vreme, sredinom šezdesetih dvadesetog veka, važio je za „narodnog neprijatelja".

Kad smo se prvi put sreli, u njujorškom hotelu *Hilton* na Pedeset trećoj ulici i Šestoj aveniji, ispijajući viski sa ledom, prodžarao je po džepu sakoa i ponudio me parčetom sira. Posle sam saznao da mu je to ostalo kao navika iz njegovih rodnih Pareža kod Trebinja. Uvek je u džepu imao parče nekog sira.

Sin pravoslavnog sveštenika, Ratko je „učio škole" u Beogradu i kao šesnaestogodišnjak i pripadnik *Mlade Bosne* pridružio se zaverenicima u ubistvu Franca Ferdinanda. Pored Trifka Grabeža, bio je neko vreme cimer Gavrilu Pricipu, a posle je sve to odrobijao u Aradu. Po završetku Prvog svetskog rata bavio se novinarstvom, radio u diplomatiji, bio direktor Balkanološkog instituta i jedan od osnivača jugoslovenskog pokreta *Zbor* Dimitrija Ljotića. Ljotićevci, mahom visoko obrazovani ljudi, bili su najžešći predratni protivnici komunista, i ostale su upamćene njihove tuče na Beogradskom univerzitetu. Posle Drugog svetskog rata proglašeni su za narodne neprijatelje i fašiste i većinom napustili zemlju. Oni koji su ostali, uglavnom su streljani od nove „narodne vlasti"

Parežanina sam video dva puta u Njujorku i jednom u Minhenu, gde je živeo i izdavao emigratski list jugoslovenske orijentacije *Iskra*, sve do smrti 1981. godine. Bilo je to najpismenije štivo u jugoslovenskoj antikomunističkoj emigraciji uopšte. Bili smo u neprestanoj prepisci i od njega sam dobio u rukopisu poemu Miloša Crnjanskog *Lament nad Beogradom*, pre nego što je igde objavljena. Zahvaljujući Parežaninu, pročitao sam sva dostupna Ljotićeva dela, s velikom rezervom i gardom, ali nigde nisam našao ništa što bi ga povezivalo sa fašizmom, Hitlerom, ili Musolinijem. Naprotiv, pisao je o njima vrlo kritički.

Tada još pod uticajem komunističke istoriografije, čitao sam svaku Ljotićevu rečenicu s namerom da je pobijem, ali bi mi to retko polazilo za rukom. „To nije loš pristup čitanju", rekao mi je jednom Parežanin. Kao mladom, napaljenom, „revolucionaru", tada mi je smetalo što je njihova borba bila samo ideološka, prožeta čisto hrišćanskim idealima, i odbacivala je svaki vid nasilja i revolucije.

„Nikad se vi nećete vratiti u Jugoslaviju", govorio sam Ratku. Ali, oni su to znali i time se mirili. Oni su samo hteli da poseju seme koje će, kako su verovali, proklijati kadtad u budućnosti.

Posle svega, zaključio sam da Ljotić nije bio ni fašista, ni šovinista, čak mu je i žena bila Hrvatica. Bio je zagovornik „organskog", jugoslovenskog nacionalizma, istinski vernik i isposnik. Ideja tog „organskog nacionalizma" nikad mi nije bila baš savim jasna, ali zasnivala se na kredu, kako reče Ljotić, da „politika mora biti sveta i strasna služba narodu i Otadžbini, a ne kaljuga u kojoj se prasci valjaju".

„Negde si mi odlutao?" – primeti u jednom trenutku Zoran.

„Da, umesto za osamdeset dana, obiđoh svet za osamdeset sekundi", rekoh kratko. Onda sam mu letimice rekapitulirao priču o Parežaninu i Principu i s njim podelio poslednji „biser". U svojoj knjizi *Mlada Bosna i Prvi svetski rat* Parežanin slikovito opisuje slučaj austrougarskog konzula u Prizrenu, inače Čeha, Oskara Prohaske, kome se zagubio trag kad je srpska vojska u Balkanskom ratu zauzela grad. U Beču su bili u panici, jer od Prohaske danima nije bilo ni traga ni glasa. Onda je, prema Parežaninu, u ministarstvo spoljnih poslova stigao kratak telegram: „Prohaska u Skoplje."

Sutradan je na naslovnim stranama svih bečkih listova osvanula vest da su „srpski varvari" uškopili konzula Prohasku. „Prohaska uškopljen!" Parežanin je bio u dilemi da li su pogrešili prevodioci u ministarstvu, ili je vest namerno fabrikovana u tada već razbuktaloj antisrpskoj histeriji i pripremama za Prvi svetski rat, za koji je Beč samo tražio pogodan alibi.

Ironijom slučaja, ili u službi dnevne politike, ta epizoda se danas pominje na sajtu ambasade Češke u Prištini, kao dokaz „istorijskih veza" Kosova i Češke. S tim što se pojmovna greška na sajtu ambasade pripisuje telegrafisti koji je poslao poruku.

„Bog te mazo, pa to je početak spinovanja!" – uskliknu Zoran kao oparen. „Posle su došle desetine hiljada silovanih muslimanki u Bosni, srpski logori, 'zajednički zločinački poduhvati', ideja o 'Velikoj Srbiji' i šta sve ne."

„A, ne", rekoh, „ideju o 'Velikoj Srbiji' pripisuju još Iliji Garašaninu, iako se ona kao takva nigde ne pominje u njegovom 'Načertaniju'. Govori se samo o ujedinjenju svih južnih Slovena i to vrlo obazrivo, brižno i s bratskom ljubavlju. Termin 'Velika Srbija', koji je kao bauk, pored onog Marksovog, kružio Evropom, takođe je ubačen iz bečke kuhinje. Mada, treba reći da je Garašanin iskreno verovao da su svi južni Sloveni, osim Bugara i Slovenaca, Srbi."

„Nego, da mi, Zorane, pređemo na stvar: šta ja to mogu da uradim za tebe?" – rekoh najzad.

Promeškoljio se nelagodno, kao da ni sam ne veruje da je moguće to što traži. „Da mi središ da nekako odem u Ameriku. Bio si tamo, znaš ljude, imaš veze. Dosta mi je više svega, moram nešto da promenim u životu. Da pokušam i to, pa da živim, kako se to sad kaže, 'kao sav normalan svet' ili da oteram sve u božiju mater. Da živim, ili umrem kao čovek."

Gledao sam ga u neverici. „Znaš li ti, čoveče, o čemu govoriš? Amerika jeste najbogatija, ali istovremeno i najsurovija zemlja na svetu. Jedan odsto stanovnika drži četrdeset odsto bogatstva u svojim rukama, četrdeset miliona ljudi živi na ivici bede, s mizernim platama i penzijama i bez adekvatne zdravstvene zaštite."

„Ma, pusti sad tu marksističku i antiglobalističku propagandu, hoću da probam, pa šta bude bude", odbio je moj udarac. „Ne znam nikoga ko se odande vratio. Nego, kako da iskamčim vizu? Znaš li nekoga u američkoj ambasadi?"

„E, sad si baš našao crkvu u kojoj ćeš da se moliš Bogu. Ne znam nikoga. Osim toga, onome ko je spao na moju pomoć, verovatno ni Bog ne može da pomogne. Čoveče, ja sam uvek radio sve da uništim sopstveni život i nisam uspeo verovatno samo zahvaljujući božijoj ruci. A, što se tiče povratnika, evo ja sam se vratio i, uprkos svemu, ne bih ni za šta ne svetu ponovo tamo živeo. Ili, kako oni kažu za Njujork, to je – *nice place to visit, but not to live in.*

„Lako je tebi da pričaš, koji možeš da odeš tamo kad god hoćeš. Ja hoću da probam i kvit."

„I kako ti to zamišljaš, šta bi tamo radio, od čega živeo s tvojim kvalifikacijama, majke ti? Da ne misliš možda da se baviš novinarstvom?"

„Mogu da skidam malter i azbest, da radim na građevini, konobarišem."

„Ilegalno, bez radne vize, ili stalnog boravka? Većinu toga što pominješ sam probao, kao i mnogi drugi. Azbest sa starih zgrada su odavno poskidali, neki preduzetnici su se na tome obogatili, a mnogi radnici platili glavom, je li to život koji želiš?"

„Ma samo da ja stignem tamo! Veruješ li ti u Boga, Veljko?" – upita iznenada, očigledno u nameri da me slomi.

„Naravno, ja sam živi dokaz da Bog postoji. Jer, Bog čuva budale. Da nije bilo njega, ja bih se već odavno samouništio."

„Bravo, pa onda će da čuva i mene."

„Bog bi te čuvao i ovde da si dovoljno velika budala, ali očigledno nisi. Ili, možda jesi, pa te čuva, samo ti toga nisi svestan."

„Ozbiljno te pitam – veruješ li u Boga?"

„Ako misliš na zagrobni život i bezgrešno začeće – mada je svako začeće bezgrešno, ako je iz ljubavi – ne verujem. Za mene je religija, pa i Bog, činjenje dobrih dela, oslobađanje od sopstvene zloće i pakosti, svakodnevno preispitivanje sopstvene savesti, negovanje dobrih običaja i tradicije, mada u svemu tome često ne uspevam. Znači, ipak, nisam dobar vernik. Kad bolje razmislim, možda sam najbliže agnostiku."

Tu me je uhvatio.

„Pomenuo si dobra dela, pa onda makar pokušaj da učiniš jedno. Znam da ti to možeš", matirao me je vapijućim glasom.

„Idi, bre, Zorane, da ne kažem gde. Daj mi nekoliko dana da razmislim, ali sledeći put ja biram kafanu."

„Dogovoreno!" – uskliknu je, ohrabren mojim porazom.

Insistirao je da on plati račun i ostavio već dremljivom konobaru pristojan bakšiš, što u Srbiji baš i nije neki običaj. Napolju je kiša počela da se pretvara u susnežicu. Sjurili smo se do Zelenog venca da bismo uhvatili svako svoj autobus. Jer, ko još normalan u Beogradu dolazi u grad automobilom. Mada se stiče utisak da su „nenormalni" u većini.

Drndajući se autobusom prema Novom Beogradu, razmišljao sam šta bih stvarno mogao da učinim za Zorana. U Njujorku sam poznavao mnoštvo ljudi, naših i Amerikanaca, s kojima sam povremeno bio u kontaktu. Povremeno sam se čuo i sa nekoliko dragih ljudi iz Ujedinjenih nacija, koje sam znao iz ranijih dana, ali nisam mogao da se setim nikoga ko bi eventualno mogao da pomogne, ili „na crno" zaposli ludog Zorana, dok ne vidi šta će sa sobom. Prvi i najveći problem bila je, ipak, viza.

Bila mi je pomalo čudna i nekako nedorečena cela ta njegova priča o Americi, kao da se iza nje, zapravo, krije nešto drugo. Ali, inficirao me je svojim kosovskim virusom, tugom i patnjom, i hteo sam da mu pomognem, ako ikako mogu, makar zbog sopstvene savesti. Setio sam se sveštenika i ljudi u crkvi Svetog Save na Dvadeset šestoj ulici i Brodveju, na Menhetnu. Oni bi trebalo da znaju masu sveta i dosta naših uspešnih ljudi, pa se možda pronađe „neka rupa". Pao mi je na pamet i Srpski klub u Ridžvudu, gde davno nisam bio, niti sam bio siguran da tamo više ikoga poznajem...

Kod Centra „Ušće", prenula me iz razmišljanja neka frka u autobusu. Pobile se dve bučne grupe mladića, ili je možda bolje reći huligana. Samo što nisu sevnuli noževi, što je već postajalo sve učestalija pojava u gradu. Biju se između sebe navijači rivalskih klubova, frakcije među navijačima istog kluba, mladi aktivisti suprostavljenih političkih stranaka, klan protiv klana, komšiluk protiv komšiluka, Srbin protiv Srbina.

A, onamo, razmišljao sam, ode Krajina, ode Kosovo, i – ništa. Predsednik nam se zaklinje da nikad, i ni za šta, neće upotrebiti vojsku i nikad, ni pod kojim uslovima, neće odustati od Evropske unije, koja nam otima Kosovo, jer taj put „nema alternativu". Što mu dođe kao da ljubav prema oceubici nema alternativu.

Mladi Srbi još ratuju samo između sebe i kurče se po kafićima, a predsednik nikako da transformiše vojsku u vatrogasne brigade, ili nešto slično, korisnije.

Srećom, ova čarka u autobusu prošla je bez težih posledica. Jedna grupa siledžija sišla je kod Palate „Srbija", urlajući i dobacujući uvrede onima što su ostali u autobusu. Ovi im nisu ostajali dužni, pljujući za njima i preteći pesnicama.

Posle toga, nisam više mogao da razmišljam o Zoranu.

## 2

Te noći dugo nisam mogao da zaspim. Usnuo sam tek negde pred zoru, ali to nije bio san, već prava mora. Lutao sam u snu nekim mračnim lavirintima u kojima su me sa svih strana saletale neke zastrašujuće spodobe, maskirane u ljudskom liku, kao đavoli. Lavirinti su bili na nekoliko nivoa, a ja sam tumarao prema gore, sve u nadi da se nekako izvučem i ugledam nebo. Ali, na sledećem nivou sve je opet bilo isto.

Neka od tih spodoba pominjala je adresu: *165 Murlberry Street, Karlovac*, što mi u tom trenutku, u snu, tačnije mori, nije značilo baš ništa. Godinama sam naučio da, kad bi se u snu našao u tako bezizlaznoj situaciji, nekako aktiviram mozak i kažem sebi: probudi se, to je samo san!

Pokušavao sam to i ovom prilikom jednom, drugi, treći put. Ništa. Ovo je ipak stvarnost, zaključio sam obuzet jezom zbog bezizlaznosti situacije. Četvrti put sam uspeo, ili je tako makar izgledalo. Izronio sam iz lavirinta na njujorškoj Trećoj aveniji, negde između Četrdesete i Pedesete ulice, i imao šta da vidim: nešto nalik na teške, mračne oblake nadvilo se nad oblakoderima i preteći spuštalo sve niže.

Ali, nisu to bili oblaci, nego kao neka crna čelična masa, koja je već bila nalegla na toranj Krajslerovog nebodera, preteći da ceo srednji Menhetn poklopi i sravni sa zemljom. Bio je već polumrak, niotkud zračka svetlosti. Scena je delovala toliko stravično da sam se, stvarno, probudio, obliven znojem.

Iako sam osetio olakšanje, neko vreme nisam mogao da dođem sebi. Bio sam icrpljen i prestravljen. Hteo sam još da spavam, ali bilo me je strah da ponovo zatvorim oči. Kakav je ovo san? Je li to neko predskazanje? I šta znači ona adresa u Karlovcu?

Tu dilemu sam brzo i lako razrešio. Jedne godine prilikom posete Njujorku, šetao sam uveče sa ženom po italijanskoj četvrti, čavrljali smo i zagledali restorane u Marlberi stritu gde bismo mogli da večeramo.

„Dobro veče, izvolite kod nas", obratio nam se mlad konobar na srpskom, ili hrvatskom. Razlika nije bila uočljiva.

„O, pa mi smo izgleda svoji", rekoh.

„Biće tako", uzvrati mladić, i mi sedosmo u baštu bez daljeg razmišljanja.

„Ja sam Damir," predstavio se mladić, dok smo naručivali piće. Ispostavilo se da je iz Karlovca i, kad se zakuvao rat, nekako se na turističku vizu dokopao Njujorka i ostao. Posle se za pet hiljada dolara fiktivno oženio jednom Amerikankom i sredio papire. „Sad sam punopravan građanin!" – reče slavodobitno.

Dok smo mi uživali u italijanskim specijalitetima i pili *chianti rosso*, Damir bi nam svaki čas prilazio da proćaskamo. „Nemojte da pričate preglasno", skrenuo nam je pažnju. „Ima ovde nekoliko Albanaca, a znate da oni ne vole Srbe."

„Šta mi reče? A mi njih baš obožavamo", rekoh. „Imam čak i nekoliko dobrih prijatelja Albanaca u Bronksu. A šta si ti, Damire, Srbin ili Hrvat?"

„Sad više ni ja ne znam šta sam, otkad se raspala Jugoslavija. Majka mi je Srpkinja sa Korduna, a otac Hrvat. Ja sam sad Amerikanac."

„To ti je najpametnije u datim uslovima. Samo nemoj tako da se predstavljaš u Kabulu, Bagdadu, Teheranu, a bogami i još kojekude", rekoh.

„Neću valjda stići tako daleko, nadam se da je ovo kraj mojih lutanja", reče Damir i ode da posluži druge goste.

Sedeli smo do kasno u noć, „ubili" dve flaše vina i zaključili da je to bilo nezaboravno veče.

To je, dakle, to. Stvar je u nezaboravu, zaključio sam i dalje analizirajući svoj monstruozni san. Nisam bio siguran da se taj restoran nalazio baš na broju 165 u Marlberi stritu, a i bolje. Jer, ako bi se i to poklopilo, to bi već bilo previše za moju psihu.

Možda bi Zoran mogao da bude drugi Damir, razmišljao sam, polako slažući kockice u glavi šta bi moglo da se uradi. Što da ne, neka pokuša. Ali i dalje sam bio opsednut onim zastrašujućim oblacima nad Menhetnom, kao nekim pretskazanjem. U poređenju s tom jezom, rušenje kula Svetskog trgovinskog centra izgledalo je kao latinoamerička sapunica.

Posle nekoliko dana, kockice su se složile.

„Možemo li da se vidimo sutra u dva u *Proleću*, znaš gde je to?" pozvao sam Zorana.

„Super, čekam te tamo", uzvratio je sav srećan.

# 3

Pre nego što sam se odmetnuo u divljinu, *Proleće* je bilo moja omiljena kafana. Jedna od retkih u Beogradu koje su zadržale staru aromu, miris domaće kuhinje i atmosferu u kojoj se čovek osećao kao kod kuće. Kao osveženje i spona sa sadašnjošću, tu je bila lepa konobarica Mica, koja bi vam svojom ljupkošću i šarmom nahranila oči i dušu, pre nego što i pomislite na jelo.

*Proleće* je godinama bilo omiljeno svratište *Tanjugovih* novinara, koji su tu, uz čašicu, tražili nadahnuće za svoje socrealističke panegirike u vreme komunizma i ode demokratiji posle pada Berlinskog zida. Tu su se vodile kadrovske kombinatorike ko je više zaslužan, ko će na koje dobro plaćeno dopisničko mesto u inostranstvu, ko u diplomatiju, a ko u podrum. Ali, uprkos svemu, *Tanjug* je u to vreme bio respektabilna agencija, jedna od vodećih u svetu. Kad se raspala zemlja, pocepao se i *Tanjug*, pojavile se nove, „nezavisne" agencije, a svi zajedno srozali su se na nulu. Tako sam skoro pročitao na *Tanjugovom* tikeru da su se neki događaji desili u „Čačaku, Boljevacu i Kruševacu". Ali, ni drugi nisu ništa bolji.

Dok je još bila mala, moja pametnica ćerka jednom me prepala pitanjem: „Tata, znaš li ti zašto je *Tanjugova* zgrada poluokrugla?"

„Nemam pojma", rekoh.

„Pa, zato da novinare ne bi sečekivali iza ćoška", ispali dete i obori me s nogu. Nisam shvatio odakle joj to, ali dete je bilo u pravu. Novinare su uvek, u svakom vremenu i režimu, „sačekivali iza ćoška". S tim što je „ćošak" mogla da bude prejaka, nesmotreno napisana ili izgovorena reč, u pogrešno vreme, na pogrešnom mestu, o nekom važnom drugu, kasnije gospodinu, u svakom slučaju tadašnjem gospodaru života i smrti. Ili, kako reče Rišelje: „Dajte mi bilo koje tri rečenice iz bilo kojeg teksta, i ja ću naći razlog da se obesi pisac."

Nekad bilo, reći će neko. Nažalost, ta pravila i te kako važe i danas. Samo su se promenili gospodari, a najčešće se i ne zna ko su.

Zoran me je već čekao u prednjem, pušačkom delu kafane, kao u produženom hodniku. „Pa, što si tu seo?" – upitah, svestan da Mica ne služi u tom delu. A u podsvesti čujem eho: *Ana toči, Ana služi, al' za Milom srce tuži.*
„Pa ovde je jedino dozvoljeno pušenje", reče Zoran.
E, tu sam te čekao! „A je si li razmišljao kad, i gde, ćeš moći da zapališ u Americi? Nigde, i nikad. Ni u restoranu, ni u baru, ni na ulici, ni u parku. I sad nam ti vajni borci protiv 'svetskog terorizma' eksportuju svoj antipušački teror čak i u naše omiljene kafane. Možemo samo da se drogiramo do mile volje."
„Ako su oni borci protiv terorizma, onda sam ja Majka Tereza", uzvrati Zoran. „Čoveče, pa oni terorišu ceo svet svojim raketama i ratnom mašinerijom, od Vijetnama, preko Paname, do Iraka, Avganistana, pa i nas u srcu Evrope. Oni su, u stvari, bezbroj puta legalizovali terorizam. To ti je kao borba Davida i Golijata. Ako te jači bije sredstvima koja su njemu na raspolaganju, ti imaš sva moralna prava ovoga sveta da mu uzvratiš onim što ti imaš i umeš."
Učinilo mi se da se nervozno ugrizao za usnu i stao. Bilo je nečeg nespojivog u tom njegovom iznenadnom izlivu gneva i želje da ode u Ameriku i „živi ili umre kao čovek".
„I ti bi kod takvih da potražiš sreću?"
„Znaš kako oni to kažu: *If can't lick 'em, join 'em.* Ako ne možeš da ih pobediš, pridruži im se."
„Bilo bi ti bolje da potražiš posao u predsednikovom kabinetu. Veruj mi, to je lukrativnije od te tvoje sulude ideje o Americi."
„Nemaš valjda i tamo vezu?" – osmehnuo se kiselkasto i otpuhnuo dim *drine* bez filtera, koji je i mene, kao neumerenog pušača, gušio.
Shvatio sam ubrzo da se s njim više ne isplati preganjati i pređoh na stvar: „Slušaj, razmisio sam o svemu i, ako je to

tvoja konačna odluka, možemo nešto da pokušamo. Prvi problem je viza. Za turističku, po mojoj proceni, nemaš šanse. Iseljeničku još manje. Dosad su sa Kosova davali iseljeničke vize samo Albanicima, od kojih sad nekima u Americi sude za terorizam. Ti, kao Srbin, ne dolaziš u obzir."

„Pa šta onda?" – prekide me nestrpljivo.

„Da li bi ti, od bilo koje redakcije, mogao da dobiješ pismo i garanciju da te akredituju kao specijalnog izveštača iz Ujedinjenih nacija. Recimo kad tamo govori naš predsednik, ili se drži neka važna sednica Saveta bezbednosti, o Kosovu, na primer?"

„Mislim da to nije nemoguće, ako ih ništa ne košta."

„E, pa lepo. Mislim da bi ti s tim pismom ovde u ambasadi dali specijalnu privremenu vizu. Posle toga se akredituješ u UN-u, jeftino klopaš u njihovom restoranu i lepo izveštavaš, kao nekad moja drugarica Tereza Guld. Za stan ćemo nekako da sredimo, a za ostalo, moraćeš bogami da konobarišeš, ili u goroj varijanti da uveče pereš sudove u nekom restoranu."

„Pa ti si genije, znao sam da si ti pravi čovek za mene!" – uskliknu Zoran sav ozaren.

„Naravno", nisam mogao da se ne složim. „Ali, nisam ti još sve rekao. Vizu i akreditaciju možeš eventualno tamo da produžiš, ili se jednostavno izgubiš u masi, kao toliko drugih. Ako te uhvate, mogu samo da te deportuju."

Blenuo je u mene kao čudotvorca. Mica, srećom, ili nesrećom, tog dana nije radila, što mi je pomoglo da se koncentrišem na predmet i brzo okončam stvar.

„Postoji i varijanta sa 'hepiendom': možeš tamo da se oženiš nekom Amerikankom i ostaneš da živiš, kako oni kažu *happilly ever after*. Usput, kako ti uopšte stojiš sa engleskim?"

„Solidno, ali, što bi rekli naši političari, ima prostora za dalji napredak."

„Dobro, to ti je neki plus."

Ručali smo moj omiljeni specijalitet kuće, rolovanu pileću džigericu, i popili flašu *vranca*.

U gornjem levom delu sale bili su sastavljeni stolovi i jedan rošavi poslanik, iz još rošavije političke stranke, proslavljao je nešto sa velikim društvom. Mora da je stigla lova iz inostranstva, ili se Srbiji opet sprema neko novo zlo, što se, u stvari, svodi na isto, pomislio sam. Žene su se kikotale, neke raskalašno vrištale, a muškarci se nadvikivali između sebe, govoreći svi u jedan glas, bez da iko ikoga sluša. Kako li će takvi u Evropu, pitao sam se u čudu.

„Znaš li na koga me ti podsećaš?" – upitah Zorana, dok smo čekali kafu i sad već ubijali vreme pušeći.

????

„Podsećaš me na naše 'narodnjake'. Napalio si se na svoj 'projekat' i sad ništa ne može da te odvrati. Ali, oni obično imaju neke sponzore, muške ili ženske, poslovne ili krevetne, a ko će tebe da sponzoriše?"

„Ne brini, skupio sam neku crkavicu za put, a možda nešto iskamčim i od redakcije, za početak."

„Dobro, onda, uz pretpostavku da dobiješ vizu, ima još samo jedan uslov koji treba da ispuniš."

„Da se odreknem Kosova? Dokle više ta uslovljavanja? Nisam ja Srbija, a ti Evropska unija?"

„Ništa slično. Hoću iduće nedelje da te vodim na jedno mesto koje će ti u sećanju grejati dušu u surovoj i bezdušnoj Americi."

„Prihvaćeno", uzvratio je bez ramišljanja.

„I, da, obrati pažnju kad budeš slušao predsednika u Savetu bezbednosti, ili Generalnoj skupštini: ako bude govorio na engleskom, onda znaj da je u pitanju neka mutljavina koje javnost ne treba u potpunosti da bude svesna. A njegovi spin-majstori će već uputiti medije šta da koriste, a šta da ignorišu. Ako pak bude govorio na srpskom, što će neminovno uživo prenositi televizija, koja nam garantuje da 'znamo sve' što nam dozvole, onda znaj da je u Srbiji u toku izborna, ili neka druga kampanja i da je govor namenjen popravljanju predsednikovog 'patriotskog imidža'. Prosto da znaš na šta da obratiš pažnju prilikom izveštavanja."

„Dobro si to primetio", reče Zoran, dok smo se spuštali pored *Tanjugove* poluokrugle zgrade prema Zelenom vencu. Niko nas nije sačekao „iza ćoška".

Ja sam već razmišljao o svom „paklenom planu" za iduću nedelju. Potajno sam se još uvek nadao da ću ga uhvatiti na sentimentalnu žicu i odvratiti od njegovog sumanutog „projekta". Ako je uspevao da zaplače u kafani, slušajući *Vidovdan,* možda i ovo upali. U svakom slučaju, vredelo je pokušati.

4

Sledeće nedelje odveo sam ga na Adu Međicu. *Klub kod Rake,* kao i obično u zimskom periodu, „baš taj dan" nije radio. To me je podsetilo na natpise koji su u „stara dobra vremena" bili istaknuti u mnogim seoskim i drumskim krčmama: „Danas za gotovo, sutra na veresiju." Ali, znao sam da, uz određeni faktor rizika, uvek postoji dobra šansa za ugodan provod kod Adema, na drugoj strani ostrva, prema Adi Ciganliji.

Taj dobroćudni, punački Banjalučanin, veliki poznavalac i ljubitelj muzike, odličan kuvar, sladokusac, bonvivan i hedonista, umeo je da stvori atmosferu kojoj je bilo teško odoleti. Skupljalo se tu društvo uglavnom „po najavi", uvek se nešto krčkalo u kotliću, loncu, ili rerni. Obrnulo bi se i poneko jagnje, pevušilo se, ili bi neko prebirao prstima po žicama gitare.

Oni, kojima je tako više odgovaralo, zvali su ga Adam. Ali, takvih je bilo malo u Beogradu i nisam ih poznavao. Poneko ga je zvao Adam samo greškom.

Već na dvadesetak metara od Adamove sojenice – evo, i meni se omaklo! – čula se tiha, milozvučna pesma, nešto nalik na crkveno pojanje ili dalmatinske klape. U stvari, bilo je to društvance iz nekog crkvenog hora koje je pojalo baš onako – „za svoju dušu". Kod Adema je sve bilo u tom stilu.

U prostoriji, s pogledom na pitomi rukavac Save i suncem obasjanu Adu Ciganliju, bilo je desetak ljudi. Od šporeta se širila toplina i miris nekog od Ademovih specijaliteta. Vojo Crnogorac, ne dao Bog da ga zovete Voja, jer to je smatrao atakom na svoj crnogorski identitet, doneo je domaće pihtije. Vojo je nosio bradu kao vladika Amfilohije, koga nije podnosio i zvao ga „pukovnikom Udbe". Zauzvrat, ja sam imao običaj da Voju zovem Crnok...c, ali sve je to prolazilo u šali, bez zle primisli i namere.

Adem je takođe dugo nosio bradu kao Amfilohije, do pupka, dok ga nisam poslao kod svoje frizerke, „tetka Dobrile", kako je zvala moja kćerkica. Dobrila ga je sredila i „uljudila" tako da je bio neprepoznatljiv. Posle mi bi krivo – bio je lepši od mene.

Bio je tu i Neša, zvani „brada", okoreli adadžija, koji mi je, razgrćući sante leda, pomagao da pređem reku kad se zamrzla, i odnesem hranu životinjama, psima, mačkama i guskama, na ostrvu. Posle sam došao do kapetana Žike sa ledolomca „Aleksandar", velikog humaniste, ako se to odnosi i na životinje, koji je sa svojim sjajnim momcima iskreno i svesrdno pritekao u akciju spasavanja, dok su se sve gradske institucije proglašavale „nenadležnim".

Jedna moja komšinica, koja je bila zaljubljena u Nešu, bila je oduševljena njegovim podvigom. „Zar onaj divni Neša, plavih očiju?" – pitala je sva ushićena.

„Da, baš taj", rekoh, iako nisam primetio da Neša ima plave oči. Posle sam proverio i utvrdio da su mu oči, u stvari, smeđe. Tada sam zaključio da ljubav, definitivno, jeste slepa.

Pijuckalo se, mezilo, pevušilo, ćaskalo sve dok tamne senke nisu počele da se spuštaju na Adu. Pojci su bili potrošili samo deo svog repertoara, od *Sojke ptice,* preko nekih operskih arija, do *Biljana platno beleše,* da bi završili sa *Imam jednu želju.*

Onda meni dođe jedna želja: „Neću da pitam da li znate, nego da li biste vi meni otpevali *Noć na moru?*"

Malo su se preslišavali i domunđavali, videlo se da ne znaju pesmu, onda Mile Pile odvali: „Uh, pa to je za pedere!"

„Pa, dobro, valjda i pederi imaju dušu", rekoh. „Nećete vi meni bez toga u Evropsku uniju."

Kad sam počeo da im pevušim melodiju, Mile se korigova: „A ne, to je za švalere!"

Tako sam za nekoliko sekundi prevalio put od pedera do švalera, a ja, jadan, ni jedno ni drugo.

„E, vidiš, ovako nešto nikad nećeš doživeti u Americi!" – rekoh Zoranu, dok smo prelazili Savu, a do nas je potiho iza leđa dopirala *Luna Rossa*.

„Možda", ostao je nepokolebljiv, „ali to je devetnaesti vek, a mi živimo u dvadeset prvom."

Dođavola, ode „mast u propast", pomislih u sebi, priznajući kapitulaciju.

# 5

„Alo, čoveče, kaži 'dragička'!" – vikao je Zoran, sav usplahiren, u slušalicu, posle jedno dve nedelje.

„Čestitam, dobio si vizu!"

„Dobio. Zahvaljući tvojoj genijalnosti!"

„Šta ću, takvim me Bog dao. A sad – pamet u glavu i daj mi nekoliko dana da završim domaći zadatak", rekoh.

Napolju je ponovo počeo da provejava sneg, tek što je prošla jedna pohara. Gledao sam kroz prozor kako sitno sipi, dekorišući krošnje kedrova i, ma koliko voleo zimu, nadao sam se da se neće pojaviti opet neka nova „humanitarna katastrofa". S kovitlanjem belih pahuljica, uskovitlala se i moja mašta, naprežući sve moždane vijuge ne bih li konkretizovao neke stvari. Ponovo sam u glavi skenirao sve likove gde bih, za početak, mogao da smestim Zorana, kome da ga preporučim u UN.

Bepo Šubić! – sinulo mi je odjednom ime, koje mi u prvobitnim razmišljanjima uopšte nije padalo na pamet.

Bepo je bio pravi dendi, šmeker, zavodnik, šarmer i, iznad svega, neprevaziđena drugarčina. Došao je u Njujork iz Šibenika, negde početkom šezdesetih godina, i nijedan značajniji događaj u tadašnjoj jugoslovenskoj koloniji, a „i šire", nije mogao da prođe bez njega. Bavio se vrlo uspešno onim što bi danas u Beogradu, u skladu sa duhom vremena, nazvali stajlingom.

U srećna vremena, kupio je za pristojnu cenu lepu kuću u Bej Ridžu, elitnom delu Bruklina, nadomak mosta Verazano, koji je baš tada bio pred završetkom. To je bio događaj decenije i mnogi ludaci su nedeljama unapred parkirali automobile na prilazima mostu, s natpisima na šofer šajbnama *First accross Verrazzano*, s namerom da među prvima pređu tada najveći viseći most na svetu. To, naravno, nije moglo da prođe bez Bepa. Nije baš bio prvi, ali kao i obično u takvim situacijama – bilo je važno učestvovati.

Most na dva nivoa, dužine hiljadu dvesta devedeset osam metara, sa dva pilona visine dvesta jedanaest metara, postao je neka vrsta vodene kapije Njujorka. Ukratko, nešto poput beogradskog mosta na Adi. Samo što Verazano nije imao pešačke staze. E, tu smo ih prešli! Za nemotorizovani saobraćaj koristio se samo prilikom njujorškog maratona i biciklističkih trka. Amerikanci nisu imali nikakvih dilema da li će most biti Zoranov, Nešin, Perin, Mikin ili Žikin. Imenovali su ga po francuskom moreplovcu i istraživaču italijanskog porekla Đovaniju da Verazanu, koji je prvi 1524. godine uplovio u tada nepostojeću njujoršku luku i reku Hadson. Građani koji žive blizu obe strane mosta, pisali su peticije gradonačelniku Majklu Blumbergu da se dograde i pešačke staze, jer sa mosta se pružao zadivljujući pogled na Menhetn i Kip slobode. Blumberg je obećavao da će razmotriti predlog, ali ništa nije urađeno.

U međuvremenu, Bepu nije preostalo ništa drugo nego da svoju atletsku figuru džogira nekoliko kilometara dugim kejom, pored Verazano tesnaca.

„A, čuj, stari, triba održavat kondiciju, inače ti atrofiraju mišići, uključujući i onaj glavni", običavao je da kaže.

Kad je postao udovac, ostao je da živi sam u kući, čija vrednost je u međuvremenu narasla na više od milion dolara, i koja je uvek bila otvorena za prijatelje i goste. Nastavio je da živi, kao i uvek, momačkim životom i „juri cure".

„Čuj, stari, a šta drugo imaš od života?"

Kad smo već ušli u „treće doba", prilikom poslednjeg viđenja, pitao je kako me služi „ona stvar".

„Koja stvar?" – pravio sam se lud.

„As ti gospu, pa nisi valjda zaboravija? Znaš kako bi rekli Italijani: *Se la voglia e' magra – aiuta viagra.*"

„Ja sam mislio, Bepo, da nije stvar u volji, nego u mišićima!"

Ma, šta god, uzmi i ti ovo, pa da vidiš kako rade mišići!" I tutnu mi u torbu kutijicu plavih tableta. Nikakva odbrana nije pomagala.

Posle su me orobili crnci, pardon, da budem politički korektan – Afroamerikanci, odneli torbu sa dokumentima, vijagru i nešto mnogo vrednije, pa sam se specijalnim avionom jednog tada visokog državnog funkcionera, koji se baš zadesio u Njujorku, vratio u zemlju kao slepi putnik.

To je to! – zaključio sam s velikim olakšanjem. Nema boljeg rešenja od Bepa!

Retko smo se čuli telefonom, osim što bi se on redovno javljao za Uskrs, Božić i Novu godinu. Sad je došao red na mene. Došla maca na vratanca.

„Alo, Đuzepe, je si li živ?"

„A, ko je to?"

„Ja sam, Veljko!"

„As ti gospu, stari, pa jesi li ovdika? Kad si doša?"

„Nisam, ali treba mi tvoja pomoć. Da li bi mogao da kod sebe primiš na kratko vreme jednog mog dobrog prijatelja, dok se ne snađe. Jedan Srbin sa Kosova, novinar, sjajan momak?" Objasnio sam mu ukratko o čemu se radi i da mi je on jedina prava uzdanica.

„A što pitaš, porka miželija, pa znaš da nema problema. Što se mene tiče, može da bude i Šiptar, ako je tvoj prijatelj."

Rođeni Šibenčanin, Bepo nikad nije delio ljude po nacionalnoj, verskoj, ni bilo kojoj drugoj pripadnosti, „ako su ljudi". Bio je i ostao „Jugoslaven". „A, sićaš li se ti, stari, kad su Albanci ono branili jugoslavensku zastavu od ustaša, kad je mlada jugoslavenska reprezentacija igrala ovdi, na Randals Ajlendu, protiv reprezentacije Njujorka?" – podsećao me na stare, dobre dane.

„Kako se ne bih sećao, Bepo. I često se pitam ima li još takvih."

„Ej, stari moj, sve ti je sad otišlo dovraga, ali, na kraju krajeva, šta se to mene i tebe tiče dok ima 'u se, na se i poda se'?"

Raspitivao se za familiju, pojedine događaje, vreme, zdravlje i mnoge bivše službenike jugoslovenskog konzulata i Misije pri UN, koje je kroz dugi niz godina upoznao i „stajlovao". Sve je pamtio, a ja se mnogih više nisam sećao, niti sam ih viđao u Beogradu.

Načelno smo se dogovorili. Sa Bepom nikad, ni za šta, nije bilo problema. Ostalo je samo da se još čujemo oko pojedinosti.

# 6

Slučajno se podudarilo da sam Zorana ispratio na avion za Njujork baš istog dana kad je Evropska unija, konačno, Srbiji dodelila status kandidata. Bio je na aerodromu sam.

„Pa, dobro, zar nema baš nikoga da te isprati?" – pitao sam u neverici.

„Kako nema, a šta si ti?"

„Ja sam samo jedna budala, kao i ti, koji odlaziš, baš sad kad su nam se otvorila 'vrata raja'", i dalje sam ga provocirao. „Ima, ipak, jedna lepa stvar koja te, sasvim izvesno, čeka u Njujorku..."

„A, to je?" – nije sačekao da završim misao.

„Bićeš tamo baš kad u Central parku cvetaju japanske trešnje, i na tome ti zavidim. Lepšeg *behara* sigurno nisi video u životu, a i nećeš. Imaju samo jednu manu – što ne rađaju. Ili je to, možda, vrlina? Jer, ne ostavljaju za sobom trulež, kao čovek kad ode pod zemlju. One cvetaju samo zbog lepote."

„Eto, vidiš da ni tamo nije sve baš tako crno, kako si pokušavao da me ubediš", uzvrati Zoran. „Prepustiću se da me opije ta lepota, možda se i u meni probudi neki pupoljak radosti, pre nego što se pretvorim u trulež", opet je bio zagonetan.

Seli smo da popijemo piće u bifeu i on je odmah posegao za svojom dri*nom*. „E, pa neće moći, na to sad možeš da zaboraviš. Ovo ti je kapija pakla za pušače!" – rekoh.

Gnječio je nervozno cigaretu među prstima, dok sam mu davao poslednja uputstva za njegov novi život. „Bepo će te sačekati na aerodromu i imaće u ruci karton sa ispisanim tvojim imenom. Stanovaćeš kod njega besplatno, dok se nekako ne snađeš. I nemoj uopšte da se ustručavaš, videćeš, čovek je veliki laf. On će te provesti naokolo, da vidiš gde je šta, i odvesti do Ujedinjenih nacija, a kakav je, garantovano će ti nabaciti i neku žensku."

„O tome sad najmanje razmišljam", procedi Zoran.

Sad mi je delovao nekako nervozno, zamišljeno, ni trunke od one ushićenosti i euforije koje je ispoljavao na početku. Videlo se da mu je teško što se rastajemo, a ni meni nije bilo lakše.

Bacio sam mu na sto svežanj novina – „da prekratiš vreme do Njujorka". Ukazao sam mu na izveštaj iz Tripolija u kome je pisalo da tamošnje milicije odbijaju da se rasformiraju, tražeći veće beneficije od nove, „demokratske" vlasti.

„Revolucionari neće prihvatiti ponudu vlade dok ne budu jasno znali koje će beneficije dobiti. Ljudi žele veće plate, ekonomsku stabilnost, zdravstveno osiguranje, kuće i automobile, a mladi muškarci hoće da se ožene", izjavio je jedan od lidera milicije.

„Još će oni da prave Gadafija od blata", procedi Zoran, ali nekako odsutno i indiferentno.

Preko razglasa se čuo poslednji poziv na avion za Cirih. „Tamo ćeš imati nekoliko sati čekanja, pa još možeš i da se predomisliš", rekoh, tek reda radi.

„Mislim da je sad, stvarno, vreme da ti odustaneš, a ne ja", uzvratio je. „Ne brini, biće sve u redu, čućemo se, valjda postoji internet."

„Sumnjam da se Bepo zamajava tim spravama, on ima pametnija posla. Ali imaćeš ga sigurno u UN. Oh, da, umalo da zaboravim", tutnuo sam mu u ruku koverat na samom ulazu u graničnu kontrolu. Krenuo je da ga odbije, ali se pokolebao kad je čuo objašnjenje. „Ovde su ti još neke instrukcije kako da se ponašaš u svojoj 'obećanoj zemlji'. Pogledaj u avionu."

Grlili smo se dugo i srdačno.
„Hvala ti na svemu, ovo ti nikad neću zaboraviti."
„Zaboravi, i srećno!"
Dugo smo obojica mahali, obema rukama, pre nego što je krenuo prema svom gejtu. Kao ono drug Tito sa broda *Galeb*, posle „istorijskog" govora u Splitu šezdesetih godina, u kome je govorio o neminovnosti stezanja kaiša, posle čega će uslediti „svetla budućnost". Narod je njegovo mahanje shvatio kao poruku: „Zaboravite na obećanja, nema od toga ništa!"

Skoro pola veka kasnije, Srbi kao da su postali verujući narod, pa su počeli da ozbiljno shvataju šarene laže novih lidera u stilu: „Dajte mi još samo jedan, dva mandata, pa će da poteku med i mleko."

Zoran nije bio „dečko koji obećava", pa njegovo mahanje nikako nije moglo da znači negaciju bilo čega, osim možda nade koju je polagao u Ameriku, da „živi, ili umre kao čovek".

Predsednik je sutradan organizovao žurku za svoje simpatizere i evroentuzijaste. Razdragan, lep i neodoljiv, kakvim ga je Bog stvorio, slavio je pobedu svoje politike „I Kosovo i Evropa". Počela je predizborna kampanja, uvežbavala se *Oda radosti*, predsednik je sa mladim devojkama u narodnim nošnjama čak zaigrao kolce, a na banderama duž beogradskih mostova i bulevara postavljene su zastave EU.

\*\*\*

„Bok, stari, evo mi upravo stigli s aerodroma", javio se Bepo telefonom oko tri ujutro. „Sad ćemo nešto pojist, pa onda idemo jurit cure. Samo ja nemam nikakvih šansi pored ovog tvog 'Šiptara'. 'Em je za glavu viši, 'em mlađi i lipši od mene."

„Ništa ti ne brini, Bepo, tvoj šarm je nenadmašiv", rekoh. „Nego, da vam ne bude mnogo za prvo veče. Odmorite se malo, a i Zoran je verovatno umoran."

„Ma kakvi umoran, on gori od želje da odmah 'otkrije' Ameriku. Ovdi ti je tek devet uveče, pe nećemo valjda u krevet s kokošima."

„Dobro, kako hoćete, daj mi Zorana, pa se mi čujemo."

Zoran je delovao umorno i pomalo zbunjeno. Prvo je na mene osuo paljbu zbog onog koverta koji sam mu gurnuo u ruku na aerodromu: „Stvarno nije fer, pored svega što si učinio za mene da mi još 'na prevaru' daješ i pare!"

„Nemoj da se jediš, mene su toliki prešli u životu pa valjda mogu i ja nekoga. Nego, kako ti deluje ta tvoja Amerika na prvi pogled?"

„Rano je još za utiske, za sad hladno i zbunjujuće, ali uz Bepa, stvari ima da se zahuktaju i krenu nabolje."

Rekao sam im da idem na Jahorinu i da se nećemo čuti nedelju dana. Zamolio sam Bepa da odvede Zorana do Ujedinjenih nacija da sredi akreditive i onda neka se bori kako zna i ume.

# III

# JAHORINA

## 1

Posle svega, i mene je bio savladao neki bezrazložni i neobjašnjivi umor. Odavno se nisam udaljavao iz Beograda, svoje „male divljine" i uhodanih životnih tokova. Trebalo mi je nešto surovije, pa je nedelja dana na planini sa već uhodanom ekipom novinara skijaša, od kojih mnogi nisu bili ni novinari ni skijaši, delovala obećavajuće. Sjajno društvo, u kojem se većina međusobno poznavala, obećavalo je lep provod, makar da čovek malo odmori mozak na belim jahorinskim padinama.

Već na prvom odmorištu u Zvorniku, u motelu *Laguna*, atmosfera je počela da se otkravljuje, i počeli su da se formirju kružoci. Najbučniji je bio jedan novajlija, koga niko nije znao, a on je pričao, pričao, ne zatvarajući usta. Svi koji su imali potrebu da nešto kažu morali su da čekaju da on završi svoju mitraljesku paljbu.

Naručilo društvo jagnjetinu ispod sača, ćevape, vešalice i piće, narudžbe kasne, a autobus treba da krene. Opšta nervoza, a onda još i problem sa plaćanjem: neko ima evre, neko dinare, konvertibilne marke još niko nije uspeo da razmeni, i ko će sad sve to da obračuna i konvertuje. Onda je krupni, prosedi novajlija, rumen u licu kao da se već vraća sa planine, izvadio kreditnu karticu i platio ceo ceh.

„Hajde ljudi, da pojednostavimo stvar, biće vremena da se razračunavamo na Jahorini", reče čovek.

„Ovaj neće biti usamljen na planini", čuli su se komentari, aludirajući na nekolicinu proverenih grebatora, koji su bili poznati po tome da uveče neumorno šetaju od stola do stola, vrebajući, kao jastrebovi, ne bi li se negde udenuli i ogrebli za piće. Ali nikad, a ma baš nikad, ne bi platili turu.

Kad se novajlija predstavio kao Simeon Kažanegra, požalio sam što nisam Momo Kapor, iako je čovek već dve godine bio blaženopočivši. Setio sam se njegovog romana *Konte* i glavnog junaka Nika Kažanegra, belosvetskog pustolova, zavodnika, falsifikatora, prevaranta, ali i svedoka istorije. Simeon je tek u naznakama ispoljavao neke osobine Kaporovog junaka, jedino sam bio siguran da nije prevarant, ali nikako nisam mogao da odvojim njegov lik od Nikovog.

„Eh, da mi je deseti deo Momovog talenta, ti bi bio moj literarni junak", rekoh Simeonu, koji je u međuvremenu postao Simo, dok smo pili kuvano vino u *Vučijem vajatu*, na Jahorini, a on se stalno hvatao za novčanik. „Ali, ja sam tako beznadežan slučaj da ne mogu da ti pomognu sve kreditne kartice sveta, zato smanji doživljaj i daj i drugima šansu", rekoh. „Ti ćeš, ipak, uvek ostati samo Simo, mada si u mojim očima Niko."

Onda mi pade na pamet suluda ideja: pustio sam „buvu" da pišem knjigu. Mnogi, koje nisam video godinama, raspitivali su se što me više nema u novinama, što ne pišem. „Nema potrebe, a nemam ni gde," objašnjavao sam. „Sad smo dostigli najviši mogući stepen demokratije i blagostanja, pa više nema mesta za moj pogani jezik, ni potrebe za društvenom kritikom. Ali pišem knjigu, i svako od vas može da bude jedan od mojih junaka. Zato se dobro pripazite kako ćete da izgledate!"

Upozoravao sam ih da, prema proročanstvu Maja, u decembru treba da bude smak sveta, ali ja ću, za svaki slučaj, ostaviti disketu svog „remek-dela", za neki budući svet. „Zamislite, ako je neko pronađe posle milion godina, to će biti možda jedino pisano svedočanstvo o ovom našem svetu i vremenu, a ja jedini i najveći pisac. U tome vidim svoju šansu, a vi, grebatori naročito, razmislite kako ćete izgledati u očima budućih ameba, jer ni u ovom svetu niste se baš proslavili."

Iako ne nosim zmiju u džepu, iznudio sam prvu turu pića, posle drugu, treću. Kad bi nastupila oseka, upozoravao bih svoje „junake": „Od jutros ti je nešto drastično pao rejting, već si na samoj ivici negativca", i usledila bi nova tura. Sa nekima nije išlo lako, ali sam ipak pomerao, ako ne svet, onda makar njihove navike.

Tako smo se danima ludo zabavljali. Na kraju sam zaključio da od literature, ma koliko loše, može skromno da se preživi, čak ako nikad i ne napišete knjigu. Dovoljno je da „pustite buvu".

Moj prijatelj Buca, jednom prilikom kad smo bili sami, upita me u poverenju: „Je l' stvarno pišeš knjigu?"

„Idi, bre Buco, nemoj da si naivan. Odakle mi snaga za tako nešto? Moja mera da iskažem sve što imam je kolumna od šesto reči. Znaš li ti koji je to hod po mukama – pisati knjigu? Od toga bi profitirala samo duvanska industrija i, možda, vinarije", rekoh. „Kad sednem za kompjuter, ne gasim cigaretu, a moj životni moto glasi da je glupo odricati se lepote izvornog života, i narušavati sopstveno zdravlje, zarad neke osrednje literature."

„Pa onda objavi zbirku svojih kolumni. To je sad vrlo popularno, znam jednog kolegu koji sprema već treću zbirku svojih tekstova."

„Da objavljujem svoje ubuđale kolumne? Kome to treba, i šta bi to moglo da promeni? Ako bih ikad seo da pišem, bila bi to sveobuhvatna kritika društva, 'i šire', da bih zbog toga, verovatno, i u nekoj normalnijoj demokratiji od ove naše otišao u zatvor. I, verovatno, nema čoveka kome se ne bih zamerio. Šta mi to treba?"

Stari šarmer i globtroter, koji nikad nije nosio guju u džepu, Buca se saglasio i naručio novu turu. Inače, složili smo se da je objavljivanje bajatih novinskih tekstova i stavljanje „među korice" pohabanih kolumni postalo pomodni krik, kao „zalog za besmrtnost". To je postalo opšta pojava i odraz intelektualne lenjosti.

„Ako imaš nešto novo da kažeš, lepo sedi i zagrej stolicu. Pokojni Dragoš Kalajić je pred smrt govorio da je 'baš sad vreme za kapitalna dela'", pravdao sam se Buci.

Kalajić je uspeo da u poslednjem trenutku „prevari smrt" i ostavi nam *Poslednjeg Evropljanina*. Onda mi odjednom pade na pamet: ima li još ikoga od srpskih velikana ko nije pokojni?

Buca se opet složio, samo je sad tura bila moja.

Setio sam se kako me je svojevremeno „prevario" veliki šarmer i legenda srpskog novinarstva Miro Radojčić. Prolazeći jednom pored *Politikine* knjižare, koja je posle pretvorena u oglasno odeljenje za čitulje, jer se to pokazalo mnogo profitabilnijim od izdavačke delatnosti, ugledao sam u izlogu njegovu knjigu *Odavde do mladosti*.

Kakav sjajan naslov, pomislio sam. Ovo mora da je briljantno, s obzirom na njegov bogat život i karijeru. Verovao sam de je reč o reminiscencijama, zgodama i nezgodama, koje nikad nisu ušle u novinske izveštaje. Kad ono, međutim. Bila je to samo zbirka bajatih tekstova i izveštaja sa teniskih turnira u Vimbldonu i kojekude, čak i bez pristojnog predgovora i objašnjenja. „Idi bre, Miro, što me razočara na kraju?" – rekoh. E, to se zove intelektualna lenjost.

Kažanegra je bio iz Miločera, govorio je tri strana jezika, plus sve jezike bivše Jugoslavije, ali bilo mi je teško da ga pratim na bilo kom jeziku kad bi osuo svoju mitraljesku paljbu.

„Simo, jesi li završio?" – prekidao bih ga, kad bi u mom moždanom kompjuteru ponestalo memorije. Posle nekog vremena, kad bi se ćelije napunile na jahorinskom suncu i zavladao muk, bilo je dovoljno da ga podstaknem: „Simo, šta si ti ono hteo da kažeš?" I on bi opet otvarao paljbu. S vremenom smo usavršili taj metod komunikacije i sve je besprekorno funkcionisalo na obostrano zadovoljstvo.

Simo je bio pravi lik za roman. Imao je iza sebe nekoliko brakova, vilu u Miločeru „odmah do Kraljičine plaže", stan u Beogradu, dosta imanja u Crnoj Gori koje još nije uspeo da proda Rusima i, kao svaka „muškarčina" kad uđe u treće doba, razmetao se svojim ljubavnim avanturama. Pokazivao mi je na mobilnom snimke svoje velelepne vile u Miločeru i neke značajnije trenutke iz svog „postmobilnog" života.

„Simo, ti si car", rekoh. „Dovoljno je da pokažeš ovu vilu na mobilnom, pa da imaš 'ribu' koju poželiš!"

Onda je napravio taktičku grešku: „A, vidi kako ja to radim!" – pokazao mi je snimak „one radnje" sa nekom lepoticom. Njemu se videla samo impresivna alatka, ali nigde Siminog lika. Kao da se sav pretvorio u „onu stvar".

„Simo, s kog li si to porno-sajta skinuo, kraljice ti Jelene?" – upitah.

On se samo zagonetno nasmešio. Posle sam posumnjao i u vilu u Miločeru, sve dok u trenutku istine, koji kadtad nastupi u svačijem životu, nije priznao da je snimak skinuo sa porno-sajta.

## 2

Za Jahorinu su me vezivale mnoge uspomene iz minulih godina i često sam se čudio što „genocidni Srbi" nisu promenili ime planine u Javorina, mada je neki neformalno tako zovu, iako nisam primetio da planina nešto obiluje javorovim drvetom. Uglavnom su tu jele, smreke, omorike i poneka bukva. Neki domoroci su me, međutim, ubeđivali da javora ima dosta, a bilo ga je još više na obodima Jahorine, dok ga ljudi nisu istrebili kao engleski kolonizatori američke Indijance.

Zavrzlamu oko imena planine slikovito mi je objasnio Milovan Jevtovic, pesnik sa Pala i višestruki svetski prvak u novinarskim skijaškim takmičenjima. Dok su Srbi bili većinski narod u Bosni, planina se zvala Javorina, kaže Jevtović. Onda su Srbi, „iz lenjosti" ispustili ono „v", pa se dugo zvala Jaorina. Posle, kad su muslimani, opet zbog srpske lenjosti, „nadjebali" Srbe, baš kao i Albanci na Kosovu, i postali većinski narod, ubacili su u onu rupu „h", i tako je nastala Jahorina. I sad nema natrag. Jer, za promenu imena sad je potreban konsenzus sva tri naroda – Srba, Hrvata i muslimana. Da ironija bude veća, konsenzus, po merilima takozvane međunarodne zajednice, nije bio potreban za otcepljenje Bosne od Jugoslavije, kad su muslimani, koji su u međuvremenu promenili ime u Bošnjaci, da ne bi uplašili „demokratsku Evropu", zajedno sa Hrvatima, suprotno slovu ustava i volji Srba, izglasali otcepljenje. Ostalo je istorija.

Eto, do čega može da dovede lenjost zbog koje iz reči ispustite jedno slovo, ili kad čitav jedan narod živi u virtuelnom svetu i svoje seksualne potrebe zadovoljava na porno-sajtovima.

U sećanju na Jahorinu posebno mi je ostao upečatljiv susret Slobodana Miloševića u maju 1993. godine sa srpskim liderima iz Bosne i Hercegovine, koje je trebalo da natera da prihvate takozvani Vens-Ovenov plan, kojim bi srpska teritorija bila rasparčana, bez suštinske autonomije, a muslimani bi uspostavili efektivnu kontrolu duž granice na Drini.

Dan pre sastanka na Jahorinu se stuštila gomila domaćih i stranih novinara, uključujući i zloguku Kristijanu Amanpur i više njoj sličnih, čije pojavljivanje već samo po sebi nije slutilo na dobro. Bili smo smešteni u hotelu *Vučko* u Rajskoj dolini i do kasno u noć „bistrili politiku". Iza hotela se nalazila jedna provalija i među srpskim novinarima mogli su se čuti komentari kako bi bilo „zgodno" strmeknuti Amanpurovu i njoj slične niz liticu. Sve se, naravno, završilo samo na pustim željama, jer Srbi, uprkos svom genocidnom imidžu, po pravilu se zadovoljavaju samo verbalnim izlivima besa, ili je opet u pitanju samo lenjost.

Kasnije, kad se Amanpurova udala za jednog dugog srbomrsca, Džejmsa Rubina, često sam razmišljao kako bi bilo „zgodno" da su se njih dvoje te noći na Jahorini uhvatili za ruke. Rubin je bio portparol zloglasne Medlin Olbrajt i iz milošte su ga zvali Džejmi, baš kao i onog nesrećnog Šeja. Dok su im drugi tepali, ja sam pokušavao da se setim nekoga ko je više od njih mrzeo Srbe i naneo im više zla, ali, uz izuzetak Bila, Hilari i Blera, teško mi je to polazilo za rukom.

Rano ujutro, Karadžić je postrojio svoju ekipu na platou ispred tada vojnog hotela *Rajska dolina*. Milošević, kome su pritekli u pomoć grčki premijer Konstantin Micotakis i Dobrica Ćosić, predsednik tada već krnje Jugoslavije, i njihovi saradnici delovali su umorno, zgužvano i neispavano, kao da su celu noć putovali iz Beograda. Ali pravi skandal usledio je tek kad je Biljana Plavšić, koja je tada važila za glavnog „jastreba" u rukovodstvu sa Pala, umesto pozdrava, Miloševiću okrenula leđa.

Posle je postala „golubica" mira, priznala krivicu za sve srpske zločine, svedočila protiv bivših saboraca i odrobijala.

Sastanak je trajao ceo dan i noć, bez rezultata. Milošević je bio besan i uskoro potom proglasio Karadžica, Ratka

Mladića i rukovodstvo sa Pala za ratne huškače, a on je, nakratko, postao „faktor mira na Balkanu". Ipak, za razliku od Plavšićeve, časno se držao u haškom kazamatu i na kraju platio glavom.

Sa Jahorine su te noći odašiljane u svet vesti o otporu „tvrdokornih bosanskih Srba" bivšem „balkanskom kasapinu", predsedniku Srbije, koji je u međuvremenu evoluirao u „mirotvorca". Jedna mlada koleginica prednjačila je u revnosti i slala „kobasice" izveštaja u Beograd o „istorijskom sastanku" na Jahorini. „Ovo je sublimacija", govorila je za one kraće. „A, ovo je eksplikacija", objašnjavala je one „kilometarske", predano sagorevajući na poslu, do poslednjeg atoma snage.

„Idi, bre Stanislava, ko će to da čita", pokušavao sam da je ubedim da se malo opusti i smanji doživljaj. Nije pomagalo. Ipak, Stanislavu nisam toliko pamtio po njenim tekstovima, punim patriotskog naboja, što u to vreme već nije imalo pozitivnu konotaciju, koliko po jednoj epizodi iz njene bogate karijere ratnog izveštača. Jednom prilikom, dok je svojim „fićom", u poluraspadnutom stanju, krstarila ratištima i slala izveštaje o stradanju srpskog naroda, na jednom kontrolnom punktu zaustavili su je srpski vojnici i tražili dokumenta. Vojnik je dugo gledao u ličnu kartu, gde je Stanislava ličila na fotomodel, pa onda u njen neispavani, premoreni, od studeni pomodreli lik, pa opet u ličnu kartu.

„Ej, momci, dođite da vidite što nam rat učini od žena", dozivao je kolege. Gledali su i oni, čas u ličnu kartu, čas u Stanislavu, i čudom se čudili.

„Majku im zlikovačku, i za ovo ima da im se osvetimo," progunđao je jedan vojnik sebi u bradu. Zlikovaca je u to vreme bilo na pretek, na svim stranama, pa nije bilo sasvim jasno kome je pretnja bila upućena.

I Stanislavu sam, sticajem okolnosti, upoznao na sahrani jednog kolege, koji je otišao pre vremena. Bio je stegonoša borbe za slobodu medija, i uopšte društveni preobražaj, u poslednjim godinama komunizma, krajem osamdesetih. Onda ga je, taman kad je „demokratija" zakucala na vrata Srbije, dokrajčio rak. Gledajući u retrospektivi, možda je to bilo bolje za njega – makar nije doživeo nova razočaranja.

Oproštajni govor održao mu je, nadahnuto i patetično, kako to samo on ume, nekadašnji bradati bard komunističkog novinarstva. Posle se preobratio u vodećeg borca za „demokratiju", što mu je donelo epitet „kralja trgova". U stvari, on je bio i ostao samo onaj mali petlić na sulunduru, koji se okreće kako vetar duva. Ime mu namerno ne pominjem, jer čovek je po svim ljudskim kriterijumima, osim biološki, odavno mrtav.

Posle sahrane, našli smo se u stanu pokojnika, da popijemo za pokoj duše i pričali o njegovim svim izgubljenim bitkama, i tek po kojoj dobijenoj. Bila je tu i Stanislava, tada mlada, lepa devojka, zanosnog osmeha i večito nasmejanih očiju. Dogovorili smo se da osnujemo *Fond Dušan Bogavac*, koji bi svake godine dodeljivao nagradu za novinarsku hrabrost. Međutim, već pre dodele prve nagrade, svi osnivači su ispali iz igre i nagradu je dobio pogrešan čovek. Ubrzo posle toga, Bog je i njega prerano uzeo sebi.

Izgleda da su društvene nagrade fatalne po život javnih ličnosti. To se osvetilo i velikom glumcu Zoranu Radmiloviću i pesniku Dušku Radoviću koje je, za razliku od „prejake reči", ubila *Sedmojulska nagrada*.

Nagrada je narednih godina odlazila u sve gore i gore ruke, i izgubio sam za nju svako interesovanje. Tek sam je se ponovo setio dvadeset godina kasnije na Jahorini, zahvaljujući podsećanju na Stanislavu, koja mi je ostala dobra drugarica. U prvo vreme, gledao sam je pomalo sa „zadnjim namerama". Posle, kad sam shvatio da je ona spremna „da se žrtvuje samo za Otadžbinu", digao sam ruke. Ali, nikad nije prestala da me nervira činjenica da je ona, i posle celog života provedenog u Beogradu, uporno istrajavala da govori „bosanski". A meni je izgledalo prirodno da čovek govori jezikom sredine u kojoj živi.

## 3

Dvadesetak godina kasnije, Jahorina je izgledala kao da njenim obroncima nije protutnjio ratni vihor, kao da se Jugoslavija nije raspala. Na skijaškim stazama, u hotelima i kafićima mogao se čuti slovenački, hrvatski, bosansko „bolan!" i srpsko „bre". Ili, po vokabularu Haškog tibunala, BHS – bosansko-hrvatsko-srpski. Tri jezika u jednom. Pri tom, bilo je razumljivo da je srpski po haškom vrednovanju bio na poslednjem mestu. Jer Srbi su, sa preko hiljadu godina zatvora po presudama tribunala, bili na prvom mestu po ratnim zločinima. E, pa da ne budu baš u svemu prvi ti „agresori" i hegemonisti! – verovatno su rezonovale birokrate u Hagu. Prema evropskim vrednovanjima, „multietnička" pravda treba da bude ravnomerno raspoređena.

U kafiću u podnožju planine, nastavnica iz Zagreba na sav glas prepričava svoje oduševljenje Jahorinom. „Ovdje je predivno! Kad smo odlučili da dođemo, ravnatelj mi je bil na nekakvom seminaru u Dubrovniku i bojala sam se da me ne bude pustil. Kad se vratil, ja mu velim o čemu se radi, a on kaže: 'Idite, Ivanka, ako treba ja bum vas zamjenil.' Divan čovjek je taj Boris."

Naravno, a koji Boris nije divan? – pitao sam se u sebi, nekulturno prisluškujući razgovor.

Onda se opet čuje „bolan", „bre", pa neko frfljanje na slovenačkom. Raj za uši jugonostalgičara.

Branko i Mirela dolaze svake godine kolima iz Šibenika. Na planini provode vreme u druženju i ćaskanju uglavnom sa gostima iz Srbije. Tu je i Banjalučanin Bogdan sa gitarom, koji već dvadeset godina živi u Holandiji i željno čeka da prođu još tri godine do penzije. Muzički repertoar pokriva celu teritoriju „od Vardara pa do Triglava". Kaplju besane noći. Buca, nekad ugledni novinar, još u autobusu bacio oko na jednu saputnicu. Ovejani šarmer, zavodnik, bonvivan i kako reče njegova izabranica „intelektualac par ekselans", polomi se da dopre do njenog srca. Ne štedi se danima: posle skijanja trči u bazen, pa u saunu, pa u kafanu, peva, priča, šarmira, igra kazačok...

„Pa dobro, Buco, jeste li se makar pitali, što bi rekli Crnogorci?" – zanovetam ga.

„Ni pitali, ni pipali", dobijam odgovor.

Zaključujem da je, ipak, greška u „intelektualnosti".

„E, moj Buco, što nisi neki kamiondžija, mali preduzetnik, ili tajkun, možda bi se stvari drukčije odvijale!" – sipao sam mu sitnu so na ranu.

Mirela, vragolanka vedrog duha i večito nasmejanih očiju – u mojoj percepciji sve žene imaju nasmejane oči! – prepričavala je dogodovštinu iz šibenske bolnice u vreme rata. Napale, veli, dve Hrvatice jednu Srpkinju i hoće da je biju i izbace s posla. „A ja ti uhvatim kuhinjski nož pa im velim: 'Hajde, krenite na mene, ja sam vaša, pička vam materina!' Pobjegle su glavom bez obzira", pričala je uz smeh.

„I znate šta je bilo dalje", nastavljala je Mirela. „Kao da ih je Bog kaznio – jednoj se ćerka posle udala za Srbina, a drugoj se sin oženio Srpkinjom", zaključila je slavodobitno.

Branko je pričao kako je neko vreme „na crno" pečalbario u Njujorku sa svojim Šibenčanima, brojnim u „Velikoj jabuci". „Crnčimo ti mi od jutra do mraka, čas na građevini, čas skidamo azbest sa starih zgrada. Živimo u čoporu, kao Šiptari. Žene im ujutro spreme da ponesu hranu, nema restorana, pauze za ručak, pića. I tako godinama.

Štediš svaki dinar, kupiš auto i kuću na kredit, postaješ vječiti dužnik, a ako se razboliš ili izgubiš posao – ode kuća i sve na doboš. Uz malo više sreće, možda postaneš i milioner, ali šta vredi kad u međuvremenu ode život", pričao je Branko, sklanjajući rukom prosedi čuperak kose sa čela.

„I tako, jednoga dana, baš smo radili negdje blizu aerodroma, gledam ja kako sliječu i poleću avioni i u meni se odjednom nešto prelomi: idem ja nazad u Jugoslaviju, kažem im."

„Ti si lud, pa šta ti fali ovdi, graknuše oni. Samo jedan stariji 'Zablaćanac', koji je imao običaj da kaže da je Šibenik kod Zablaća, veli meni: 'Nejdeš ti, sinko, u Jugoslaviju, ti ideš u Ameriku. Amerika je tamo, a ovo ovdi, to ti je čista robija. Vratija bih se i ja, ali kasno. Rodila se dica, navikli na ovo, treba ih školovat, otplaćivati kredite i tako do penzije, ako je doživiš. A, ako je i dočekaš, ne možeš od nje živit, ako nisi ništa stavija na stranu. Ti si odlučija na vrime, i nek' ti je srećno', kaže meni čovjek."

I tako bi. Vratio se Branko, sredinom osamdesetih, kao u onoj pesmi *Vratija se Šime*, i nije se pokajao. A, kako i da se pokaje pored Mirele.

„Pa, ti mora da znaš mog druga Bepa, mada si dosta mlađi?" – pitam Branka.

„Šubića? Kako ga ne bih znao. Čovjek legenda", kaže Branko, a meni milo. „E, vidiš, to je već druga strana priče o Americi. Ima tamo i naših ljudi koji su uspjeli, nije da nema. Bepo je posebna priča, taj ti je, kako on kaže, 'stilizira' pola holivudskih zvijezda, gradonačelnike, guvernere, vodeće sportiste i političare, ali nikad nije postao rob svoga posla, uvijek su mu život i provod bili na prvom mjestu. Malo ih je kojima to pođe za rukom", objašnjavao je.

„Ne moraš da me ubeđuješ", rekoh. „Sve znam iz prve ruke. Čuli smo se pre neki dan, upravo sam mu poslao jednog nadobudnog, mladog čoveka koji hoće da 'otkriva

Ameriku'. Smučilo mu se ovde pa, veli, hoće da živi, ili umre kao čovek."

„Ako nije rođen pod srećnom zvijezdom, kao Bepo, tamo može da živi samo kao rob i umre kao pas", skeptično uzvrati Branko.

„E, sad ćemo da ga iznenadimo, ima da padne u nesvest kad čuje da smo se ti i ja sreli na Jahorini, mada Bepo nema pojma gde je to."

Okrenuo sam Bepov kućni broj, mobilni nisam znao, ako ga uopšte koristi. Telefon je dugo zvonio, ali niko se nije javljao.

E, baš nam se ne da, zaključih razočarano. „Mora da su već otišli da jure cure."

„Kad je riječ o Bepu, dileme nema", složio se Branko.

Nakon što sam se prethodno spustio sa zaleđenog vrha Jahorine u tri discipline: na skijama, malo pešice, potom leđno, pa opet na skijama i „pobednički" stigao do prvog kafića u podnožju, odlučio sam da poslednji dan posvetim razgledanju znamenitosti Jahorine. Pre toga sam se jednog sunčanog dana taksijem „iskrao" u Sarajevo s Bucom i Kažanegrom. Mana Jahorine bila je što nema nikakvog redovnog prevoza ni do Pala, a kamoli do Sarajeva. Ali, ipak, vredelo je osetiti aromu „multietničnosti", koje više nema.

Atmosfera je bila naoko opuštena, ali svuda je dominirala zelena boja i mnoštvo novih džamija paralo je nebo nad sarajevskim brežuljcima. Šetnjom od „Vječne vatre" na Marindvoru do Baščaršije izbrojao sam desetak vehabija, prepoznatljivih po dugim bradama i kratkim pantalonama, do pola lista. Često se vide i mlade zabrađene žene i devojčice u tipično muslimanskim odorama. Posle vehabijskog napada na američku ambasadu u Sarajevu, neko se duhovito dosetio i napisao prve bosanske haiku stihove: *Kratke hlače/duga brada/kalašnjikov/ambasada.*

Po podne je na Baščaršiji izbio požar, u kafiću koji nosi ime *Damask*, gde se sedi uz otvorenu vatru i puše nargile.

Požar se brzo širio na ostale radnje, pa je intervenisalo desetak vatrogasnih brigada i ceo kraj bio je blokiran. I ostali kafići imali su slična imena: *Afrayan, Al Rejn, El Kazbah.* Baš evropski! – pomislih.

Ručali smo, stvarno evropski, u „Bosanskoj kući", kod poznate folk pevačice Branke Sovrlić i njenog supruga Sadika Pašića Paje.

„I dan-danas ne mogu da shvatim šta se desilo sa onom divnom i velikom Jugoslavijom", izjavila je Branka u jednom intervjuu. „Bez obzira na sve kroz šta smo prošli, za mene još uvek postoji ona stara Juga."

Za Sovrlićku sam prvi put čuo i upoznao je krajem osamdesetih godina na Kosovu. U to vreme tamo su bile žestoke demonstracije Albanaca, koji su tražili republiku, kao prvi korak ka nezavisnosti. Već su uveliko bojkotovali srpske, i osnovali svoje „paralelne institucije", koje sad u svojoj „demokratskoj državi" osporavaju Srbima, uz blagoslov „međunarodne zajednice". Ono što za jedne važi, za druge ne važi.

Posle napornog dana na terenu, otišao sam u Laplje Selo na kasni ručak u kafani *Istra*. Usred Kosova, kafana *Istra*! Posle sam svratio u Čaglavicu, da vidim kako žive tamošnji Srbi i naleteo na Momu Trajkovića. On je u to vreme bio poslanik Slobine partije i baš to veče je njegova generacija u domu kulture slavila dvadesetgodišnjicu mature. „Dođi da se družimo, biće veselo", pozvao me Momo.

I bilo je veselo. Skupila se njegova generacija sa svih strana Kosova i Srbije, a goste je zabavljala Branka Sovrlić. Uprkos svemu, život na Kosovu tekao je u to vreme još koliko-toliko normalno. Branka je neumorno pevala, a kad bi „udarila" *Vidovdan* i *Ječam žnjela kosovka devojka,* publika bi padala u delirijum.

Bilo je to, zaista, veče za nezaborav, i slavlje je potrajalo do zore. Momo je posle promenio sve moguće partije i, na kraju, otišao u – zaborav. Baš kao i Kosovo, u glavama mnogih Srba.

Dok smo se vraćali na Jahorinu, prezasićeni sarajevskim „evropejstvom", razmišljao sam kako čovek ponekad ne može da pobegne od uspomena, lepih ili ružnih. Odjednom od nekud izrone, oživljavajući već zaboravljeno vreme, likove i krajeve, i nemilosrdno čoveku „dišu zavrat".

## 4

Priča se da Jahorina ima dve legende: respektujući godine, prva je „baba Anika", kako je od milošte zovu, za koju je jedan kolega tvrdio da ima sto godina i nikad nije sišla čak ni do Pala. Decenijama je živela sama u „kućici u cveću", nekoliko stotina metara od hotela *Bistrica*. Druga je Predrag Obućina, zvani Pegi, nekadašnji Karadžićev telohranitelj, koji je na svojoj dedovini podigao najlepše objekte na Jahorini: kafić u etno stilu na ski-stazi Poljice, reprezentativni restoran u blizini, apartmane, diskoteku, ski-rental, školu skijanja i šta sve ne. U stvari, ceo jedan kraj Jahorine zove se Obućina bare, poput Kaluđerskih bara na Tari.

Pegija sam poznavao od ranije i hteo sam samo da ga vidim i upitam za zdravlje. Pitanje je bilo izlišno, jer ovaj pedesetdvogodišnjak, najpoželjniji jahorinski neženja, kipteo je od snage, energije i optimizma. Ali, kakav sam baksuz, ni ovde nisam mogao da izbegnem priču o mom omiljenom junaku, u liku predsednika države. Pa, zar da mi pokvari i zimovanje?

Kad su se, idući stopama Miloševića, Micotakisa i Karadžića, predsednici Hrvatske i Srbije sastali sa tročlanim predsedništvom Bosne na Jahorini, opet se okupila bulumenta, ovaj put samo domaćih novinara. Razgovori su bili isprazni, izveštaji šturi i suvoparni. Onda je napadao toliki sneg da ni najveće zverke nisu uspevale da ostave svoj trag, putevi zavejani, a predsednici zarobljeni na planini. U nastojanju da nekako prekrate vreme, bezbednjaci predsednika Srbije otišli su do Pegija i zamolili ga ako bi na neko vreme mogli da blokiraju njegov kafić, kako bi mu predsednik, koga inače ne drži mesto, naročito u izbornoj kampanji, ukazao čast da malo posedi pored kamina.

„Ma nosite se, zar ja da izbacim svoje goste zbog onog...?", odbrusio im je Pegi. „Ako hoće, neka dođe među narod", dodao je, uz još par *unquotable* rečenica i na tome se završilo. Slušajući Pegija, požalio sam što su samo *Snegovi Kilimandžara,* i još ponegde, večni. Jahorinski, pre ili posle, mora da se otopi, da bi baba Anikino cveće moglo da zaživi. Mada bi, kako tvrde skeptici, podanici tri predsednika možda živeli bolje da sneg na Jahorini nikad nije prestao da pada.

Spuštajući se šumskim putićem do baba Anikine kuće sa svojim mladim planinskim vodičem, nisam sreo ni vuka ni crvenkapu, ali mi je za oko zapela jedna česma koja je curila u mali bazen pun pastrmki. To mora da je to, zaključio sam. I zaista, od česme je kroz sneg skoro od dva metra bio prokopan tunel do kuće iz čijeg dimnjaka se vijorio plavičasti dim. Blaženo osećanje topline u zavejanoj planini. Cveće će morati da sačeka makar do kraja aprila.

Baba Anika, već navikla na goste, ljubazno otvara vrata i gleda nepoznatog gosta, s kesom u ruci. Stare goste već prepoznaje po tome da li dolaze s kesom, ili praznih ruku, mada to za nju nije merilo. Nudi nas kafom, rakijom i sokom od borovnice, ubrane njenom rukom. Prihvatamo samo rakiju i sok. „Nećemo dugo da vas zadržavamo, došli smo samo da vidimo legendu Jahorine", kažem.

Mlada žena, sedamdesetih godina – da, čovek i u tim godinama može da bude mlad! – smeje se i objašnjava:

„Nisam ja nikakva legenda, nego se oko toga ispredaju bajke. Istina je da ja, pored Pegijeve majke, najduže živim ovde, a od pre nekoliko godina, kad mi je umro suprug, živim sama."

Neverovatno je kako novinari umeju da „nadgrade" priču, da se čovek ne prepozna, pričala je Anika. „Naravno da sam bila na Palama, tamo mi žive ćerka i zet, ali ja sam se saživela s ovom prirodom i više nemam potrebu da bilo gde idem, ali nije da nisam putovala ranije."

Pričala je kako su joj dolazile razne televizije, pravile reportaže, nema ko nije bio. „Ja to posle gledam i ne prepoznajem se, koliko su nadgradili priču. Kao da gledam bajku. Bože, je li oni to govore o meni, pitam se u čudu", pričala je baba Anika.

Taman kad smo ustali da krenemo, na vrata banuše novi gosti – dve devojke, jedna iz Beograda, druga iz Sarajeva. Dok smo se spuštali snežnom prtinom prema *Bistrici*, između visokih jela, ovenčanih injem, zavideo sam baba Aniki na njenom životu, koji je bio sušta suprotnost od onoga što je Andrić opisao u *Anikinim vremenima*. Onda mi, odjednom, sinu da i u tom životu nešto nedostaje. Tačno: nisam nigde video nijednog kućnog ljubimca, ni kucu, ni macu. Ili su se negde bili sklonili? A, nema srećnog doma bez kućnog ljubimca. Da ti lavež uliva osećanje sigurnosti, ili maca prede u dugim zimskim noćima. Moraću to da raščistim s baba Anikom sledećom prilikom.

„Bože, kako mi je prijalo ovih nedelju dana na planini, baš mi je bio potreban ovaj predah!" – rekoh dok smo se spuštali prema hotelu.

„Bilo je, stvarno divno, tata!" – uzvrati moja dvonožna „kućna ljubimica". Četveronošce nismo poveli.

Onda se, odjednom, setih Zorana: Bože, šta li sad radi taj nesrećnik u Njujorku? Da li se snašao, adaptirao, ili, možda, već razmišlja o povratku?

U hotelu neki neobičan mir, tišina, odjednom osetih u sebi neobjašnjivu prazninu. „Gde je Kažanegra?" – pitam društvo. „Kazanova?" – pita Buca. „E, taj je kolima otperjao za Beograd. Našla se tu neka 'polovnjača' koju je mrzelo da sama vozi do Beograda, pa je Simo pristao da joj pravi društvo."

„E, moj Buco, to se zove jahorinski *happy end*", rekoh.

Godinama sam se čudio zašto odjavne špice u nekim starim američkim filmovima završavaju tom sintagmom. Valjda su holivudski producenti smatrali da gledaoci nisu dovoljno bistri da razlikuju sreću od nesreće, tragediju od komedije, ili sentimentalne, lirske priče od onih sa tužnim krajem.

S nestrpljenjem sam očekivao povratak u Beograd, da čujem šta je, „na kraju balade", bilo ispisano na Kažanegrovoj odjavnoj špici.

# IV

# OTKRIVANJE AMERIKE

## 1

Po povratku u Beograd čekala me gomila mejlova iz Njujorka. Zoran se bez problema akreditovao u Ujedinjenim nacijama, uspostavio prve kontakte, a u izgledu je bio i posao „pomoćnika konobara" u nekom italijanskom restoranu u Bruklinu.

*Ona tvoja Portugalka, Ofelija, samo što mi nije pala u zagrljaj kad sam joj preneo tvoje pozdrave,* pisao je Zoran. *„Oh, Veljko, kako je on?" – cvrkutala je sva srećna, raspitujući se za tvoje zdravlje. Mora da si tu nešto debelo „brljao"? Onda me upoznala sa gomilom ljudi: „Ovo je Veljkov prijatelj!" Dalje nije morala ništa da objašnjava. Sjatili su se oko mene, kao da vide vanzemaljca. Prosto je neverovatno kako te svi još pamte, posle toliko godina. Šta si ti radio tim ljudima? Ako izuzmem Ofeliju, najviše su se vestima o tebi obradovali neki Pakistanci, još im nisam popamtio imena. Nisi valjda i s njima nešto 'brljao'?"*

E, moj Zorane, pomislih, čitajući njegovu poštu, valjda ljudi mogu da se vole i bez „brljana" i džaranja?

*Jedan Paskistanac me pitao da li još uvek voliš Miloševića. „Koliko znam, on je odavno prestao da ga voli, još od vremena kad je Milosevic podigao 'kineski zid' na Dri-*

*ni", odgovorio sam. Prepričao sam mu onu tvoju tezu kako su golubovi divne ptice, ali te podsećaju na prevrtače među ljudima. Osim toga, ne poštuju ni velikane koji su imali „nesreću" da im u parkovima podignu spomenike.*

*„To liči na Veljka"', reče Pakistanac, mislim da se zove Masud, umirući od smeha", nastavljao je Zoran. „Mi smo ga zvali brother Veljko, i stvarno smo ga voleli kao brata, a i on nas, iako se nismo slagali oko rata u Bosni", pričao je Masud. „E, sad smo i mi u slicnim govnima u kojima ste vi bili pre dvadeset godina", lamentirao je Pakistanac.*

*Pričao mi je kako su te zadirkivali i nazivali „genocidnim Srbinom", a ti bi im uzvraćao raspitujući se zlobno za njihovu tadašnju premijerku Benazir Buto, Bog da joj prosti dušu. „Veljko je ispoljavao neskrivene sklonosti prema Benazir i pretio da će nad njom da izvrši 'seksocid', ali mu ni to nismo uzimali za zlo", pričao je Masud.*

*Inače, zgrada Ujedinjenih nacija je trenutno u fazi renoviranja i, verovatno, mnoge stvari nisu kao u tvoje vreme. Taj „poslić" koštaće skoro dve milijarede dolara, a troškovi će biti raspoređeni na zemlje članice. „Ima se – može se, "* zaključio je s dozom ironije.

*Upoznao sam i nekog Bosanca, koji se predstavio kao Turčin. I on te se seća, ali, rekao bih, nerado. Bio je ravnodušan i prema tebi i prema meni. Hvalio mi se kako se lepo družio s Đokom Balaševićem, kad je „panonski mornar" bio ovde kao nekakav „ambasador dobre volje". Čini mi se da zaslužuju jedan drugog, u svakom pogledu.*

*Evo, šaljem ti svoj prvi opširniji izveštaj iz Ujedninjenih nacija, a bojim se da onih pravih neće ni biti mnogo, jer što se vesti tiče ovo je mrtvo more. Sva velika novinarska imena su se preselila u Vašington, tamo gde se stvarno odlučuje o svemu. Čak i Generalni sekretar, očigledno, ide tamo po svoje mišljenje. Čovek bi pomislio da će „pokazati muda", makar sad, u drugom mandatu, ali nema šanse. On je, izgleda, ozbiljno shvatio ono upozorenje koje je svojevremeno Medlin Olbrajt uputila Butrosu Galiju: da dobro razmisli odakle mu dolaze pare.*

*Ovde se, izgleda, sve svodi na grebanje za lovu, putovanja širom sveta, visoke plate funkcionera, sitne intrige i tucanje mladih Filipinki na kancelarijskim stolovima, koje ostaju da „rade prekovremeno",* oživljavao je Zoran u mom sećanju stare, poznate priče, koje su povremeno stizale i do novina.

*Dobra vest je da imam u izgledu posao „pomoćnika konobara", ili kako ovde kažu „bazboj". Vodio me Bepo na večeru u jedan italijanski restoran u komšiluku gde sam upoznao nekoliko naših Šiptara. Prvo su nas malo popreko gledali, ali su se opustili kad sam ja upotrebio sve svoje znanje albanskog. Usput mi je sinula sjajna ideja – rekoh im da mi je otac bio Srbin, koga je ubio NATO, a majka Šiptarka, koja je presvisnula od tuge za Kosovom. To nas je malo zbližilo. Držao sam na stolu kutiju „drine", iako nisam smeo da zapalim. Ta prohibicija će da me ubije.*

*Onda, kad je restoran već bio pred zatvaranjem, jedan nije mogao da odoli: „Brate, daj da zapalim jednu, da me želja mine." Uzeo je cigaretu, istrčao napolje i izduvao je za pet minuta. „Paša zoti", reče kad se vratio, „čini mi se kao da sam osetio miris Prokletija." Reče da je iz Plava i ovde je već deset godina, ali nikako da se navikne. Čini mi se da su ti crnogorski Albanci ipak nešto drugo od ostalih. Mada, dugoročno gledano, bojim se da će na kraju da oglođu Crnogorce do koske, kao pirane. Ali, i za to me zabole – „tražili ste, gledajte".*

*Eh, da, umalo da zaboravim: javio sam se i onom tvom Zefu iz Bronksa. Bio je iznenađen, ali smo se bogza kako ispričali i dogovorili da se vidimo. On te puno pozdravlja i pričao mi je kako je onomad branio jugoslovensku zastavu od ovdašnjih „ustaša" na nekoj futbalskoj utakmici. Iz-*

*gleda krvav tip. Bio je, kaže, vrlo aktivan u animiranju ovdašnjih crnogorskih Albanaca da dođu i glasaju za otcepljenje Crne Gore od Srbije. Secesionistička vlast u Podgorici je, naravno, platila sve troškove, pa ko ne bi došao da vidi zavičaj za džabaka. Ali, imam utisak da ipak ne mrzi Srbe, kao mnogi drugi. Po njegovom prezimenu Đonaj, zaključujem da potiče od nekih Đonovića, pa ga geni, izgleda, ipak nisu sasvim izdali.*

*Ali, da te ne davim, ovo bi bilo dovoljno i za pristojan novinski izveštaj,* završavao je Zoran. *Kako je tebi bilo na Jahorini? Javi se. Sledeći put biće valjda i kod mene nekih dobrih vesti,* zaključio je na kraju.

Ni ovo, za početak, nije loše, pomislio sam čitajući više puta njegovo pismo. Možda „moja investicija" u njega ipak nije bila promašaj. Možda sam učinio dobro delo, zaključih s olakšanjem.

## 2

Posle nekoliko dana, Zoran se opet javio sa dobrim vestima – počeo je da radi, kao pomoćnik konobara. „Postavljam stolove, escajg, donosim bokale sa vodom i sve to raspremam kad gosti odu, pa onda opet ispočetka. Polako počinjem da baratam i ugostiteljskom terminologijom. Plata je bedna, jer konobarima je ovde glavna zarada bakšiš, od kojeg bi manji deo trebalo da daju meni, ali videću za koliko će da me zakinu", pisao je Zoran.

Radio je sa dva Albanca, Arbenom sa Kosova i Ljušom iz Plava i, kako reče, za početak imaju sasvim fer odnos. „Izgleda da je među nesrećnicima, kad se nađu u stranom svetu, kao i među kriminalcima, nacionalnost manje bitna nego u normalnim okolnostima. Važno je preživljavanje."

Gazda restorana bio je jedan matori Kalabrez, don Lorenco, koji je, kao devetnaestogodišnjak, pred kraj Drugog svetskog rata neko vreme proveo u Crnoj Gori i na Kosovu. Već je bio na pragu devedesete, ali bistrog uma i još se dobro držao na nogama. Iako su njegovi sinovi preuzeli da vode posao, on bi se redovno pojavljivao u restoranu, sedeo za svojim stočićem u jednom ćošku, pijuckao neku „grapu", čitao novine i prevrtao lulu u ustima. Da je zapali, nije smeo ni u sopstvenom lokalu, jer ako ga uhvati inspekcija, sledi kazna od dvesta do četiristo dolara za prvi prekršaj, pa sve do dve hiljade za naredne. Zapališ li cigaretu u parku, kazna je pedeset dolara, i na mnogim mestima su postavljenje table s natpisima: *Mirišite cveće, a ne dim,* objašnjavao je Zoran. „Prosto da siđeš s uma!

Don Lorenco nije bio nimalo zahvalan Musoliniju što ga je poslao u balkansku avanturu, mada je, kako reče, tamo upoznao dobre ljude – *buona gente*. „Ona psina od Musolinija hteo je, zajedno sa Hitlerom, da porobi ceo svet. Ali ni ovi danas nisu ništa bolji. Samo što oni postižu parama ono što Hitler nije uspeo oružjem. A ako to ne ide, onda se vraćaju Hitlerovim metodama", govorio je don Lorenzo.

„Prema meni ispoljava neke posebne simpatije", pisao je Zoran. Srbi su, veli, dobar i hrabar narod. Imaju muda. To je redak kompliment koji sam dosad ovde čuo o nama. A u sebi mislim: e, moj don Lorenco – bilo nekad. A, možda i nije, nego se samo priča.

„Ona moja 'caka' da mi je majka bila Šiptarka kod njega se nije naročito primila, ali kod Arbena i Ljuša nije na odmet. Tu 'buvu' sam sad pustio i u Ujedinjenim nacijama i mogu ti reći da mi je rejting znatno porastao. Mantra o multietničnosti je ovde na ceni, pa mi nikako nije jasno što su uopšte razbijali Jugoslaviju. U stvari, jasno mi je, ali kakve vajde od toga."

Kad je čula da mu je majka Šiptarka, a otac Srbin, prepala ga je, veli, jedna izlapela, matora Finkinja, Tarja, koja „kao avet kruži po pres-centru i, izgleda, ništa ne radi, kao ni ja". Odvela ga je na silu na ručak u restoran s pogledom na Istočnu reku i „satima davila kao zmija žabu", objašnjavajući kako je on rođen pod srećnom zvezdom i trebalo bi da se vrati na Kosovo.

„'Multietničnost je božanska kategorija i ti si najbolji zalog kosovske budućnosti', trabunjala je."

„Ali, Tarja, ja nemam gde da se vratim", objašnjavao je Zoran, „sve mi je spaljeno i porušeno. Nemam ni kuće ni kućišta."

„'Da, strašno je to što su Srbi radili, ali tvoj otac, očigledno, nije bio od te sorte', baljezgala je, vrteći u rukama dve crvene jabuke, a na stolu je držala dve male sveće. Imao sam utisak da je verovala u neku svoju magijsku moć."

„Vidiš, ove dve jabuke – to su tvoj otac i majka, spojeni u ljubavi." Prinela je usnama obe jabuke i poljubila ih. „Sad ih i ti poljubi, njihova ljubav treba da te greje kroz ceo život, tebe i tvoju albansku braću."

Onda je zapalila dve svećice na stolu i nešto bajala oko njih. Diplomate i službenici UN su se zgledali u čudu, mada je većina znala da je žena luda, samo nisu znali da je preuzela ulogu Ban Ki-muna u mirenju Albanaca i Srba.

„Tarja, jeste li vi čuli za Boru i Ramiza, čak ni njihova ljubav nije pomogla", pitao sam je. Gledala me je belo, naravno, nije imala pojma. Dobro, *never mind,* rekoh. Došlo mi je da je oteram u tri materine, zajedno s onim otromboljenim Ahtisarijem.

Objašnjavao je da po UN obično procunja u prepodnevnim satima, „pokupi abrove", a po podne kod don Lorenca, na posao od koga se živi. Bepa, veli, skoro i ne viđa. „Ja odem rano ujutro, vratim se kasno noću, a on džogira pored Verazano bridža i 'baca udicu', ne bi li zakačio neku džogerku."

„Eh, da, umalo da zaboravim", nastavljao je Zoran. „U nedelju smo imali sjajan provod. Vodio me Bepo na pecanje listova u Šipshed Bej. Isplovili smo brodićem rano ujutro i proveli na okeanu skoro ceo dan. Imali smo sjajan ulov, ali mene je najviše impresioniralo jato galebova koje nas je stalno pratilo i visilo iznad brodića, hvatajući u letu kožure očišćenih fileta, koje bi im ribolovci bacali sa broda u vazduh."

Uveče su otišli u neki, po svemu sudeći „mafijaški" bar, na jednoj barži. S jedne strane bara, dužine oko desetak metara, radila su dva barmena, a s druge je na barskim stolicama sedela, ili se gurala, gomila sveta, uglavnom žena svih uzrasta. Tipična atmosfera za ono što Amerikanci zovu komšijski, ili *neighborhood bar*. „Ljuštili" su bocu za bocom piva, onda je, posle nekog vremena, Bepo zaključio da je vreme da „zabaci udicu". Počeo je da flertuje s jednom „polovnjačom" na stolici do sebe, koja je sasvim lepo kooperirala, prihvatajući i uzvraćajući komplimente. Kad je Bepo procenio da je verbalna „artiljerijska paljba" pročistila teren, krenuo je u borbu „prsa u prsa". Žrtva se nije opirala.

Onda je barmen sa druge strane dreknuo: *What the fuck are you doing? That's my wife!*

Bepo se trgao i hitro povukao na prvobitni položaj: „Izvinite, stvarno nisam znao da je gospođa vaša supruga, a i nisam imao loše namere."

„Namere su sasvim očigledne", reče narogušeni barmen.

„*Come on, honey*", umešala se i dama. „Gospodin stvarno nije uradio ništa loše. Samo smo prijateljski ćaskali, pri čemu se čovek ponekad ispomaže i rukama, zavisno od temperamenta."

„Dobro, draga, ako ti kažeš, prihvatam izvinjenje", zaključi barmen i časti turom pića. Da bi se iskupio, Bepo je posle malo zapostavio damu i više se usredsredio na Džoa, njenog supruga. Pričali su o ribolovu, bejzbolu, košarci, na momente i o politici. Kakve su Obamine šanse, i ko će mu najesen biti protivnik. S tim što ga je Bepo sve vreme uporno nazivao – Obmana. Bar je već bio pred zatvaranjem i Bepo je, na kraju, do te mere šarmirao Džoa da je ovaj insistirao da idu svi zajedno u jedan klub „zatvorenog tipa", koji radi do zore.

„Samo pratite mene", rekao je, ulazeći sa suprugom u svoj auto.

Kad je i Bepo seo za volan, Zoran mu reče: „Ja bih ipak da mi izbegnemo taj jutarnji provod. Da nam onaj 'buldog' ne namesti neku zamku?"

„Da znaš da si u pravu", uzvratio je Bepo, „ko zna šta tip ima u glavi, nešto me je naprasno zavolija." Usporio je malo vožnju i sve više zaostajao, dok ih nije zaustavilo crveno svetlo na semaforu, kroz koji je Džo već projurio. Onda je skrenuo u prvu sporednu ulicu i produžio kući.

„Ko zna, možda smo propustili lud provod, a možda izbegli batine", završio je Zoran svoj raport iz Njujorka.

Seo sam odmah i odgovorio mu u nekoliko redaka, obaveštavajući ga ukratko o događajima u zemlji, predizbornoj kampanji, koja se sve više zahuktavala i postajala sve prljavija, završavajući meteorološkim izveštajem i raportom o prvim vesnicima proleća, posle kratke, ali surove zime.

„Pa, ti tvoji njujorški dani i ne zvuče tako loše, ne bih rekao da ti je dosadno", otpisao sam mu. „Osim toga, ne zaboravi da sam ja svojevremeno počeo kao perač sudova i nikad nisam dogurao do položaja *bazboja*".

3

Posle oko mesec dana, Zoran se, izgleda, sasvim lepo „primio" i pustio korene u Njujorku. Možda će ta njegova luda avantura ipak da se pretvori u *success story*, potajno sam likovao. Javila se i Ofelija, koju je proleće uvek podsećalo na zavičaj i onu prelepu melodiju, *The Spring in Portugal*, a mene na *April u Beooogradu...*

„Haj, kako si?" – javila se kratko. „Mene pomalo hvata prolećna groznica i želja da skoknem do Lisabona, ali ne mogu zbog obaveza. Tvoj prijatelj Zoran se, izgleda, brzo adaptirao i na dobrom je putu da ti preuzme primat. Vrlo druželjubiv tip i svi smo ga zavoleli. Mada imam utisak da se nešto ne ubija od posla", pisala je Ofelija.

„Inače, ovde u Sekretarijatu i pres-centru mnogo šta se izmenilo, nema više Freda, sve neka nova lica, osim nekoliko novinara veterana, koji odolevaju vremenu. 'Velike ribe' dolaze i odlaze, samo mi obični smrtnici opstajemo. Mi smo tu, izgleda, u prednosti, jer za naš posao niko se ne otima. Inače, *news-wise*, ovo je mrtvo more i jedva da se išta dešava, osim povremene 'bure u čaši vode', kad se sjati bulumenta novinara sa svih strana, pa onda opet nestanu, kao da su propali u zemlju."

Javio se i Zef. Vodio je, veli, Zorana u neki kafić na aveniji Artur u Bronksu, gde se sastaju uglavnom Albanci, kako oni iz Albanije, tako i oni sa Kosova, iz Crne Gore i Makedonije. Nađe se tu i poštenog sveta, ali kafić „Besa" bio je uglavnom stecište dilera droge, švercera oružjem, obijača banaka, podvodača, sve do sitnih džeparoša i kriminalaca najnižeg ranga. Nije retkost da sevnu i noževi, ili pištolji. Albanska mafija u Njujorku, naročito Bronksu, odavno je preuzela primat od italijanske i novine su svakodnevno bile pune priča o njihovim „podvizima".

Među njihove specijalitete spadalo je i obijanje sefova u velikim supermarketima. Prvo bi danima odlazili u „kupovinu", snimali situaciju i merkali koju vrstu sefova koristi dotična firma. Onda bi kupili isti model sefa, mesecima ga studirali i vežbali obijanje. Na kraju bi, u gluvo doba noći, provalili u sef i odneli pare.

„Hteo sam da vidi i tu stranu Amerike", objašnjavao je Zef. „Kad sam ga, možda malo nesmotreno, predstavio kao Srbina, zinuli su od čuda i za dlaku smo izbegli incident. Na sreću, Zoran je odmah progovorio albanski i objasnio da je iz mešovitog braka i da mu je majka bila Albanka, a krv nije voda."

Posle, objašnjavao je Zef, nisu mogli da se odbrane od ture za turom pića. „Za Zefa i našeg Srbina u ćošku", stizale su nove ture.

„Mi smo ti, na neki način, kao Jevreji", objašnjavao je jedan već podnapit tip. „Ako ti je majka Albanka, i ti si Albanac, *paša zoti*!"

„A i ako si Srbin, ništa ne mari. Ni Amerikanci među nama ne prave razliku, svi smo mi za njih ista govna, samo nas koriste za svoje ciljeve i huškauju jedne na druge", reče čovek koji se predstavio kao Agim. „Oni misle da smo mi ludi, da verujemo u njihovo prijateljstvo. Trenutno nas podržavaju, jer smo mi ratoborniji, da im nebismo pravili probleme, a i treba im *Bondstil*. Sutra će i jedne i druge da puste niz vodu, *ta čivša none*", siktao je Agim. „U stvari, nas Albance mrze još više, jer smo muslimani, samo ne smeju to da pokažu, jer, preko nas i Bosne namiruju račune s onima u Palestini, na Bliskom istoku i u arapskom svetu, gde su im ruke do laktova ogrezle u krvi", govorio je Agim.

„A, šta nameravaš da radiš ovde"? – pitao je Zorana.

„U Srbiji sam bio novinar, a ovde konobarišem. U stvari, tek sam pomoćnik konobara, *bazboj*."

„Jak ti posao, i od toga misliš da živiš?"

„Šta ću, moram da radim bilo šta, dok se nekako ne snađem", uzvratio je Zoran.

„A, kako si uopšte došao ovamo? Oni baš ne daju lako vize, pogotovo Srbima."

„Dobro, ja sam pola Albanac, pa su mi dali vizu na tri meseca na osnovu novinarske akreditacije u Ujedinjenim nacijama."

„Akreditacija u UN? To lepo zvuči. Zanimljivo", rekao je Agim. Izvadio je iz džepa vizitkartu i pružio je Zoranu. „Izgledaš dobar momak, iako si pomalo Srbin. Javi mi se, možda nađem nešto za tebe." Onda, posle kraće pauze doda: „Ako zadovoljiš uslove..."

„Pa, imam završen pravni fakultet", reče Zoran.

Agim je počeo da se valja od smeha, razrogačio oči, zagrcnuo se, presamitio i počeo da se hvata za glavu. Onda se na sav glas obrati društvu: „Ej, ljudi, imamo i jednog pravnika!"

Kad se malo smirio, ponovo se okrene Zoranu: „Izvini, ali odavno me niko nije tako zasmejao. Ko te, bre, Srbine, pita za diplomu? Samo se ti javi, trebaju mi pametni ljudi!" – završio je Agim tapšući ga po ramenu.

„Ako mene pitaš, najbolje ti je da zaboraviš ovo veče, Agima i celo društvo", rekao mu je Zef kad su izašli, objasnivši u par rečenica čime se sve bave. „Možda nije ni trebalo da te dovodim ovamo, nije to društvo za tebe. Hteo sam samo da vidiš i naličje ovdašnjeg života i zašto je Bronks na tako lošem glasu."

# V

# PROVETRAVANJE SRBIJE

## 1

U Beogradu, sve kipti od optimizma i nade. Predsednik i formalno raspisao parlamentarne izbore, i to baš na Đurđevdan. Po zakonu više nije mogao da odlaže, a predsednik se drži slova zakona kao pijan plota, do poslednjeg daha. „Đurđevdanak, hajdučki sastanak!" – pade mi na pamet ona poznata uzrečica. I pitanje: hoće li ovaj put da se skupi dovoljno „hajduka" da oduvaju beogradske dahije?

Teško. Jer, predsednik obećava blagostanje i članstvo u Evropskoj uniji, nova radna mesta, investicije, borbu protiv korupcije i kriminala, a u narednih deset godina otkriće valjda i „političku pozadinu" ubistva bivšeg premijera, što se aktuelizuje u svakoj izbornoj kampanji. Ko svemu tome može da odoli, a Srbi su verujući narod, naročito ako izuzmemo Boga. Oni obožavaju i veruju u svoje male, lokalne bogove. Ili ih se plaše?

Predsednik je rekao da će sledeća vlada imati težak zadatak da ostvari sve zacrtane ciljeve i uvede nas u srećnu budućnost. Kao da je hteo da odvrati opoziciju, da se mane ćorava posla, jer jedino on provereno ume, ima snage i spreman je na svaku žrtvu, osim odlaska sa vlasti, da to sprovede. Jer, kako pre četiri godine reče njegov otac, predsednik nema stan, pa ako izgubi izbore, neće valjda iz dedinjske vile da završi na ulici, ili, u najboljem slučaju, kao podstanar?

Na kraju je pozvao sve političke snage da se okupe oko ostvarenja ključnih strateških ciljeva. Pod njegovim „mudrim vođstvom", naravno. Kosovo nije pomenuo. Pošteno. Taj posao je prepustio predsednici Skupštine, kojoj po Ustavu pada u zadatak raspisivanje lokalnih izbora, kojih na Kosovu, naravno, neće biti, jer su tako rekli strani moćnici. Predsednica, koja je onomad u vili *Mir* branila Miloševića da ga ne izruče u Hag, da bi potom paktirala s onima koji su ga poslali u smrt, reče da će vlast učiniti sve u saradnji sa Misijom UN na Kosovu, da izbora ipak bude. Nevolja je samo u tome što je ta misija prethodno prenela sva ovlašćenja na vlast u Prištini.

Drugim rečima, „mir, mir, mir, niko nije kriv". Srbi na Kosovu ostavljeni na cedilu, predsednik nevin, a strani mentori zadovoljno trljaju ruke.

Gledajući predsednicu Skupštine kako se obraća naciji, setio sam se dveju prepariranih kupskih pataka, koje mi je pred rat poklonio jedan prijatelj Kordunaš. Godinama sam ih čuvao kao relikviju, ali delovale su toliko stvarno da su ih jednog dana mačke raščerečile, pored gomile pravih, živih ptica. Onda je došla „Oluja" i oduvala mog Kordunaša sa njegovog kućnog praga, a mnogi su završili kao i moje preparirane patke.

Ali, to što sam sad gledao na televiziji, delovalo je toliko nestvarno, blazirano, pretvorno, lažno i licemerno da mi je došlo da povratim.

Kao da mi je čitala misli, mojoj kućnoj ljubimici Agati je nadošlo, pa je počela je da čeprka po svom „toaletu", šireći naokolo neprijatne mirise. Nisam više imao vremena, ni snage, da razmišljam o predsednici parlamenta i prepariranim patkama.

Ustao sam da bih Agati „promenio pelene" i provetrio kuću. U odnosu na srpsku političku scenu, bilo je to pravo osveženje. Jedino me progonila misao: hoće li se naći ikad, iko da provetri Srbiju?

2

Predizborna kampanja se zahuktavala. Političari se rastrčali po selima i gradovima, obećavajući, kako bi narod rekao, „kule i gradove". Predsednik kao da više ne spava kod kuće, a i inače se retko viđa u javnosti sa suprugom. „Zli jezici" su pričali kako je u jednom rimskom hotelu, gde je odseo prilikom neke od čestih državničkih poseta, nastala uzbuna jer se predsednik nije pojavio do zore. „Da mu se nije nešto desilo?" – pitali su se zgranuto službenici hotela, alarmirajući sve nadležne. „Gde može da mu bude bolje nego u hotelu sa pet zvezdica?"

E, pa može. Uskoro potom, jedna tridesetogodišnja lepotica, za koju se govorilo da se prethodno proslavila plešući po stolovima rimskih noćnih lokala, imenovana je za ambasadora. Italijanska služba bezbednosti se uopšte nije uzbuđivala, jer je stan dotične lepotice verovatno bio ozvučen, pa su znali da je predsednik na sigurnom. Tako je to u zemlji u kojoj se ambasadorska mesta dele preko rodbinskih, kumovskih, partijskih i još kojekakvih veza.

A sad, predsednik se rastrčao od Leskovca, preko Smuševca do Pičkovca, ulivajući posrnulom narodu nadu i ohrabrenje. Još samo ovaj, i možda još neki mandat, i biće sve kao u raju. Ulazi u ambare, štale, svinjce i kokošinjce, mazi nežno krave i telad, obećava subvencije za „preporod sela", izvoz za velike pare na evropsko tržište, koje nas čeka raširenih ruku. A tovljenici i prasići mu aplaudiraju, zadovoljno grokćući. Čista seoska idila, kao u romanu prvog ruskog nobelovca Ivana Bunjina. A i srpska sela, koja još nisu odumrla, sve više liče na rusku „derevnu" iz devetnaestog veka.

Predsednik još samo nije viđen kako pred televizijskim kamerama muze krave. Tu disciplinu, valjda, uvežbava na naciji, pre nastupa na televiziji, da se ne obruka pred kamerama.

Prilikom kratke posete Beogradu, predsednik primio predstavnike švedske firme *Ikea*, koja „dugoročno planira da otvori pet robnih kuća u Srbiji". To će, po njegovim rečima, „otvoriti nova radna mesta i pružiti široke mogućnosti razvoja domaće industrije".

Bog te mazo, pomislih, dobro je što kampanja traje samo dva meseca, inače bi se cela Srbija pretvorila u industrijsku zonu, sa nesagledivim posledicama po ljudsku okolinu. Brozov san o „industrijaljizaciji i eljektrifikaciji" bio je mačiji kašalj u odnosu na ambiciozne planove, pardon, obećanja, današnjih proevropskih lidera. Kao zakletog ekologa, tešilo me jedino saznanje da će ta obećanja da „drže vodu samo dok majstori ne odu", to jest dok ne prođu izbori.

## 3

Na televiziji, kasno uveče, gledam reprizu završne besede Vojislava Šešelja pred Haškim tribunalom. Iako već narušenog zdravlja, posle devet godina u haškom kazamatu, taj „ludak", „idiot", „manijak", „šizofreničar", „ratni huškač", „zločinac" i kako ga sve nisu zvali, uopšte se ne brani – on napada.

*Mene ne zanima vaša presuda, jer vi i niste sud pravde, niti pravdu od vas očekujem. Vi ste zamena za američku konjicu i Šestu flotu,* bljuje vatru Šeki. *Ja ovde branim istinu i hoću da vam je kažem u lice. Meni je važno da to ostane u transkriptima, za istoriju, koja će suditi i meni i vama. Narod će se jednoga dana smejati i vašoj optužnici i presudi. Nisu zločinci oni koji su branili Jugoslaviju, nego velike sile koje su je razbile. Oni bi trebalo da sede ovde, a ne ja,* sipao je Šešelj mitraljesku paljbu.

Posežem da skinem kapu, koju i ne nosim, kad zvoni telefon: „Gledaš li ti ovo?" – čujem glas sa druge strane žice.

„Gledam", rekoh, i prepoznajem glas prijatelja Slaviše, koji je za dvadeset godina promenio sve „demokratske opcije" i sad se kune da će da glasa za „nazadnjake".

„Ej, taman da su crnji od najcrnjeg đavola, ovaj put glasam za njih, iz inata", sikće Slaviša.

„To mi liči na poznatu srpsku karakternu osobinu", pokušavam da mu kontriram.

„Zovi to kako hoćeš, ali ovo je stvarno vredno svakog poštovanja", uzvraća on.

„A, da te pitam nešto, Slaviša: je li to onaj isti čovek koga je blaženopočivši premijer poslao u Hag, rekavši Karli del Ponte 'vodi ga i ne vraćaj nam ga više'?"

„Ti mene zajebavaš", čujem glas s druge strane žice.

„Ne zajebavam, samo me muči dilema da blaženopočivšeg, možda, nije stigla božja kazna, što je od „ludaka" napravio heroja i mučenika, moralnu gromadu", rekoh. „I Fjodor Mihajlović bi imao problema da raščivija šta je tu zločin, a šta kazna."

„Kako god, ali Šešeljeva žrtva i hrabrost su neizmerne i čovek je već ušao u istoriju, živ ili mrtav", kaže Slaviša.

„Slažem se apsolutno", rekoh. „Bez obzia na sve, tu žrtvu treba ceniti, jer ko ni za šta nije spreman da se žrtvuje, taj nije dostojan ni da živi."

# VI

## SJAJ I BEDA NOVINARSTVA

### 1

Zoran je u sledećoj poruci pisao i o svom neuspelom pokušaju da pošalje prvi novinski izveštaj sa *Ist rivera*. Priložio je kopiju razgovora sa jednim ruskim diplomatom, koji mu je svašta napričao, pod uslovom da mu ne pomene ime. Diplomata „visokog ranga" bio je gnevan na vlast u Beogradu, što sve više okreće leđa Rusiji i što se dodvorava Zapadu u želji da, po svaku cenu, uđe u EU, a potajno i u NATO.

„Pa, mi smo konzistentniji u osporavanju kosovske nezavisnosti od većine vaših političara, uključujući i vladu, predsednika i ministra spoljnih poslova", rekao je diplomata. „Blokirali smo rezoluciju o nezavisnosti u Savetu bezbednosti, a vaši u Beogradu sad od nas prave budale, priznajući nezavisnost 'na mala vrata'. Pa, dokle mislite da to može tako? Dokle očekujete da mi budemo veći Srbi od Srba?" – pitao je diplomata.

„Šta mislite zašto ste izgubili Kosovo? Pa zato što na jednoj strani imate milion i po Albanaca, od kojih je svaki spreman da pogine za ideju nezavisnosti, a vi niste spremni da mrdnete prstom", grmeo je diplomata. „Imate još uvek kakvu-takvu vojsku, ali vaš predsednik se kune da je nikad, i ni za šta neće upotrebiti. Pa što je onda, uopšte, drži? Ne kažem ja da treba, i da možete, da ratujete protiv Amerike i NATO, ali predsednik jedne države tako nešto, naprosto, ni u snu ne sme da kaže. Jer, kakvu time poruku šaljete Zapadu?" – pitao je diplomata i odmah odgovorio: „Jednostavnu: dajte Albancima nezavisnost i imate mir u kući, da ne govorimo o drugim geostrateškim interesima."

„I nemojte da se zavaravate da će ta priča da se završi sa Kosovom", nastavio je diplomata. „Nema šanse. Ovakva politika Beograda vodi u propast i potpuno rasulo. Tek ćete da vidite šta je sledeće", zaključio je čovek, čije ime Zoran nije otkrio.

Ovo mora da je neki prerušeni Konuzin, pomislio sam. Ne, biće da je lično Vitalij Čurkin, ruski ambasador u UN, koji se u poslednje vreme „proslavio" braneći interese Srbije u Savetu bezbednosti, dok su predsednik i ministar spoljnih poslova prodavali maglu i prosipali isprazne fraze kako „nikad, ama baš nikad", neće priznati Kosovo.

Zoran reče da mu je intervju „sredio" jedan ruski kolega, dopisnik *Komsomolske pravde* i nekog radija, *Eho Moskve*, ili tako nešto. „Saša ima kancelariju u jednoj radio-kabini s pogledom na salu Saveta bezbednosti, pa se ponekad kod njega sklonim da krišom zapalim cigaretu. Ali, samo u ograničenim količinama, da se ne oglasi alarm."

Kad je, veli, prvi put svratio kod Saše, bio je oduševljen njegovim pogledom na salu u kojoj se donose „sudbonosne odluke" i otela mu se pomisao: „Bog te tvoj, kako bi odavde lepo mogao da ih 'rokneš'. Udariš zmiju pravo u glavu i održiš im lekciju iz 'demokratije' za sva vremena."

„Šališ se", uzvratio je Saša, „ovde jedva da se išta odlučuje. Odluke se donose negde drugde, a ovo služi samo kao paravan za samovolju velikih sila. Pa, kad ne mogu da se usaglase, onda i bez tog 'pokrića' urade ono šta su naumili, kao onomad kad su vas bombardovali", objašnjavao je Rus. „Osim toga, takvih 'zmija' imaš i u Beogradu, koliko hoćeš."

Zoran je, veli, oćutao tu primedbu, ali je u sebi pomislio: „Sjajna ideja. Kad li će predsednik sledeći put ponovo da 'brani' Kosovo u Savetu bezbednosti? Nikad bolje prilike da jednim udarcem ubiješ gomilu muva, domaćih podguznih, i stranih zunzara!"

Bilo je tu, kako reče, „koliko hoćeš", praznih kabina, koje niko nije koristio, pa bi povremeno svraćao da dremne, krišom popuši cigaretu i meditira.

Lud čovek, pomislio sam. Oni koji su spremni da ubiju ne laprdaju o tome po kafanama, a još manje raspredaju preko interneta. A, i čemu to? Šta je Princip postigao svojim „junačkim", ili „zločinačkim" činom, što se i bez toga ne bi desilo? Osim što je uništio svoj mladi život. U Srbiji, istina, jesu ubili jednog premijera, a pre toga i kralja, ali ideja je delovala toliko apsurdno da joj nisam pridavao nikakvu važnost. Zar se Austrougarska, i bez Principa, ne bi raspala pod bremenom istorije i točkovima progresa, koji nezadrživo jure napred? Samo što bi Srbija bila pošteđena „albanske golgote" i više od milion ljudskih žrtava.

Osim toga, predsednika su već toliko puta „ubijali", ali on je bio neuništiv i neustrašiv, spreman na svaku žrtvu za dobrobit voljenog naroda. Navijači na fudbalskim utakmicama su mu sve češće klicali „Borise, Borise, spasi Srbiju i ubij se!" – kao što su onomad klicali i Slobi. Ali, predsednik, ubeđen da je beskrajno omiljen u narodu, pogrešno je razumevao tu poruku, misleći da mu poručuju „bori se, bori se – za vlast"!

Prvi „ozbiljniji" pokušaj atentata na predsednika pokušan je još u decembru dve hiljade četvrte godine, kad se vraćao s posla u svoju rezidenciju na Dedinju. Pripadnici njegovog obezbeđenja, za koje se tvrdilo da je „najprofesionalnije u zemlji", kao što je i red, primetili su da predsednikovu kolonu prati jedan *audi* sa diplomatskim tablicama u kojem je, pored vozača, sedeo potencijalni „bradati atentator". Kad je *audi* pokušao da zaobiđe predsednikovu kolonu, jedan *BMW* iz predsednikove pratnje zadao mu je, kako su tada pisali beogradski mediji, „žestok udarac" i atentator je pobegao u „nepoznatom pravcu".

Sve svetske agencije javile su pod oznakom „hitno" o pokušaju atentata na „proevropskog predsednika Srbije". Posle se ispostavilo da je vozač *audija* bio neki lokalni službenik američke ambasade, kurir, ili tako nešto, a na mestu suvozača, kao „atentator", sedeo je njegov čupavi pas.

Predsednik je, srećom, preživeo, a nesrećni kurir je izgubio posao i, verovatno, posle i sam otišao negde iz demokratske Srbije – „trbuhom za kruhom".

Najnoviji pokušaj atentata na predsednika sprečen je pred sam početak izborne kampanje, u Banjaluci, gde je u sportskoj dvorani, tri dana pre posete predsednika i nekog zadriglog tipa iz Laktaša, otkriven „arsenal" oružja, municije i eksploziva. Nesrećnik je uhapšen, a rasplet, verovatno, sledi po principu „tresla se gora, rodio se miš".

I, sad se nađe neki ludi kosovski Srbin, koji usred Njujorka nema ništa pametnije nego da razmišlja o sličnim glupostima.

Srbi vole da se igraju atentata i obožavaju svoje mrtve heroje. Mnogi su, poput tragično nastradalog premijera, bili satanizovani, prezirani i ruženi za života, da bi tek posle smrti postali – „besmrtni". Svojatani, hvaljeni, glorifikovani i citirani, kao geniji. Onda po njima imenuju ulice, aerodrome, škole, bolnice, parkove – gradovi se, srećom, od Broza naovamo više ne imenuju ni po mrtvima ni po živima – podižu im crkve „pokajnice" i spomenike, valjda da bi golubovi nastavili posao koji verni podanici nisu stigli u dovoljnoj meri da urade za života.

Tek kasnije, čitajući Zoranove zabeleške u vidu dnevnika, shvatio sam koje dimenzije je poprimilo to njegovo ludilo. Kao da je stvarno nameravao da postane drugi Princip. Iz zabeleški sam saznao da je Zoran poslednju noć pred odlazak sa Kosova proveo na očevom grobu i zakleo se da se neće smiriti dok ga ne osveti, što uopšte nije pominjao prilikom naših susreta. Bila je to strogo čuvana tajna, koju nije poverio čak ni majci za života. Ali, nije to bila samo osveta za oca, čijom se smrću srušio sav njegov svet, nego i za njega samog i za sve stradalnike i zla kojima je bio svedok. Ležao je te noći na grobu, grejući svojim telom humku metohijske zemlje, kao da grli mrtvog oca i onaj krater na njegovim grudima, ljubio je drvenu krstaču i plakao, nezadrživo lijući suze od kojih mu se u magnovenju činilo da narasta i Beli Drim, s kojim kao da se stopio.

Kad su i suze presušile, dugo je gledao u nebo na kojem su u toploj junskoj noći visoko treperile zvezde, ili možda „lokatori" NATO – više ni u šta nije bio siguran – i preletali avioni, koji su posle „uspešne humanitarne misije" jednima donosili „slobodu", drugima izgnanstvo, a jednima i drugima samo nove tovare smrti. Operacija, u kojoj su ubijene hiljade nedužnih ljudi i napravljena šteta od više desetina milijardi dolara, zvala se „Milosrdni anđeo". To su mogli da smisle samo vrhunski cinici, belosvetske protuve i pokvarenjaci. Zoran je te noći poželeo da ima u rukama neku čudovišnu Davidovu praćku, da poskida s neba sve zvezde i avione, da sruši nebeski svod i da zauvek ostane tu, pod njegovim teretom, prikovan i sjedinjen s ocem za sva vremena.

Onda bi se u njemu, na trenutak, pobunila savest i navirala pitanja: O čemu ja to? Jesam li ja hrišćanin? Šta je s hrišćanskim praštanjem i kuda vodi osveta? „Ko tebe kamenom, ti njega hlebom", odzvanjale su mu u ušima biblijske zapovesti.

Dugo je sedeo i razmišljao pod zvezdama u toploj metohijskoj noći, koja ga je vraćala na uspomene iz detinjstva, kad je tako, u srećnije vreme, uveče sedeo sa ocem na obali Belog Drima, koji bi mu pričao o „srpskoj slavi i srpskim junacima". Sve je to sad bilo samo davno prošlo vreme, pluskvamperfekt – prah i pepeo. Uzeo je grumen zemlje s očevog groba, razmahnuo se svom snagom i bacio ga prema najbližoj zvezdi, kao da je stvarno nameravao da je obori.

„Ma nosite se!" – reče naglas, da bi odagnao defetističke misli. Zar ovi gore, što sad preleću preko neba mog detinjstva, koji su nas zasipali bombama i raketama, nisu takođe hrišćani? Šta je, uopšte, hrišćanstvo, i u šta se izrodilo? I šta je Bog? Postoji li, uopšte, tako nešto, ma kako da se zvalo? Ako postoji mora da je slep, kao onaj Domanovićev vođa. Kako bi inače dozvolio sve ovo što se dešava na zemlji i okretao glavu u stranu?

„Ne", zaključio je na kraju. „'Oko za oko, zub za zub'!"– to je prava formula za one koji neće da im se zatre trag na zemlji.

Nažalost, ja sam saznao za tu njegovu rešenost tek kad je već bilo suviše kasno. A, njegov gnev je narastao svakim danom sve više, naročito otkad je saznao da više ne postoji ni grob njegovog oca pored Belog Drima. U trenutku kad je to samo u naznakama nagoveštavao, doživljavao sam to kao halucinacije mladog, gnevnog i dezorijentisanog čoveka i nije mi padalo na pamet da ga shvatim ozbiljno. U tom trenutku mene su mučile sasvim druge, ovozemaljske misli: kako čovek da se odbrani od atentata, koje političari, predvođeni predsednikom, svakodnevno vrše u preizbornoj kampanji na zdrav razum i nervni sistem nacije?

## 2

Vitalija Čurkina pamtio sam, ne po dobru, još iz vremena rata u Bosni, kad je kao Jeljcinov predstavnik u mirovnim pregovorima, govorio zapadnim novinarima kako je teško izaći na kraj „s ludim srpskim generalima". Ruski ministar spoljnih poslova tada je bio Andrej Kozirev, a Sergej Lavrov je bio ambasador u UN. Ali, iako su u Kremlju imali istog pijanog gazdu u liku Jeljcina, Lavrov i Čurkin su se razlikovali kao dan i noć, s tim što je Kozirev bio Jeljcinova slika i prilika.

Lavrov je uvek bio odmeren i umeren, spreman na saradnju, pravi šarmer, ponekad bi novinare vodio na ručak i neformalno sa njima ćaskao, iako od svega toga nije bilo neke naročite medijske vajde. Rođen u Moskvi, od oca Jermenina i majke Gruzinke, Lavrov je pisao pesme i za vreme svog desetogodišnjeg mandata u Njujorku voleo je, čak i zimi, da provodi vikende u letnjoj rezidenciji ruske misije pri UN u Glen Kovu, na Long Ajlendu, koja je u vreme Sovjetskog Saveza važila za centar ruske špijunaže u Americi.

Baštovan bi mu redovno zimi spremio nekoliko panjeva za cepanje da, posle napornog dana u UN, malo ojača mišiće i odmori mozak. Jednom sam mu tražio intervju, i unapred dostavio pitanja, ali intervju nisam dobio. Iako smo se često rado sretali i pozdravljali, nisam mu uzeo za zlo: pitanja su bila takva da bi mu, u to vreme, odgovori verovatno uništili karijeru. Što bi, kako se posle pokazalo, bilo prava šteta.

Čurkin je posle otišao za ambasadora pri NATO-u u Brisel, i na kraju završio na mestu ambasadora u UN. Ali, „novi Čurkin", u odnosu na onog ranijeg, bio je gotovo neprepoznatljiv pozitivac. Kao „diplomata od karijere", čovek je, verovatno, i onda i sad, samo izvršavao postavljene zadatke.

Zoran je poslao izveštaj o razgovoru s ruskim diplomatom u Beograd, ali su mu iz redakcije odgovorili da je tekst neupotrebljiv i da „malo smanji doživljaj".

Oterao ih je, veli, „u tri materine" i više mu ne pada na pamet da piše. „Srpsko novinarstvo se, pod 'demokratskom vlašću', pretvorilo u obično slugeranstvo i tu časni ljudi više nemaju šta da traže. Razmišljam o nekim novim planovima u životu i ako uspem – čućeš", ostao je nedorečen.

Priča mi je bila poznata. U vreme rata u Bosni, održavao se u UN sastanak „velike petorke", na kojem je razmatrana situacija „na terenu" i mere koje bi trebalo preduzeti, neposredno pred bombardovanje bosanskih Srba. Sa samog sastanka, koji je održan iza zatvorenih vrata, nije bilo nikakvih informacija, ni saopštenja. Ali, slučajno sam saznao da će ministri nastaviti razgovor uz večeru, u jednom italijanskom hotelu, nedaleko od Ujedinjenih nacija. Znao sam odavno da je u Njujorku teško naći restoran, ili hotel, u kome ne radi neko od „naših ljudi", iz bilo kog dela bivše Jugoslavije.

Nacrtao sam se u kafeu hotela, tek što su ministri zaseli za večeru, u posebnom separeu. Nisam primetio nikog drugog od kolega novinara. Merkao sam konobare, koji su ulazili sa punim poslužavnicima hrane i pića, i odmah „snimio" svog čoveka. Bio sam ubeđen da je Dalmatinac, kad ono – Srbin iz Čačka.

„Šta rade oni zlikovci unutra?" – pitao sam pola u šali i predstavio se. „Ništa posebno, ćaskaju, pijuckaju, i pričaju o ratu u Bosni", odgovori Milan. „I, šta će da nam rade?" – pitao sam.

„E, to stvarno ne znam", uzvratio je.

Zamolio sam ga da malo obrati pažnju ko šta priča, pa da mi, ako može, prenese po neki detalj.

„Ne bih to smeo da radim, a i ne stižem od posla, ali dobro, videću, svoji smo."

Između njegovih ulazaka i izlazaka, ćaskali smo, onako u prolazu, o ratu, životu u Americi, porodicama, vremenu, bilo čemu, samo da održim dijalog otvorenim. Od Milana je, na kraju, bila slaba vajda, osim što me detaljno informisao o atmosferi, ko je do koga sedeo, ko s kim pričao, ko je šta jeo, šta pio, što takođe nije bilo na odmet.

Ram za sliku bio je uokviren, samo je nedostajala prava sadržina. Onda sam se sudario s tadašnjim britanskim ministrom spoljnih poslova Daglasom Herdom, koji je izašao i pitao za toalet. Rado sam ga uputio tamo gde mu je bilo mesto i usput dobacio: „Kako idu razgovori, *vaša ekselencijo?*"

„Oh, tek se zagrevamo", odgovorio je.

Posle nekog vremena, izašao je američki državni sekretar Voren Kristofer. Opet isto pitanje, i odgovor: „Nema šta da se komentariše."

Onda je izašao Kozirev. „Dobro, šta ste se dogovorili?" – pitam bez okolišanja.

Gleda me svojim vodnjikavim, zelenim očima, nekako prezrivo, pa poseže za mojim bedžom i akreditacijom UN. „A ko ste vi?"

„Novinar", rekoh.

I onda čujem, reč po reč, isti odgovor kao i od Kristofera, čak s istom intonacijom: „Nema šta da se komentariše."

Propade mi veče, ništa od priče, pomislio sam razočarano. Kad, izlazi italijanski ministar spoljnih poslova Antonio Martino, koji je bio domaćin na večeri. Vidim, nastaje gužva, spajaju se stolovi. Martino treba da „brifuje" svoje saradnike i italijanske diplomate o rezultatima sastanka. Seda za sto do mene, samo što se ne dodirujemo leđima. Super, možda ipak nešto saznam, pomislih, i diskretno uključujem diktafon.

Martino je taman počeo da priča, kad mu neko skrenu pažnju na mene. Zbunjeno se osvrnuo i prešao na drugu stranu stola, gde nisam mogao da ga čujem. Opet ništa od priče!

Kad su njihove konsultacije bile završene i Martino krenuo da izađe, nije mi preostalo ništa drugo nego da ga prepadnem na juriš: „Gospodine ministre, kao što vidite, ja sam večeras ovde jedini novinar, i zanima me šta ste se dogovorili?" – upotrebio sam svoje najbolje znanje italijanskog.

Prihvatio je razgovor, ali je pričao u oblandama, o delikatnosti stuacije, nesuglasicama i mogućim posledicama, ali se iz svega ipak moglo zaključiti da se Srbima u Bosni sprema bombardovanje.

Konačno, poseže i on za mojim bedžom i upita za koga radim.

„Zaboga, ja sam mislio da ste Italijan", reče kad sam mu objasnio da sam iz Jugoslavije.

Ram za sliku bio je popunjen. Kasno uveče šaljem izveštaj za Beograd da se Srbima u Bosni sprema bombardovanje i već se usredsređujem na sutrašnje događaje. Retki novinarski izveštaji se pamte i žive duže od jednog dana. Posle par dana pitam kako je prošla priča sa Martinom.

„Koja priča?" – čujem s druge strane žice. „Ona o predstojećem bombardovanju Srba u Bosni", objašnjavam.

„A, to? Pa, ta priča nije ni puštena."

Urednici u Beogradu su, navodno, procenili da cela priča, izvori, i sama atmosfera, nisu bili dovoljno kredibilni pa kao, „da se ne zalećemo". „Osim toga", objašnjavao je čovek s druge strane, „to nije imala nijedna velika svetska agencija, pa je i to bilo sumnjivo."

A ja, budala, mislio da je poenta upravo imati nešto što niko nema, i pre svih ostalih. I to mi je srpsko novinarstvo!

Prisećajući se te epizode, imao sam puno razumevanja za Zorana i njegov gnev, mada mi nije bilo jasno kakvi su to novi životni planovi koji mu se vrzmaju po ludoj glavi.

# VII

# PROLEĆE U SRBIJI

## 1

Sedim s Marijelom na splavu, pijuckam pivo, ona kafu, pričamo, upijamo tople zrake prolećnog sunca i komentarišemo promene u krošnjama vrba na obali reke, koje su počele da poprimaju blage žutozelene nijanse – prvi znaci „vrbopuca". Marijela, atraktivna prirodna plavuša, upravo se vratila iz Jordana, ali je sačuvala svoj nežni, svetli ten. Mene još uvek drži jahorinska boja, pa možda pomalo ličim na njenog momka Arapina, iz Amana, mada ga nikad nisam video. Nemam pojma, možda Ajman, kako reče da se zove, i ne liči na Arapina.

„El Zavahri?" – provociram je, aludirajući na prvog čoveka Al Kaide.

„Naravno, on arapski terorista, a ja srpska 'četnikuša'", uzvraća kroz smeh.

„Kakav spoj! Vama bi se beskrajno obradovali u Kanadi!" – rekoh, aludirajući na njene ranije planove da se tamo preseli.

„Odustali smo od te namere", kaže Marijela. „Ta ideja je bila u opticaju pre 'arapskog proleća', on je imao ugovoren neki angažman u Kanadi, ali se mnogo šta u međuvemenu promenilo. A ko zna kad, i gde, će se 'arapsko proleće' zaustaviti i da li će mimoići i njegovu zemlju."

„I, šta sad, ljubav na daljinu?"

„A, ne, on na leto dolazi ovamo, imamo neke poslovne planove i verujem da ćemo ih realizovati. Inače, on zna srpski, a i ja sam počela da učim arapski."

„I srpski je naučio zbog tebe?"

„Nije zbog mene, to je bio drugi splet okolnosti", kaže, a njene zelene oči se zagonetno smeše.

„Lepo", rekoh, „divim se vašoj hrabrosti. Ali, zar se takve ideje u Srbiji ne graniče s ludošću? Da niste i vi, možda, samo u funkciji predsednikove kampanje za privlačenje stranih investicija, otvaranje novih radnih mesta, revitalizaciju poljoprivrede?"

„Misliš na ono: čuči predsednik na uzoranoj njivi, kao onomad Njutn ispod jabuke, mulja među prstima grumen zemlje, divi mu se, pa mudro zaključuje – 'ovo je naša budućnost'!"

„To! Samo, bojim se da narod nije razumeo poruku."

„Kako to misliš, šta je, po tebi, poruka?"

„Pa, znaš ono: 'Prah si bio i u prah ćeš se pretvoriti'!"

Opet sam je slatko zasmejao. Dugo je obrazlagala svoje i Ajmanove poslovne planove, koje namerno neću da otkrivam, da ih neko ne pokrade, ali ideja je delovala atraktivno i *fizibilno*, kako se to sad moderno kaže. Imala je izgleda na uspeh iz najmanje dva razloga: prvo, u Srbiji tako nešto nije postojalo i, drugo, nisu naručili od stranih „ekspertskih agencija" da im, za velike pare, izrade „studiju izvodljivosti" – *feasibility study*, čime počinje i na čemu se, obično, završava većina državnih projekata.

Iako tek u tridesetim godinama, Marijela je napustila briljantnu novinarsku karijeru, kad je shvatila da je đavo odneo šalu u srpskom novinarstvu i počela da eksperimentiše raznim poslovnim idejama, od čega je, za početak, uspevala da preživi. Ali, bila je prezadovoljna svojom novoosvojenom slobodom. Njen životni moto je bio i ostao „u se i u svoje kljuse" i raspolagala je neverovatnom energijom i optimizmom, imajući u vidu date okolnosti. Ovo sa Ajmanom, bilo je mnogo veći i ozbiljniji zalogaj.

Dobro je što takvi mladi ljudi ne odlaze iz zemlje, pomislio sam u sebi. Previše mladih mozgova se „odlilo" iz Srbije u decenijama ratova i krize. Dobro je da neko ostane. Samo da ih ne sapletu na prvom koraku prekomernim propisima, birokratskim zavrzlamama, korupcijom, i ne uguše porezima.

„Sviđa mi se tvoja ideja", rekoh na kraju. „Daj bože da uspe. Ali, evo, stiglo proleće i u Srbiju, možda nam donese nešto dobro. A, idu i izbori. Posle one Oktobarske jeseni, koja se pretvorila u zimu, krajnje je vreme da i nas malo ogreje sunce."

„Živi bili, pa videli", uzvrati Marijela.

„Dobro, onda za Ajmanov dolazak pečemo jagnje na Ostrvu", rekoh Marijeli na rastanku.

„Može i prase", uzvrati ona. „Čovek je sasvim normalan, obožava i čvarke"!

Bože, šta li jedna „četnikuša" može da uradi od Arapina! – razmišljao sam dok sam čamcem prelazio preko reke.

## 2

Na Ostrvu su me čekali moji mali četvoronožni prijatelji. Sjurili se sa svih strana, čim su mi čuli glas. Guske se lenjo gegaju od reke, prilaze i štipaju me za „sedežnicu": „Hleba, hleba gospodaru...ne videsmo davno hleba!" Izvele odjednom od nekud osam malih guščića, kao zlatne pufnice, okružile ih i šetaju Ostrvom, kao pod predsedničkim obezbeđenjem. Nema šanse da im priđe neki atentator. Vadim iz džaka stari hleb i bacam im u vodu. Guščići su zbunjeni, ne znaju čemu služi hleb. Onda gledaju „šta rade odrasli" i polako i oprezno savladavaju prvu životnu lekciju. Pojavila se i jedna egipatska guska, čudo u Evropi. Mora da je pobegla od „arapskog proleća".

Četveronošci izmileli na sunce, razdragano se igraju i na leđima valjaju po travi, koja je tek počela da daje nove znake života, srećni što su preživeli surovu zimu. Pitam se što li ljudi ne umeju da se tako raduju životu i sitnim, malim stvarima, kao životinje. Samo da je stomak pun, i da greje sunce. Nema računa za kiriju, komunalije, struju – nju proizvodimo sami! – nema „pedevea", jer nema ni „dodatne vrednosti" otkad je onaj dobri veterinar, čika Goran, obustavio dalju reprodukciju. Samo su mačori u povlašćenom položaju, nisu im odsekli muda, pa se povremeno pobiju oko nečega što ne postoji, i većini su uši u fronclama. Nikako da im objasnim da toga što oni traže nema. Prosto se ne razumemo. Razmišljam da i njima uskratim želju, onda mi opet žao – muška solidarnost.

Tu i tamo, počele su da se pomaljaju prve ljubičice i poneki stručak jagorčevina. Kraljica majka Pirgo, začetnica dinastije, i mala crna Maza, njen poslednji izdanak, umiljavaju se i trljaju svoje njuškice uz moje lice...

Gledam ih tako srećne i dođe mi milo što mogu makar toliko da učinim za čovečanstvo. Setih se Tolstoja: „Sve srećne porodice liče jedna na drugu, svaka nesrećna porodica je nesrećna na svoj način."

Ali, nema srećne porodice bez kućnog ljubimca. To ne znaju samo oni koji nisu probali, zaključujem.

I moj ljubimac Srećko, umiljati ali nestašni avlijaner i gospodar Ostrva, nesrećan je na svoj način. Minula surova zima ostavila ga je bez njegove životne saputnice, Borke. Kad je već led na reci počeo da se topi, mora da je krenula na pojilo i potonula. Nikad nećemo saznati istinu, ali Borke nema, pa nema. Nije to bila neka strasna ljubav, jer su „zle čike veterinari" oboma uskratili pravo na ljubav, ali su se lepo i nedužno igrali, kao mala deca. I životinje su društvena bića i osećaju potrebu da s nekim prozbore „ljudsku reč".

A Srećko, jadan, više nema s kim da „konverzira", pa trči za kim stigne i laje čak i na čamce koji protutnje rekom, pa često bude pogrešno shvaćen. Poneki dvonošci mu prete lancima i močugama, a ne znaju da je dovoljno samo reći lepu reč i pružiti mu ruku: „Kuci, kuci..." Neke stvari je, izgleda, lakše objasniti životinjama nego ljudima. Kao da svako od nas nije toliko puta bio pogrešno shvaćen u ovom ludom vremenu.

Pokušavao sam da mu dovedem neku potencijalnu udavaču, ali izgleda da mu je u glavi i dalje bila samo Borka. Neće da čuje za drugu. Ali, konkurs je i dalje otvoren, dok se ne pojavi neka nova, prava ljubimica Srećkovog srca. Gleda me milo svojim pametnim, tužnim očima, i kao da me preklinje: „Učini nešto, ne mogu više ovako sam! Ubiće me tuga"

Kad su ga onomad odveli šinteri, tražio sam ga od Borče do Rakovice i zahtevao da ga vrate. „Vratite mi mog Srećka, on je gospodar Ostrva!"

„Ne može", dobijao sam odgovor. „On je ujeo čoveka i treba da prođe 'obradu', da bude sterilisan i čipovan, tek tada možete da ga preuzmete, ali uz potpis i na svoju odgovornost."

„Srećko ujeo čoveka? Ma nemojte reći, odgovorno tvrdim da je u ovom slučaju čovek ujeo psa!" – insistirao sam.

Gledali su me u čudu. Pristao sam, ipak, da ga usvojim i Srećko je dobio papire na moje ime. Tako sam opet postao otac.

Ali, u tom svom očinstvu imao sam ozbiljnog rivala, koji se uporno takmičio sa mnom za Srećkovu naklonost i, rekao bih, bio uspešniji od mene. Moj komšija Maki bio je najsrećniji čovek na svetu kad sedne za motor čamca, sa Srećkom ponosno uspravljenim na pramcu, kao osmatračem, i zaplovi rekom. U topla letnja predvečerja, sa zalazećim suncem u pozadini, njihova silueta na reci bila je idealna scena za sliku u ulju klasičnih majstora, u sfumato stilu: čovek i pas!

Maki se na sve moguće načine dodvoravao Srećku, podmićivao ga „bombonicama", krekerima, granulama, slaninicom i čime sve ne, da mi preotme njegovu ljubav. Kad sam prvi put video Srećka, među gomilom sličnih nesrećnika u stešnjenom kavezu azila u Rakovici, došlo mi je da zaplačem: gospodar Ostrva, u metalnom kavezu od pola metra, uz opštu ciku, jauk i lavež njegovih sapatnika. Naravno, odmah me je prepoznao i počeo da cvili i pruža svoje šapice kroz rešetke kaveza. Ali, nije to bila čista radost. Bilo je u tom njegovom cviljenju očaja, beznađa, unezverenosti, zbunjenosti, a moj „piplmetar" mi je govorio da postoji neko kome bi se obradovao više nego meni. Nije drmao rešetkama, kao u onom vicu koji su predsedniku ispričali njegovi „partneri" u Briselu, kako su se miševi napili rakije, pa provocirali mačke, tresući rešetkama i mameći ih: „Mac, mac, mac..."

Predsednik, očigledno, nije shvatio poruku da bi Srbi trebalo da se odreknu rakije i da manje provociraju svoje zapadne „partnere". Međutim, u vezi sa Srećkom, sve je bilo jasno.

Pre nego što sam ga vratio kući, pozvao sam Makija: „Čekaj me na Ostrvu, dovodim ti Srećka!"

E, to je bila prava radost. Kad je ugledao Makija, Srećko se sjurio na njega takvom žestinom, samo što ga nije oborio. Uhvatio se šapama za Makijeva ramena, počeo da ga liže, vrteći repom i skačući od sreće. Oprostio sam mu tu preljubu, ostajući dosledan svom životnom kredu: kad je lepo voljenom biću, lepo je i meni.

Onda se odjednom prenuh: Bože, o čemu ja razmišljam. Da li sam ja normalan? I da li predsednik oseća makar trunku slične ljubavi prema svojim podanicima, dok sav

„zabrinut" obilazi štale, svinjce i kokošinjce, ili kad mu pena navre na usta, a lice se iskrivi u ružnu grimasu pri pomenu onih „koji bi da nas skrenu s evropskog puta", to jest - koji bi da ga skinu sa vlasti?

Sunce je već tonulo, tamo negde u daljini, iza ostružničkog mosta. Kroz prvu večernju izmaglicu, na reci, koja se caklila kao ogledalo, prošarana rumenilom zalazećeg sunca, nazirao sam obrise usamljenog čamca i poznatu sliku: čovek i pas.

## 3

Šešelj završio odbranu, tačnije završnu reč, u Hagu, kako je i počeo – žestokim napadom. Ali, slaba vajda, jer sad i na presudu ima da čeka godinu dana. Onaj koji ga je tamo poslao, rekao je „ne vraćajte nam ga više", a njegov naslednik je, verovatno, dodao – „ne vraćajte ga makar pre izbora".

Čitam kombinovane agencijske izveštaje iz Haga i boldujem ključne delove:

Lider Srpske radikalne stranke Vojislav Šešelj rekao je danas u završnoj reči na suđenju pred Haškim tribunalom da nema nikakvog pravnog osnova da on bude osuđen i zatražio da bude pušten iz pritvora u kojem je od 2003. godine.

**„Ne postoji nikakav pravni osnov za bilo kakvu osuđujuću presudu. Ali, vama pravni osnov ni ne treba"**, kazao je Šešelj, koji je optužen za zločine nad Hrvatima i Muslimanima u Hrvatskoj, Vojvodini i BiH, 1991-93.

Osvrćući se na zahtev tužilaštva da bude osuđen na 28 godina zatvora, Šešelj je ocenio da **„nema nikakve šanse da tu kaznu izdrži"** do kraja, ako na nju bude osudjen.

**„Imajući u vidu koliki sam protivnik SAD, NATO, EU i koliko mrzim Haški tribunal, sve sudije i tužioce**

ovde, onda je jedina primerena kazna doživotna robija. I to je jedina kazna koju mogu da izdržim do kraja", rekao je Šešelj.

On je izjavio i da veruje da će sudije postupiti ne profesionalno i ne po pravu, nego kako „gazde" budu od njih zahtevale.

„Zahtevam da mi ukinete pritvor s argumentom da za njega nema nijednog razloga. Ne postoji opasnost da ću bežati – gde bih i zašto bežao? Ne postoji ni opasnost da ću uticati na svedoke, jer su svi odavno saslušani", rekao je Šešelj sudijama, dodajući da ne očekuje da će oni usvojiti njegov zahtev.

On se upitao i „gde to ima da pritvor traje devet godina".

Optuženi je naglasio i da je veoma zadovoljan procesom zato što je „dokazao da je Haški tribunal nelegalan, antisrpski i da se služi lažima, najprljavijim manipulacijama, da nije doprineo pravdi, nego nepravdi i da je instrument novog svetskog poretka koji je gori od Hitlerovog nacizma".

„Ja odavde odoh u slavu, a SRS u pobedu na izborima... SRS mi je važnija od života", kazao je Šešelj, poručujući da će „ako uskoro umre" borbu protiv Tribunala nastaviti i iz groba.

Šešelj je tvrdio i da je „optužnica zasnovana na lažima", negirajući još jednom bilo kakvu vezu dobrovoljaca SRS koje je on poslao na ratišta u Hrvatskoj i BiH sa zločinima koji su tamo bili počinjeni.

Šešelj je tvrdio da se on zalagao za „humanu razmenu stanovništva", koju su u to vreme zagovarali i predsednici Hrvatske Franjo Tuđman i SR Jugoslavije Dobrica Ćosić.

Tvrdio je i da su rat izazvale vođe Hrvata i Muslimana koje su želele da razbiju Jugoslaviju, za čije su se očuvanje Srbi borili.

„**Ja sam ovde izložen političkom progonu, a ceo proces je politički motivisan**", rekao je lider Srpske radikalne stranke.

Šešelj je iz presude Tribunala bosanskom Hrvatu Dariju Kordiću citirao da „**govor mržnje nije dostigao status krivičnog dela u međunarodnom običajnom pravu**". „**Nema konsenzusa o zabrani širenja verske, nacionalne i rasne mržnje, zato to i nije u medjunarodnom običajnom pravu**", kazao je Šešelj.

Na kraju, Šešelj je ustvrdio da tužilaštvo nije dokazalo nijednu tačku optužnice protiv njega. „**Ostaje vam samo gola sila. Pozivam vas da tu silu primenite do krajnjih granica**", rekao je Šešelj.

„**Ništa mi ne možete jer sam i moralno i intelektualno nadmoćniji. Protiv mene leka nema. Možete samo da me ubijete, a onda će se i moj grob boriti protiv vas**", poručio je Šešelj Haškom tribunalu.

## 4

Zavesa je spuštena na još jedan haški proces, dok tribunal polako svodi račune i privodi kraju posao. Posle sedam mrtvih, i hiljadu godina zatvorskih kazni, izrečenih Srbima, ostaje još samo da se vidi šta će „slučaj Šeselj" promeniti u haškoj statistici.

Poslao sam izveštaj u skraćenoj formi Zoranu, tek da ga malo „uveselim", sumnjajući da je išta od svega toga mogao da pročita u američkoj štampi.

Ne znam zašto, ali odjednom mi pade na pamet ona parola iz protestnih šetnji devedesith godina: „Proleće je, a ja živim u Srbiji!" Mora da sam još uvek bio pod uticajem razgovora sa Marijelom. Beše to vreme dok je „prvi vesnik proleća" još nosio izlizane farmerke, „progledale" na kolenima, i staru, kožnu jaknu, a mlade devojke su nosile bedževe na kojima je pisalo „Čedo, oženi me!"

Gde li su sad nosioci tih poruka, oličenih u stisnutoj pesnici kao simbolu, koji su „uvezli proleće" u Srbiju u jesen dvehiljadite godine? Lider one „rošave" stranke je u međuvremenu iz bušnih farmerki uskočio u „armanijeva" odela, menjao džipove, vile i luksuzne stanove, za koje nikad nije bilo jasno da li su njegovi, ili su mu ih „prijatelji dali na korišćenje". Malo osedeo i poružneo – nije lako brinuti brigu o sudbini nacije! – čak je pustio i bradicu olinjalog i zakržljalog jarca, valjda da bi delovao ozbiljnije i kredibilnije.

Mnogi su našli uhlebljenje na vladinim jaslama i u brojnim agencijama, koje samo tome i služe. Drugi su se specijalizovali za „izvoz mirne revolucije" širom sveta, i čak dobili na poklon celu ulicu od nekog „demokrate" koga su, „gandijevskim metodama", doveli na vlast na Maldivima.

Ja sam nalazio spas od svog tog ludila bekstvom u „divljinu", spremajući već od ranog proleća, pa sve do jeseni, drva za predstojeću zimu. Jer, tako to rade „pravi Indijanci".

A, hiljade onih koji su prevareni, i kasno shvatili da u Srbiji nema ništa od proleća, da tek predstoji duga zima i ledeno doba, otišli su u svet „trbuhom za kruhom". Mnogi su, kao i Zoran, potražili sreću baš u zemlji čiji je glavni izvozni produkt – proleće. Izvoze ga gde stignu, od Praga, preko Kijeva, Bukurešta, Sofije, Tbilisija, pa sve do severne Afrike, gde se to zove „arapsko proleće". Čak i u Sahari, gde su proleća definitivno deficitarna, jer je stalno leto.

U početku malo subvencionišu izvoz, prosto da proizvod deluje atraktivnije, a dividende, posle, ubiru sami – po želji. Gde „glupi narod" neće, ili nije u stanju da shvati, da je proleće najlepše godišnje doba, kao na primer u Iraku i Avganistanu, zaspu ga ledenim raketama, iz „humanitarnih" pobuda, prosto da bi im pružili mogućnost poređenja.

Najradije bi da izvezu malo proleća i u Sibir, gde su zime duge i surove, a ogromna mineralna i prostorna bogatstva spavaju vekovni san, pod snežnim smetovima. Ali, ne da onaj zli „kagebeovac" Putin, despot, autokrata i diktator, zbog koga bi trebalo ukinuti izbore, jer su oni smetnja „demokratskom prosperitetu".

Izbori su, izgleda, izraz demokratske volje naroda još samo u Americi, gde se upravo vodila bitka za novog „Gospodara proleća", pisao je Zoran. Desio se i prvi skandal: glumac Robert de Niro, na donatorskoj večeri za Baraka Obamu u Njujorku, izjavio da Amerika nije spremna da ima belkinju za prvu damu i da to treba da ostane Mišel, javljao je Zoran s one strane Atlantika.

„Kalista Gingrič, Karen Santorum, En Romni", rekao je De Niro, obraćajući se indirektno suprugama potencijalnih republikanskih kandidata, „da li stvarno mislite da je naša zemlja spremna da prva dama bude belkinja"?

„Nije!" – uzvratili su, uz oduševljenje, smeh i aplauze, Obamini simpatizeri.

A republikanci „poludeli od besa" i traže izvinjenje, ne od De Nira, nego od Obame. Baš lepa novinska priča za Zorana, pomislih. Nažalost, on više ne piše za novine. Ta naša privatna prepiska sve više je počinjala da mi liči na onog Makara i Varvaru u *Bednim ljudima* Fjodora Mihajloviča. Nije mi samo bilo jasno ko će od koga, u ovom slučaju, prvo da digne ruke. Ako obojica, kao toliko drugih, „od prevelike sreće" ne dignemo ruku na sebe?

Koliko li je samo nesrećnika poslednjih godina pokušalo da nađe „spas" skačući sa Brankovog mosta u Beogradu? Sa preko hiljadu četiristo samoubistava godišnje, Srbija je bila na trinaestom mestu u svetu, a broj slučajeva se triplirao od „mračnih šezdesetih" u vreme komunizma, i bio je u stalnom porastu. Ili, kako predsednik voli da kaže – lideri u regionu! Posle su došle i „mračne devedesete", a trend se tek zahuktao pod novom, „postoktobarskom, demokratskom", vlašću.

Predsednikovi spin-majstori kažu da neće biti spajanja predsedničkih i parlamentarnih izbora u maju. Što, ipak, ne znači da će tako i ostati. „Predsednik Republike se ovom temom poslednjih dana uopšte nije bavio, jer je zauzet državnim poslovima i putovanjima po Srbiji u cilju podsticanja investicija, poljoprivrede i razvoja malih i srednjih preduzeća", izjavili su predsednikovi saradnici.

Ali, ako se to ipak desi, predsednik će se „isključivo voditi državnim interesima, stabilnošću i razvojem zemlje", poručili su predsednikovi saradnici. Narodski rečeno, „mož' da bidne, al' ne mora da znači".

A, i Srećko se nešto umusio: samo kunja, ne jede, ne pije, ne laje više ni na koga, ne juri za čamcima, zanosi se dok hoda, kao da mu je poremećen centar za ravnotežu. Da nije i njega uhvatila prolećna groznica? Ili ga možda obhrvala tuga za Borkom? Ili su mu zli dvonošci podmetnuli neki otrov?

Odgovor mogu da potražim samo kod veterinara. Kad tamo, ništa od mojih pretpostavki. U pitanju je krpeljska groznica, kaže mlada veterinarka, posle testova i analize krvi. „Dobro je da nije 'ljudski faktor'", zaključih s olakšanjem.

„Nemojte da se zanosite, ovo može da bude sasvim ozbiljno", kaže devojka. „Krpeljska groznica uništava crvena krvna zrnca i začas može da ubije. Srećom, došli ste na vreme."

Onda malo „boc, boc", malo infuzije, i Srećko ponovo veselo maše repom. Samo, moram pod hitno da mu nabacim neku devojku. Parola ovog „samrtnog proleća", što bi rekao Zilahi, glasi: „Srećko, oženi me!"

# VIII

## AGIM I ARIS

### 1

Na Agimovoj vizitkarti pisalo je da je *automobile dealer*, ali posle se ispostavilo da on ima kolekciju podsetnica – za svaku priliku. Držao je veliki plac, krcat polovnim automobilima, u jednoj zapuštenoj, industrijskoj zoni u Bronksu. Na placu od kojih stotinak ari, ograđenom visokom žicom, bila je ogromna, stara zgrada prljavo ciglaste boje, koja je služila kao skladište za sve i svašta.

Jedan deo zgrade bio je renoviran i služio je kao salon, u kome je bilo izloženo nekoliko novih automobila američke proizvodnje, raznih modela. Tu je Agim imao i malu kancelariju, ne veću od petnaestak kvadrata, gde je primao stranke. Veći deo novih vozila bio je pohranjen u skladištu, pokriven najlonom, na kome su bile debele naslage prašine. Neke limuzine bile su otkrivene i na njima su majstori nešto užurbano radili, dograđivali, ugrađivali i pregrađivali.

Dominirale su ogromne limuzine, za koje u tom kraju, očigledno, nije bilo kupaca sa tolikim džepom, a veliki automobili inače su odavno izašli iz mode. U stvari, kupaca uopšte nije bilo. Navraćali bi tek Agimovi prijatelji, ili „poslovni partneri", koji su se, očigledno, svi međusobno poznavali, i povremeno poneki neznanac, na koga bi besno kidisao ogroman šarplaninac, vezan u jednom uglu placa.

Taj robusni šezdesetgodišnjak iz Peći, bujne crne kose, nešto nalik na prirodnu afro frizuru, delovao je krajnje dobroćudno, i već je imao svoju malu „poslovnu imperiju". Na Trimont aveniji imao je kancelariju za trgovinu nekretninama i turističku agenciju, na drugom kraju grada stovarište za prikupljanje sekundarnih sirovina. Hvalio se i da ima desetak starih stambenih zgrada, koje je renovirao i izdavao pod kiriju, kao i veliku cvećaru na Šestoj aveniji na Menhetnu, negde oko Dvadeset šeste ulice, i jednu još veću, negde na Floridi.

Pričalo se i da se bavio švercom droge, oružja, a svojevremeno i prebacivanjem ilegalnih imigranata preko Meksika. Ali, ništa od svega toga nikad nije dokazano i Agim je važio za „uglednog biznismena".

Zoran je već sve to znao od Zefa, Arbena i Ljuša, kad je odlučio da se ipak javi Agimu, uprkos njihovim upozorenjima da se kloni tog društva. „Ako uđeš u to kolo, više nema povratka, ni izlaska", govorili su mu. Ali, Zoran je, izgleda, već bio nešto prelomio u sebi i bio je spreman i na taj izazov, ma šta da bude, što će se tek kasnije pokazati u punom svetlu.

Odmah do pseće kućice, na placu je bila kućica za noćnog čuvara. Skoro celom dužinom zgrade bila je zelenom farbom ispisana firma: *KELMENDI WAREHOUSE*.

„Prvo, da te upoznam sa Arisom", reče Agim, vodeći Zorana prema šarplanincu, koji se propinjao i svom snagom trzao na lancu, režeći i kezeći svoje ogromne očnjake. „On može da ti bude najbolji prijatelj, a bogami i..."

„Znam sve o šarplanincima", prekide ga Zoran, „a i poznavao sam jednog koji se takođe zvao Aris. Ali, on je bio dobrica, čak sam mu napisao i neku vrstu nekrologa."

„Stvarno", iznenadio se Agim, „a, vidiš, i ovaj moj ponekad piše nekrologe. Dosta, Arise, ovo je naš novi prijatelj, Aljbin", smirivao je svog ljubimca.

Onda mu je još nešto dobacio na albanskom, kao neku šifru, što Zoran nije razumeo. Aris se sad propeo na Agima, obgrlio ga prednjim šapama, slineći i mašući repom. Ni na Zorana više nije kidisao, ali ga je i dalje gledao s nepoverenjem.

Dok se Agim bavio Arisom, Zoranu misli pobegoše na Žabljak, gde je nekoliko godina unazad upoznao onog drugog Arisa. Prizor ga je toliko rastužio, da je posle seo i napisao svoj najdraži tekst u karijeri, neku vrstu prevremenog nekrologa, ili rekvijema za Arisa, koji mu nikako nije izlazio iz glave.

\*\*\*

*Aris je bio prvi lik na koga sam naišao svrativši na Žabljak u povratku s mora. A možda i poslednji, jer posle sam od muke prestao da ih registrujem. Njegova nesrećna sudbina ispunila me s toliko mučnine i tuge da sam počeo da gledam crno i ono što je možda belo. Zato nije isključeno da ću u ovom tekstu o nekoga da se ogrešim, ali svaki taj „neko" može da se odbrani na isti način. Aris ne može.*

*Sreo sam ga na parkingu ispred hotela „Planinka", gde valjda izigrava neku vrstu čuvara, kako sopće i prži se na vrelom suncu, ispred prostrane kućice čija premala vratanca su bila „okićena" dronjcima njegove ofucane odeće – dlake, koja je ostajala na ramovima pri svakom pokušaju izlaska ili ulaska.*

*Iz usta mu je curila bela pena. Oči su mu bile krmeljive, a pogled mutan, očajnički. Ispuštao je neke neartikulisane, očajničke vapaje, ali niko ga, izgleda, već odavno nije slušao. Oko kućice se mogla naći poneka oglodana, suva koska, ili parče presušenog hleba. Voda u kofi ličila je na baruštinu. Niko je, očigledno, danima nije promenio. Da sam bio na njegovom mestu, ujeo bih prvog čoveka koji bi mi se približio.*

*Ali, ne Aris. Jedva se pridigao na noge, slabašno mlatarajući repom, gledajući me molećivo svojim krmeljivim očima, kao da hoće da kaže "Ubij me, izbavi me iz ovih muka!"*

Ne znam zašto sam u ovom nesrećnom, ostarelom šarplanincu, prepoznao maskotu crnogorskog turizma. Jeste da u Herceg Novom i po šest sati nije bilo vode, ali mi to nije smetalo. Nisam "imao primjedaba" ni na cene – takve su kakve su – pa čak ni na usluge i (ne)ljubaznost osoblja. Činilo mi se da je izjava onog turističkog radnika što reče da je knjiga žalbi gostiju deblja od Njegoševih sabranih dela – preterana. Oprostio sam im i što niko neće da drži pivo od 0.50, nego forsiraju 0.33, jer ko će, čoče, da se bakće s ambalažu. Ali, na Arisovoj sudbini sve se slomilo.

"Ima li ovde društvo za zaštitu životinja?" – pitao sam ženu na recepciji. Od njenog pogleda sledila mi se kičmena srž. Uzeo sam Arisovu kofu, odneo u kuhinju, oprao i napunio čistom vodom. U kratkim intervalima popio je najmanje tri litra, pa onda prilegao s olakšanjem. Taj ritual se ponavljao pet dana, dva puta dnevno. Gledali su me kao ludaka, verovatno s pravom.

"Dosipamo mi njemu svaki dan vodu", reče mi čovek u kuhinji. "Dosipate? U onu baruštinu?" Ko će da prlja ruke perući kofu. Danima sam tražio upravnika hotela da apelujem na njegovu humanost, ali se nikako nismo potrefili. "Sad je bio tu", redovno bih dobijao odgovor. "A što vam treba?" – pitao je na kraju recepcionar kome sam, verovatno, već bio dojadio. "Da popričamo o turizmu i poslovanju", rekoh. "A, to idete kod direktora Ski-centra, on vam je za to nadležan", kaže čovek. Međutim, ne nađoh ni direktora.

Onda odem u prvu kafanu i krenem da alapačim s lokalnim svetom i – sve saznam. Ako nije tačno, prozvani neka demantuju. Direktor, veli, nabacio novu ženu i preselio *se u Podgoricu. „Ovdje dođe samo da pokupi pare". Usput kažu, kao privatno lice zakupio je koncesiju na sve ski-liftove na Žabljaku na dvadeset godina. Ne verujem. „Samo ti napiši", uveravaju me meštani, „pa neka te demantuje". Onda krenem da tražim prospekte po „turističkim punktovima". Nigde prospekta, a ni živog čoveka. Na vratima samo ispisani kontakt telefoni, pa ko voli nek' izvoli. Na izlogu jedne ustanove, s unutrašnje strane, zapeo mi za oko plakat kojim se reklamiraju „Dani planinskog cvijeća". Moram da ga imam! Ali, ustanova ne radi. Upućuju me u Dom kulture. Oni su, veli, organizovali manifestaciju i sigurno ga imaju. Opet se nismo potrefili – jednom, dvaput, triput. Četvrti put nalazim ljude, ali nemaju ni oni. Međutim, dobri ljudi zdušno se dadoše na posao, izokretaše sve telefone na Žabljaku i – dođoh do plakata. Ipak nije sve tako crno.*

*Gledajući posle sa Savinog kuka na Žabljak, Crno jezero i gorske oči na durmitorskom platou, pomislio sam kako na svetu ne postoji lepši predeo koji može da se obuhvati jednim pogledom. Sliku mi je mutila samo pomisao na Arisa i njegovu nesrećnu sudbinu i sve što ljudska ruka, nemar i aljkavost mogu da pokvare. Pri odlasku, hteo sam da ga odvežem. Ako već okončava svoje poslednje dane na mukama, da makar ne skonča u lancima. Uzalud. Lanac je bio prikovan za kućicu, a tako zapetljan oko vrata da nije bilo pomoći.*

*Bio sam siguran da ga više nikad neću videti, čak i ako se vratim na Žabljak. Jer, kako odoleti svoj onoj lepoti što je božija ruka stvorila, a ljudska nije stigla da pokvari? Bojim se, samo, da će mi pri svakom budućem povratku pokvariti raspoloženje pomisao na tužne Arisove oči, koje će me uvek iznova progoniti iz dubina durmitorskih jezera.*

\*\*\*

Agim se i dalje igrao sa *svojim* Arisom. „Hajde, daj Aljbinu šapu, on je naš drug!" Šarplaninac je pružio šapu, bezvoljno i mlitavo, kao što se dvonošci pozdravljaju s onima do kojih im nije stalo, gledajući ga i dalje nepoverljivo. „Daj mu ruku!" – reče Agim Zoranu, „Biće dovoljno za prvo upoznavanje."

Zoran bojažljivo pruži ruku šarplanincu, i blago prodrma njegovu šapu. Tek koliko nalaže pristojnost, nastojeći da Aris ne prepozna strah u njegovima očima i pokretima, jer strah, računao je, otkriva nečiste namere i kao takav može da bude opasan.

„To je Aljbin, zapamti – Aljbin, naš novi drug!„ – završi Agim ceremoniju upoznavanja.

„A, gde si nabavio ovog lepotana?" – pitao je Zoran nelagodno.

„Ima tu, nedaleko, jedan Srbin, koji gaji šarplanince i prodaje mladunce", uzvrati Agim. „Ali, Aris nije iz njegovog legla. On je došao direktno sa Šare, a ja sam mu dao 'kućno vaspitanje'."

„A, otkud ti sad ono – Aljbin?" – upita Zoran, u želji da skrene razgovor na drugu temu.

„To ti je novo, 'umetničko ime', ako prihvatiš posao. A moraćeš malo da poradiš i na tvom albanskom. Veruj mi, to je za tvoje dobro, lakše ćeš da funkcionišeš na novom poslu."

„Dobro, a šta bih ja to trebalo da radim? Nemam utisak da se baš nešto ubijate ovde od mušterija", primetio je Zoran.

„O tom potom, prerano je još da govorimo o tome. Inače, stvari obično nisu onakve kako izgledaju", reče Agim. „Ja se i ne koncentrišem mnogo na ovdašnju klijentelu. Imam filijale u Tirani i Prištini, a uskoro bi trebalo da nešto otvorimo i u Briselu, ako sve bude išlo po planu, i uglavnom izvozimo u Evropu", dodao je.

„Tebe bi mogli da iskoristimo da otvorimo nešto slično i u Srbiji. Valjda će oni uskoro normalizovati odnose sa Kosovom. Onaj vaš Tadići deluje sasvim razumno, pa bi to još više olakšalo stvar", razmišljao je naglas.

„Da, ali sve mi to izgleda na dugom štapu, nego – šta sad?" pitao je Zoran.

„Pa, za početak bih mogao da ti dam petsto dolara nedeljno i radio bi svašta pomalo. Uterivao bi kirije od neredovnih platiša, mada su takvi retki, raznosio poštu, kako vi ono kažete – bio bi moj 'potrčko'. Imam ja mnogo drugih poslova, pored ovoga što vidiš ovde."

„Potrčko, za petsto dolara nedeljno?" – sad se Zoran čudio naglas.

„Nemoj da te to obeshrabri. Ne verujem da kod tih tvojih Italijana imaš toliko, a skapavaš od posla. Posle, ako stvari krenu, pare ti više uopšte neće biti bitne. Kako vi Srbi ono kažete – 'lova do krova'!"

Objašnjavao je da ne potcenjuje Zoranove „intelektualne sposobnosti" i da da ima s njim mnogo veće planove. „Ovo o čemu ti govorim je samo za početak, dok ne pokažeš šta znaš. To što si ti polu-Srbin, meni uopšte ne smeta u poslu. Naprotiv."

„Govorim ti sve ovo, i ukazao sam ti poverenje, jer znaš Zefa. On je častan i plemenit čovek, koji je nešto stekao velikom mukom i trudom. Decenijama čitave porodice žive u jednom stanu, štede svaki peni da bi nešto stekli, jedu iz jednog lonca, u nekoj vrsti plemenske zajednice. Na kraju, možda, skupe neku crkavicu, ali šta vredi kad u međuvremenu – ode život", objašnjavao je Agim.

„Ja nemam njegovo strpljenje, živim brzo, ne zanima me koliko dugo, ali to što proživim hoću da bude uzbudljivo, ispunjeno i sadržajno do poslednjeg trenutka. Mi smo, u suštini, dva potpuno različita sveta, ali se, ipak, na neki način poštujemo."

„Takvi, koji brzo žive, u Beogradu se pozdravljaju sa 'vidimo se u čitulji'!" primeti Zoran. „Ali, upravo si mi otkrio našu dodirnu tačku – ni meni uopšte nije bitno koliko dugo ću da živim, čak ni kako. Skoro da mi je važnije kako, i za šta, da umrem."

„Eto vidiš, na kraju krajeva, svi mi završavamo u čituljama, ali ja neću da mi ceo život bude jedna velika, duga i dosadna čitulja", reče Agim. „Ti, kakav si, možda bi trebalo da se uključiš u Al Kaidu, njima su potrebni takvi, naročito belci. Čuo si za 'belu Al Kaidu'?"

„Da, samo sticajem okolnosti, ja nisam 'obrezan'", uzvrati Zoran.

Agim je grohotom krenuo da se smeje. „Stvarno me zasmejavaš, pa to je makar najmanji problem. 'Obrezaće' te oni, ako misliš da je to važno, a mogu i ja. Ako treba, možemo i da te kastriramo."

„Nego, da mi zaključimo: ti lepo razmisli o svemu, pa ako hoćeš da radiš, treba da prođeš još jedan test i – to je onda to."

„Kakav sad opet test? Ponašaš se prema meni kao Evropska unija prema Srbiji", ohrabrio se Zoran da mu kontrira. Verovao je da je već dovoljno pronikao u Agimovu psihu i da će to da mu se dopadne.

„Opasan si ti Srbin. A, znaš li ti šta znači *besa*?"

„Naravno da znam, po tome vas čak i Srbi cene!"

„Mislim onako, u praksi, šta znači kad je prekršiš", pojasni Agim.

„Mislim da znam i to, ne zaboravi da sam ja pola Albanac."

„To me ne zanima, i neću da ti gledam u ličnu kartu. Nego, da li ja imam tvoju *besu* da će sve ovo o čemu smo danas pričali ostati među nama? Nemoj mnogo o tome da pričaš naokolo. Ljudi su zlobni, a ja volim diskreciju u poslu. Ako prihvatiš, ima da ćutiš i radiš, da ne bi opet imao posla sa Arisom, samo da ovaj put on tebi piše nekrolog", zaključio je Agim.

„Imaš moju *besu*", složio se Zoran, „a o svemu ostalom, daj mi par dana da još razmislim. Mada, mislim, da smo se načelno dogovorili." Agimovo upozorenje uopšte ga nije iznenadilo, računao je s tim unapred.

„Odlično, onda razmisli i javi se."

„Međutim, pre konačnog dogovora, imaću i ja za tebe jedan uslov", dodao je Zoran posle kraće pauze.

„Pazi sad: Srbija ucenjuje Evropsku uniju!?" – uskliknu Agim kroz smeh.

„Ništa slično, ali ostavimo to za drugi put", uzvrati Zoran.

Bila je već skoro ponoć. Zoran je iskoristio slobodan dan da se nađe sa Agimom prvo u firmi, posle su promenili još dva kafića i vreme je protutnjalo kao tren. Agim je insistirao da ga odveze do Bruklina, što je Zoran energično odbio.

„Hoću da osetim 'noćni život' Njujorka, drndajući se podzemnom železnicom", pokušao je da bude duhovit.

„Ja ću tek da te vodim u noćni život, ako sve bude kako treba", uzvratio je Agim, ispraćajući ga na voz.

## 2

Ponoćni ekspres, *D-train*, mlatarao je kroz već opustele, avetinjske četvrti Bronksa, prvo po visokim skalamerijama iznad zemlje, nalik na građevinske skele, potom ulazeći u tunele, pa opet napolje, otkrivajući vidike koji su čoveku mogli samo da budu inspiracija za odricanje od života. Posle Harlema, koji više nije bio strašilo kao nekad, nego *respectable community,* svetla Menhetna vraćala su ponovo veru i nadu u smisao života.

Zoran je dremao u vagonu podzemne železnice, čitajući razne reklame u za to posebno namenjenim ramovima. Lek protiv hemoroida, hemofilije, najave pozorišnih i filmskih predstava, ponude putovanja u daleke, egzotične krajeve, i posmatrao putnike. Na Osamdesetšestoj ulici, u voz je ušao mladić, vodeći jednu umiljatu, belo-sivu mačku na povocu. Kad je seo na klupu, mačka mu je skočila na rame i tako mirno sedela, gledajući naokolo i posmatrajući ljude, oslanjajući se na mladićevu glavu. Videlo se da je već bila navikla na takva putovanja.

Nisu „razgovarali", ali bilo je očigledno da između mačke i mladića postoji neka posebna komunikacija, što nije bilo slučaj sa ostalim putnicima.

Onda su na Pedeset sedmoj ulici i Brodveju, Tajms skveru i Trideset četvrtoj, u samom srcu Menhetna, u voz nahrupile gomile putnika koji su se utrkivali za slobodna mesta. Zoran se za trenutak zbunio i nije bio siguran gde se nalazi. Pomislio je da sanja. Novi putnici govorili su mahom njemu poznatim jezikom, srpskim, hrvatskim, albanskim, bosanskim, crnogorskim, makedonskim – BHS, uz izuzetak albanskog!

Prisluškujući, pritajeno, njihove razgovore, zaključio je da rade noću na čišćenju kancelarija u oblakoderima na srednjem Menhetnu, i posle ponoći se vraćaju kući. Bila je to ponoćna reka koja je tekla u tri smera: jedna prema Bronksu, druga prema Kvinsu, treća prema Bruklinu, glavnim njujorškim četvrtima i opštinama, gde je živeo srednji i niži stalež.

Iz razgovora je zaključivao da im je svima bila zajednička tuga za zavičajem, ma kakav bio, rodbinom i prijateljima koje su ostavili „tamo daleko", i svakodnevne muke i životne brige u „novom svetu", iako je njihov posao bio jedan od bolje plaćenih „prljavih poslova" u Njujorku.

Bože, da li je to život koji želim? – pitao se Zoran, gledajući te ljude i slušajući njihove priče.

Onaj mladić sa mačkom izašao je negde u boemskoj četvrti, Grinič vilidžu, a posle prelaza preko bruklinskog mosta, polako su se razilazili i ostali putnici, na usputnim stanicama u Bruklinu. Tamo gde su nekad ponosno parale liniju horizonta „bliznakinje" Svetskog trgovinskog centra, počeo je da se diže u nebo novi *Liberty Tower* – Kula slobode. Kip slobode, nekad simbol za sve američke vrline i stremljenja, dobio je rivala i svetleo daleko u noći.

Bepo je još uvek bio budan. Iz njegove spavaće sobe čulo se samo žensko kikotanje i stenjanje.

Mora da je neka džogerka, konačno, „zakačila udicu", zaključi Zoran i zagnjuri glavu u jastuk.

# IX

## DIPLOMATSKE
## I DRUGE IGRE

### 1

Kažanegra je opet prodao parče dedovine u Miločeru, pa napravio žurku na splavu u Zemunu. Skupilo se šaroliko društvo, nešto sa Jahorine, nešto njegovih beogradskih i crnogorskih prijatelja, bila je tu i muzika, pa se veselo ćaskalo, kao u najboljim vremenina, i raspravljalo o predizbornoj kampanji. Ko će za koga, ko protiv koga da glasa, znajući unapred da se sve svodi na isto i, kako reče Pašić, „spasa nam nema, ali propasti nećemo".

„Dobro, otkud baš danas da praviš žurku, je l' ti to slaviš godišnjicu NATO bombardovanja?" – prociram Simu.

„Bog te mazo, pa nije to valjda danas? Zar je moguće da je već prošlo trinaest godina?" – čudi se Kažanegra.

„Prošlo, nego šta, zar nisi video da je predsednik položio venac žrtvama bombardovanja u Aleksincu?"

„Nemam pojma, a je li nešto rekao?"

„Naravno, rekao je da je to bio 'zločin protiv jedne zemlje i naroda', samo nije pomenuo zločinca."

„A, šta je trebalo – da gura prst u oko zapadnim partnerima?" – upade u razgovor mlad čovek, kratke riđe kose.

„Mislite onima koji su nas bombardovali?" – upitah,

„To je bilo pa prošlo, a sigurno se ne bi ni desilo da nije bilo Miloševića. Uostalom, predsednik je lepo rekao da

Srbija treba da učini sve kako u budućnosti ne bi ponovo bila uvučena u rat", doda čovek, koji se predstavio kao Boris.

„I da preda Kosovo, je l' to cena?" dohvati ga Nada, zvana „zakeralo", vatrena Srpkinja i bivša novinarka. Svi „vatreni Srbi" su u postoktobarskloj Srbiji, jedan za drugim, postajali – „bivši".

„Kosovo je izgubio Milošević i to je nasleđen problem. Ne mislite valjda da sadašnja demokratska vlast treba da ratuje zbog Kosova i kvari odnose sa našim zapadnim prijateljima?" – usplahirio se Boris.

Možda dečko ima problem sa imenom, pa je zaljubljen u predsednika, pomislih.

„Izvinite, a kojim je to žrtvama predsednik polagao venac, kad za trinaest godina ta, kako rekoste, demokratska vlast, nije uspela ni da ih izbroji, nego se spekuliše cifrom od hiljadu dvesta do dve hiljade petsto poginulih ?" – nisam mogao da odolim.

„Pa nismo još izbrojali ni one iz Prvog i Drugog svetskog rata, a o onima iz devedestih i da ne govorimo", ubacio se Simo.

„Brojke nisu važne, nije čovek statistička jedinica, i svaka pojedinačna žrtva je prevelika, zato predsednik i govori da više nikad ne smemo da ratujemo", nastavio je Boris.

„U pravu ste", opet ga ironično dohvati Nada, „čovek je samo statistička greška."

Onda se Boris obrati meni: „A, šta je, po vašem mišljenju, predsednik trebalo da kaže?"

Bio sam malo zatečen. Onda se setih jednog papira koji mi je, slučajno, ostao u džepu.

„Trebalo je da kaže ono što je rekao ambasador Konuzin..."

Nije mogao da se suzdrži da završim rečenicu: „Opet taj Rus! Pa dokle će oni više da se mešaju u naše unutrašnje stvari?"

„Hoćete da kažete da na to imaju pravo samo naši 'zapadni partneri'?"

„Nema niko pravo, ali to je naš izbor i valjda mi najbolje znamo šta je u našem interesu i šta nam je činiti. Ali, dobro, šta je to tako mudro rekao taj Konuzin?"

„Da vam ne prepričavam, evo poročitaću vam", rekoh. Izvadio sam iz džepa agencijski izveštaj u kojem je citirana Konuzinova izjava da NATO nije vodio rat protiv Slobodana Miloševića, nego protiv srpskog naroda, čime je trasirao put separatizmu na Kosovu.

„Nisu slučajno tadašnji pripadnici Oslobodilačke vojske Kosova, a danas visoki funkcioneri samoproglašene kosovske države, javno govorili da se NATO bori na njihovoj strani. Danas je očigledno da je jednostrano proglašenje nezavisnosti Kosova deo evroatlantskog plana podele Srbije", rekao je Konuzin na skupu povodom trinaeste godišnjice bombardovanja.

„Vojna akcija, koja se pravdala neophodnošću prekida humanitarne katastrofe, imala je upravo obrnute posledice. Egzodus albanskih izbeglica sa Kosova u susedne zemlje bio je iskorišćen kao izgovor za bombadrovanje. Ali, još više izbeglica je napustilo pokrajinu upravo nakon početka NATO bombardovanja", naveo je ruski ambasador.

„E, vidite, to bih ja voleo da čujem od svog predsednika, a ne od ruskog ambasadora", pokušao sam da zaskočim Borisa. Nema šanse.

„To su gluposti", uzvratio je. „A gde su vam tada bili ti vaši Rusi?" – pitao je slavodobitno.

„To je trebalo da pitate onog pijanog Jeljcina", uzvratio sam, shvativši da je svaki dalji razgovor na tu temu bespredmetan. Što da baš ja budem uvek povod za incidentne situacije, pomislio sam, i krenuo da se družim sa ostalim svetom.

„Je li, ko ti je ovaj, majke ti?" – pitam posle Simu.

„Nemam pojma, radi za neku nevladinu organizaciju, zaboravio sam kako se zove. Inače, njemu sam prodao plac."

„Ah, sad mi je sve jasno", rekoh i uhvatim se za čašu vina.

Znao sam da u Srbiji postoji preko petnaest hiljada raznih nevladinih organizacija, koje su se mešale u sve i svašta. Država je za njih godišnje izdvajala pedesetak miliona evra iz budžeta, ali glavni deo para dolazio je inostranstva, naročito onima sa „demokratskim" i evropskim atributima. Nevladine organizacije su deveta najveća „firma" u Srbiji, a po broju zaposlenih u istoj ravni sa smederevskom železarom i Merkatorom. Poslednji državni izveštaji govorili su da se pare najčešće troše nenamenski.

Da li je i Boris kupio plac u Miločeru „nenamenski"? – kopkalo mi je u glavi, dok sam razmenjivao uspomene sa društvom sa Jahorine. U opštoj gužvi, nisam ni stigao da pitam Simu kako je prošao povratak s onom „polovnjačom" i šta je, na kraju, pisalo na odjavnoj špici njegovog filma.

Onda se oko Borisa opet stvorila gužva i razvila žučna diskusija. Citirajući reči šefice poslaničkog kluba predsednikove partije, žene koja je prošla put od komunističkog funkcionera, preko Čovićeve „alternative" do „Evrope bez alternative", objašnjavao je da ne postoji „čarobni štapić" da se stvari promene preko noći. Opet je bilo krivo „teško nasleđe", Milošević, „mračne devedesete", ali i naš mentalitet koji u svakom oku traži, ne trun, nego balvan.

„Pogledajte oko sebe, evo ovaj splav, sve je puno, ljudi žive život, pune kafane, radnje, kako to uopšte možete da poredite sa devedesetim godinama? Stvari su takve kakve jesu, i svako zašto ima svoje zato, ne može to da se menja preko noći", siktao je Boris.

„Vi mora da ste *volterista*?" – opet nisam mogao da odolim.

„Da, ja jesam *valterista*, i branio sam Sarajevo, kad je bilo ugroženo od onih ludaka sa brda, ali ne kao Bata Živojinović i njegov Valter, ne oružjem."

„Nisam mislio na Batinog Valtera, nego na Voltera. A, Volteru i Bati je zajedničko samo to što i potonjem sin živi u Parizu, ne znam od čega ni zašto", rekoh. „Čuli ste valjda za onog Volterovog junaka u *Kandidu*, Panglosa, koji je verovao da živi u 'najboljem od svih mogućih svetova' i da je bespredmetno da se bilo šta menja. Slušajući vas, imam utisak da slušam njega."

Nesporazum me je podsetio na jednu epizodu, koja se prepričavala u narodu kao vic: došao onomad, veli, drug Tito u Smederevo, zaseo s lokalnim funkcionerima i pita ih čime je bogat taj kraj, šta proizvode.

„Grožđe, druže Tito, grožđe..." – odgovorio je, navodno, lokalni funkcioner.

„Gvožđe!?" – uzvratio je Tito sav oduševljen. „Pa majku mu božiju, što onda ne bi ovdje napravili željezaru?"

Rečeno, učinjeno. Tek mnogo godina kasnije, neko pametan se dosetio da nevladine organizacije imaju veće „proizvodne kapacitete" od železare i mogu da zaposle više ljudi.

„Nisam vas sasvim razumeo, šta u stvari hoćete da kažete?" – pitao je Boris, pomalo zbunjeno.

„Hoću da kažem da je, na kraju, i Panglos zaključio da ipak 'treba obrađivati svoju baštu' i da je to jedini put ka sreći. Vi sad, čujem, imate svoju baštu u Miločeru, pa ćete možda shvatiti."

Onda je, opet, „utrčala" Nada i udelila mu *colpo mortale*.

„To što se vama čini da je svuda oko vas blagostanje, velika je varka", krenula je da ga dotuče. „U svakom gradu možete naći dovoljno ljudi da napune nekoliko kafana, ali to je lažna slika. One, koji nemaju ni za hleb, vi ne vidite, jer njihova beda i nevolje ostaju zatvoreni u četiri zida."

„Oni su nevidljivi, kao onaj F-117, koji smo oborili u Buđanovcima", nadovezao se Kažanegra.

Nada je bila umišljeni bolesnik, hipohondar, stalno se na nešto žalila, stalno je nešto bolelo, ali je sve to junački podnosila, pa je njenu „bolest" malo ko ozbiljno shvatao.

„Evo, uzmite, na primer, mene", nastavila je. „Malo izlazim, uglavnom sedim kod kuće, čitam, komuniciram samo sa najbližima. Da li biste vi znali ako ja ne bih imala hleba da jedem? Uostalom, ne znamo ni da li ga ima naš prvi komšija, koga povremeno viđamo kako nešto pretura po kontejneru. A, šta mislite koliko ima takvih?"

„Preterujete", branio se Boris. „Ne kažem da nema i takvih slučajeva, ali to su, ipak, ekstremi, retke, izolovane pojave."

Bio je tu i Buca, elegantan, picnut kao i uvek, i još uvek opaljen jahorinskim suncem. Cirkulisao je naokolo, ali se nije upuštao u diskusiju. Imao sam utisak da je u gomili fiksirao neku potencijalnu žrtvu i stalno je bio van mog vidokruga.

Posle, kod kuće, čitam vest „nezavisne" srpske novinske agencije da je „stotinak ekstremista na mitingu protiv NATO" protestovalo u Novom Sadu. Zar samo stotinak!? I, zar čovek treba da bude „ekstremista" da bi protestovao protiv bombardovanja sopstvenog naroda, svoje dece?

A, bombaši, naši „zapadni partneri", valjda su i dalje samo „Milosrdni anđeli".

Demonstranti su nosili parole: „NATO dahije – marš iz Srbije", „Dogodine u Prizrenu", „Nikad u NATO" i „S verom u Boga – sloboda ili smrt"!

Predsednik skoknuo na dva dana do Lisabona, da primi nagradu Saveta Evrope za svoj doprinos miru, pomirenju u regionu i evrointegracijama. Ali, velikodušan, kakvim ga je Bog stvorio, odlučio da podeli nagradu sa narodom.

Jer, kako reče, „građani Srbije su ti koji su pre svega zaslužni za status kandidata. Oni su ti koji su morali da nose teret zahtevnih reformi koje sprovodimo".

„Prihvatam novčani deo, koji mi pripada", kažem ženi, „a slavu prepuštam predsedniku." Čeka me mnogo „gladnih usta" na Ostrvu „i šire", a porodični budžet nam je sve tanji, dok evro skače, dinar pada, a cene rastu.

Ali, znam, nema ništa od toga, kao ni od onih hiljadu evra besplatnih akcija u državnim firmama, obećanih u jeku izborne kampanje pre četiri godine.

Predsednik jedva prespavao u Beogradu, onda opet „Otadžbina zove" u dvodnevnu posetu Italiji, radi „privlačenja stranih investicija", naravno. Nacionalna agencija više puta je ponavljala tu vest, naglašavajući da je reč o „biznis diplomatiji". Vidi, vidi, čak nam i rečnik obogaćuje, pomislih. A, podsvest mi došaptava: nešto mu se osladilo spavanje u Rimu. Da ga nije očarala ona romantična pesma *Sotto manto di stelle, Roma bella mi appare*?

## 2

Zoran se javio dužom porukom, rezimirajući najnovije događaje s „one strane bare" i aktivnosti mladog ministra spoljnih poslova, koji je u Njujorku vodio kampanju za izbor na mesto predsednika Generalne skupštine UN. Što da ne? Ako je sa trideset dve godine mogao da postane ministar spoljnih poslova, što mu je bilo drugi posao u životu – prvo je bio predsednikov savetnik! – što sa trideset sedam ne bi bio predsednik Generalne skupštine?

Istina, Srbija i nije neka država, ne zna se čak ni gde su joj granice. S druge strane, u UN se ne zna gde su granice rasipanja para. Nije važno šta znaš, nego koga znaš.

Ako bi ga izabrali, kaže srpski minstar, to bi „bilo dobro za našu zemlju". A on bi, možda, ušao u Ginisovu knjigu rekorda..

Mladi ministar, izgleda, predviđa poraz svoje partije na izborima, pa je već krenuo da na vreme nađe uhlebljenje na stranim jaslama, pisao je Zoran. Poput onog njegovog prethodnika, s Kosova, koga su od milošte zvali „slina". To je u redu. Bolje da brine o tamo nekim zaraćenim plemenima u Africi, nego o nama.

„Gledam ga danima kako sedi u diplomatskom salonu sa stranim ambasadorima i agituje za svoj izbor, a narod plaća. Ponekad tamo svratim sa Sašom na piće i samo ga merkam. Jedan dan sam izbrojao skoro deset njegovih klijenata, koji samo ulaze i izlaze, kao u javnoj kući", pisao je Zoran. „Kakva će vajda od svega toga biti za ministra, videćemo uskoro, ali za nas sigurno nikakva, to već sad mogu da tvrdim."

Inače, strane agencije javile su iz Njujorka da je ministar inostranih poslova Srbije Vuk Jeremić „pokrenuo diplomatsku svađu u istočnoj Evropi" svojom kandidaturom za predsedavajućeg Generalne skupštine.

*Frans pres* podvlači da je šef litvanske diplomatije Audronius Ažubalis optužio Rusiju da oživljava neprijateljstva iz „hladnog rata" time što podržava Jeremića, a ne kandidata Viljnusa, litvanskog ambasadora u UN Dalijusa Čekuolisa, i kazao da je Jeremić pokušao da „ucenjuje" njegovu zemlju.

Ažubalis je rekao da je Jeremić pretio da će blokirati kandidaturu Litvanje za mesto nestalne članice Saveta bezbednosti 2014. ako ne odustane od kandidature za predsedavanje Generalnom skupštinom.

„Naši odnosi ne treba da budu zasnovani na ucenama ili vetu, nego na dijalogu", rekao je Ažubalis.

„Mi smo Litvaniji ponudili fer trgovinu. Mi smo spremni da podržimo njihovu kandidaturu za Savet bezbednosti", rekao je Jeremić i ocenio da Vlada Srbije, koja je mnogo učinila da osigura stabilnost i pomirenje na Balkanu, smatra da može da doprinese UN tako što se prvi put kandiduje na tako važno mesto, javio je *AFP*.

Čuj, „fer trgovinu", zar se to tako zove u diplomatskom rečniku? I čime to mladi ministar trguje – nacionalnim interesima?

A, šta ako Litvanija, zauzvrat, blokira pristupne pregovore o članstvu Srbije u EU? Zar ćemo i taj „najuzvišeniji od svih ciljeva" da žrtvujemo zbog bolesnih ambicija mladog ministra?

Generalnom skupštinom UN prethodno je, 1977/78. godine, predsedavao u ime Jugoslavije Lazar Mojsov. Ali, Jugoslavija je u to vreme bila respektabilna država, osnivač i ugledni član Pokreta nesvrstanih. A Mojsov je, sa pedeset sedam godina, bio ugledni diplomata od karijere, ozbiljan čovek i političar. A, sad, predsednikov učenik i pulen nudi „fer trgovinu"!

Zoran je pisao da sreće dosta „naših ljudi", koji su se na razne načine „uvalili" u Ujedinjene nacije, njihove brojne agencije, ili mirovne operacije širom sveta. „Za njih nema zime, Bog da te vidi! Tu je i neka Bosanka puna sebe, a glupa kao top, koja se upravo vratila iz mirovne misije u Abhaziji. Ranije je nešto, navodno, piskarala za bosanske medije, ali ne verujem da je znaš. Pitam se samo na koji način se uvaljuju na tako dobro plaćena mesta, ne bih rekao da je ova stigla preko kreveta."

Pa, što ne sedneš i napišeš nešto za novine, ovde narod vapi za takvim pričama? – ukrade mi se misao. Onda se setih njegovih razloga za apstinenciju, žaleći što najbolje priče obično ostaju nezabeležene.

„Ofelija hoće da me vodi na neki *Tribeka film festival,* koji se otvara za koju nedelju, ali ne verujem da ću stići, jer imam u glavi previše stvari. Ona je već nabavila program i vidim da nema nikoga od naših, osim neke Ivane Mladenović, koja predstavlja Rumuniju sa filmom *Ugasite svetla.* Mora da je neka 'naša' Rumunka, tačnije, rumunska Srpkinja."

Ah, Tribeka! – oteo mi se uzdah. Šta su ti sećanja. Taj deo južnog Menhetna, nadomak nekadašnjih kula Svetskog trgovinskog centra, na samoj obali reke Hadson, bio je svojevremeno zapuštena industrijska zona, koja je delovala pusto i avetinjski. Onda se neki preduzetnički um dosetio da je „ružno lepo" i da se na tako dobroj lokaciji u starom ambijentu i renoviranim zgradama mogu napraviti moderni stanovi za *japije* – „mlade, urbane profesionalce". Ako iza ideje stoji i finansijska podloga, svaki, čak i najneverovatniji san, lako se ostvari. Tako je Tribeki udahnut nov život i četvrt je stavljena na listu *must see* turističkih atrakcija „Velike jabuke".

Kraj je postao čuven i po restoranu Roberta de Nira, koji je ličio na fabriku hrane, nešto poput jednog sličnog, samo deset puta većeg, na Monmartru u Parizu, čijeg imena više nisam mogao da se setim. De Niro, naravno, nije bio konobar, čak ni šef sale. Od njega ste mogli da vidite samo ime. Čak ni autogram da uzmete.

Jednom sam odveo ženu, ćerku i svastiku na ručak kod De Nira, da vide i to „čudo" Njujorka. I doživljaj je, zaista, bio nezaboravan. Ali ne po dobru. S obzirom da su ispred restorana obično čekali redovi, manje gladnih, a više znatiželjnika, konobarice su dežurale iznad naših glava i samo gledale da što pre završimo, da nas izbace, pa da uđu drugi. Iako tog dana uopšte nije bilo gužve, čim bih spustio viljušku i nož, konobarica bi posegla za tanjirom, polupunim, ili polupraznim, svejedno, da ga skloni. Proklete navike! Uhvatim je za ruku i kažem da nisam završio, kad već ona nema pristojnosti da pita. Posegnem za čašom vina, ona za tanjirom. Posegnem za čašom vode, ona opet za tanjir. Tako nam je ručak protekao u borbi neprestanoj.

Na kraju, završavamo opet u konfliktnoj situaciji, što je, izgleda, moja verna pratilja u životu. Kad je stigao račun, zaokružio sam cifru na sledeći veći iznos, što je bilo manje od uobičajenog minimuma od petnaest odsto bakšiša. Konobarica je uvređeno, vratila sve do poslednjeg penija.

„U redu je", rekoh.

„Nije u redu", uzvrati ona, „bakšiš je najmanje petnaest, pa do dvadeset pet odsto."

„A, šta ako nismo zadovoljni uslugom?" – upade moja mudra svastika, inače bez dlake na jeziku.

„To nema veze, isto vam se piše", uzvratila je konobarica.

Šta da se radi: kad si u Rimu, ponašaj se kao Rimljani, u Njujorku kao Njujorčani, zaključih, potpisujući još jednu kapitulaciju u životu.

Eto, dokle me odvede Zoranovo pominjanje Tribeke! Koliko samo jedna reč može da probudi u čoveku, ili sentimentalnoj budali, uspomena i asocijacija, lepih ili ružnih. De Niro je posle osnovao Tribeka festival, ali mene je to ime uvek podsećalo samo na konobaricu, koja nije bila ni senka od Mice iz *Proleća*.

Zoran je opet samo u maglovitim naznakama govorio da namerava da menja posao, a možda i stan. „Ne bih hteo da budem Bepu predugo na teretu, sve ima svoj rok trajanja, a on je više nego ljudski odradio ključni deo posla i pomogao kad mi je bilo najpotrebnije", pisao je Zoran.

„Osim toga, izgleda da mu se uvalila u gajbu neka džogerka, a u takvim situacijama treći je uvek suvišan. Znaš kako Ameri kažu: *Two is a company, three is a crowd.*"

Susret sa Agimom nije uopšte pominjao, kao da se nije ni desio. O tome ću saznati tek mnogo kasnije, kad već za sve bude prekasno.

# X

# PARTNERSTVO SA AGIMOM

## 1

Kako se posle ispostavilo, Zoran se javio Agimu ubrzo posle njihovog prvog susreta i nagovestio da je spreman za dogovor.

„Dobro, onda u subotu kaži tim tvojim Italijanima da imaš neke važne obaveze i uzmi slobodan dan. Dođi kod mene u salon oko deset, vodiću te na jedno mesto, da upoznaš malo i ruralnu Ameriku. Nije Amerika Njujork, još manje Bronks. Tamo ćemo da ručumo, provedemo dan zajedno – nadam se da će biti lepo vreme – dogovorićemo se o svemu i onda više nema hoću-neću. Važi?"

U subotu u deset Zoran je bio kod Agima u salonu.

„*Mirdita*, partner", pozdravio ga je Agim.

„*Mirdita!*" – uzvratio je Zoran.

„Besim, ja danas neću da se vraćam. Ako nešto zaškripi zovi me na mobilni", obratio se svom saradniku, očigledno važnom čoveku. „Zovi advokata i kaži mu da najkasnije do utorka spremi papire da ekspedujemo ona dva *linkolna* za Valonu, već kasnimo sa isporukom, a ne želim da imam probleme sa partnerima. Je li to sve spremno, upakovano?"

„Sve završeno, šefe, a danas ćemo još jednom da izvršimo proveru, da ne bude nekih propusta", uzvratio je Besim.

„A, zar nećemo da povezemo i Arisa, da se malo izjurca?" – upitao je Zoran kad su seli u Agimov džip.

„Taman posla, on može da se izjurca samo kad je na 'specijalnom zadatku' i noću kad ga odvežemo u krugu skladišta", uzvrati Agim.

Vozili su na sever, prema *Catskill Mountains*, planinskom predelu poznatom i kao „Jevrejski Alpi" – *Jewish Alps*. „Imam tamo farmu od nekih pedesetak hektara, gde gajim retke žitarice, a ujesen volim da odem u lov na srndaće", pričao je Agim. „Jesi li gledao onaj film *Lovac na jelene*?"

„Jesam, ali nešto se ne sećam detalja."

„Nije ni bitno, hoću da kažem da je priroda čarobna i sjajno mesto da se skloniš od svega, kad ti dojadi gradska vreva."

Prešli su reku Hadson preko *Tapanzi bridža* i nastavili na sever. Stotinak kilometara vožnje sjajnim putevima, oivičenim pitomim, valovitim pejzažima, bilo je lek za oči. Levo i desno od puta nizale su se manje, ili veće farme, sa ambarima i deset puta većim od ljudskih kuća, na kojima su pasla, ili se izležavala stada krava, a ponegde, ređe, i konji. Eh, to je Amerika za moju dušu, razmišljao je Zoran

„Čudno je ovo naše 'partnerstvo', Agime, zar ne?" – primeti Zoran posle kraćeg ćutanja. Mada s tim neobičnim čovekom ni ćutanje nije bilo naporno. „Niti ti znaš išta o meni, ni ja o tebi, a sad, kako ti reče – 'partneri'."

„To 'partneri' shvati uslovno. Mora da se zna ko kosi, a ko vodu nosi, kako kažete vi Srbi. Ili, opet kako vi kažete – 'čudni su putevi gospodnji'", reče Agim. „Verovatno nas je sastavila sudbina. Ona obično spaja nevoljnike. Kao oni *Mostovi na Morači*, što spajaju zaljubljene. Ovi naši crnogorski Šiptari u Bronksu, poput Zefa, raspamete se kad čuju tu pesmu, padaju u trans, razbijajući pune pivske flaše o sopstvene glave."

Pričao je kako je odrastao u Peći, u siromašnoj porodici, sa dva brata i tri sestre. Od škole jedva da su neki završili gimnaziju, sestre su se relativno mlade, i relativno dobro poudavale. Jedan brat je posle otišao na „privremeni" rad u Švajcarsku. Radio je kao fizički radnik kod nekog vinogradara, na obali jezera, u okolini Berna, i slao kući svaki zarađeni franak. Drugi je otišao u Belgiju. Ono „privremeno" je vremenom preraslo u trajno.

„Ja sam, još pre završetka gimnazije, počeo da radim u Karićevoj alatničarnici u Peći i, uz ono što su slala braća, nekako smo preživljavali i počeli da stajemo na noge. Čak smo kupili i neku zemlju od Srba, koji su već u to vreme počeli da se iseljavaju."

Karići su bili dobri ljudi i sjajna familija, pričao je Agim. „Znaš ono – svi za jednoga, jedan za sve. Takvi ne mogu da ne uspeju, kao ni Jevreji."

„Bili su odlični muzikanti", nastavljao je Agim. „*Karic family orchestra*. A, kako su tek pevale Hafa i Milanka, srce da ti zaigra!"

Karići su se posle preselili u Beograd, prisećao se Agim, i kako se to kaže, napravili „poslovnu imperiju" kad je došao na vlast Milošević. „Ne možeš ti da napraviš 'imperiju', ako nemaš uporište u vlasti. Šta misliš koliko mene godišnje koštaju lokalni funkcioneri u Bronksu i kongresmeni u Vašingtonu?"

Alatničarnica u Peći ostala je da živi još samo u Agimovim uspomenama. Karići su mu, nastavljao je, bili inspiracija, mada se nikad nisu bavili istim poslovima. „Ako su oni mogli da postignu to što su postigli, što ne bih i ja? Zar sam ja nepismeniji?"

Pričao je kako se posle nekako „dokopao Amerike" i zavetovao da mora da uspe, po svaku cenu, i ne birajući sredstva. „Sećaš se one scene iz filma *Prohujalo sa vihorom,* kad ona glavna ženska...kako se beše zvala...?"

„Skarlet O'Hara", pritekao mu je Zoran u pomoć.
„Tako je. Sećaš se kad ona kaže nešto kao: 'Nikad više neću da jedem korenje!' E, to ti je, vidiš, bio i moj zavet!"
Uz Agimovu priču, put od stotinak i kusur kilometara prošao je za tren. Bili su već skrenuli sa glavnog puta, broj sedamnaest, *Route seventeen,* i počeli da se penju u brda.
„I sad sam tu gde sam", svodio je Agim svoju priču. „Kažu da pare kvare ljude, što je, verovatno, tačno. Ja, naravno, nisam svetac, ali *besa* za mene jeste ostala svetinja. To očekujem i od tebe. Čujem da je moj nekadašnji idol, Bogoljub, sad u bekstvu i ne bih želeo da delim njegovu sudbinu."
„Dobro, a šta ti je sa familijom na Kosovu?" – došao je konačno Zoran do reči. „Imaš li tamo ikoga?"
„Naravno. Tamo su mi majka, sestre, zetovi i ostala familija. Zvao sam ih da dođu ovamo, ali ni da čuju. Neće, kažu, da napuste svoje Kosovo. Vezani, valjda, za onu zemlju, crnicu, ili pogled na Prokletije, ko će ga znati, budale. A ovde, kao što vidiš, ima zemlje koju ne možeš da obradiš ni za pet života."
„Zemlja ti je čudo, kad u nju pustiš korenje, osetiš njene mirise, opije te i omami, gore od bilo kakvog alkohola, ili droge", govorio je Agim. „I onda vi Srbi tvrdite da je Kosovo vaše, mi da je naše, i kako to da razrešiš?"
„Možda da bude i vaše i naše", uzvrtai Zoran, tek da nešto kaže.
„Bojim se da je sad za takva rešenja već mnogo kasno, izgubljeno je previše vremena, nagomilano previše mržnje, s obe strane, izginulo previše ljudi", reče Agim.
„Ja mislim da nas je upravo ta zemlja, ili, kako kažeš, njeni mirisi, učinila istima. Mi se, u stvari, razlikujemo samo po veri i jeziku" – reče Zoran.
„Pa što se onda čudiš ko, ili šta, sastavi tebe i mene? Rekao sam ti kad smo se prvi put videli da smo mi, u stvari, ista govna, samo nikako da nam to uđe u glavu."

Zoran je ostao bez odgovora. A, Agim nastavi da priča kako su mu devedeset devete Srbi, sa stotinama hiljada drugih Albanaca, proterali familiju u „masovnom egzodusu" u Albaniju i Makedoniju.

„Jesi li siguran da i to nije bilo samo deo igre velikih sila?" – upitao je Zoran. „Video sam u to vreme letak, koji je kružio Kosovom na albanskom jeziku, u kome Ibrahim Rugova i UČK pozivaju albanski narod da se iseli u Albaniju i Makedoniju, jer oni više ne mogu da ga štite od 'srpskih okupatorskih snaga', i da će posle da se vrate pod zaštitom NATO, kao što se i desilo."

„Ko zna, ništa nije nemoguće, u pitanju su velike igre", uzvrati Agim. „Ali, meni su u međuvremenu vaši ubili oca."

„Žao mi je. Izvini", reče Zoran iskreno. „Predsednik Srbije se dosad izvinjavao gde je trebalo i gde nije, gde su tražili i gde nisu, ali ja se tebi, evo sad, najiskrenije izvinjavam za sva zlodela koja je neko u ime mog naroda, tačnije one srpske polovine, učinio tebi i tvom narodu."

„Ne bulazni, kakve ti veze imaš s tim", uzvrati Agim, nekako oporo. „A, znaš zašto su ga ubili? Zbog para. Pre nego što su došli da nam pretresaju kuću, neko od komšija Albanaca im je rekao da otac ima sinove 'napolju' i da verovatno drži pare u kući. Otac nije hteo da kaže gde su pare, verovatno je mislio 'nećete vi da uzimate muku moje dece', i ubili su ga na kućnom pragu."

„Strašno!" uspeo je da izusti Zoran.

Posle su, ipak, pronašli i uzeli pare, ali za oca je bilo prekasno, objasnjavao je Agim. „A nije uopšte bio od onih koji su mrzeli Srbe. Sedeo je sa komšijama Srbima, pušio i pio kafu, za njega su svi ljudi bili isti. Zato su ga, verovatno, i izdali 'njegovi'. I sad ti meni kaži ko su veći govnari: oni koji su ga potkazali, ili oni koji su ga ubili? Lepo ti rekoh, svi smo mi ista govna."

„Ne znam da li sam ti rekao, meni je NATO ubio oca prilikom bombardovanja", reče Zoran, više iz želje da sa Agimom, na neki način, podeli bol.

„Eto, vidiš, i šta mi sad da radimo?" – upita Agim. „Da ja ubijem tebe, a ti NATO? Šta je uopšte NATO, kako da ga ubiješ, i šta bi time postigao?"

„Znaš li ti onu Njegoševu: 'Al' tirjanstvu stati nogom za vrat, dovesti ga k poznanju prava, to je ljudska dužnost najsvetija'?" – upita Zoran.

„Ostalo mi je nešto iz škole, dok smo još svi bili, što bi rekli, 'srećna zemlja'", uzvrati Agim. „Ali, čini mi se da si ispustio onaj prvi deo, kako ono beše...ah, da: 'Vuk na ovcu svoje pravo ima ka tirjanin na slaba čovjeka'."

Vidi ti njega! – čudio se Zoran

„Evo, stigli smo!" – reče u tom trenutku Agim.

## 2

Agimova farma pružala se preko dva brda između kojih je bila plodna ravnica, od koje je samo manji deo, koji se naslanjao na šumu, bio obrađen. Ispod jednog brda bilo je malo veštačko jezero, gde su već počele da se gnezde divlje patke, a ispod drugog je tekla bistra rečica u kojoj su se vrzmale sitne pastrmke. Na početku puteljka koji je vodio ka farmi, bila je rampa sa tablom na kojoj je pisalo da je to privatni posed i da je prolaz zabranjen. *Private property – no trespassing*. Kilometrima unaokolo nije bilo drugih kuća. Sa skoro hiljadu metara nadmorske visine, pružao se predivan pogled na farme i šumovite, tek olistale, proplanke, prošarane zelenim livadama.

„Ovo je stvarno raj na zemlji, pa još ovako na osami", primeti Zoran zadivljeno. „Ali što obrađuješ tek tako mali deo?"

„Za sad tek eksperimentišemo, šta najbolje uspeva, posle ćemo da vidimo. Inače, ostatak kosimo i prodajemo seno okolnim farmerima, tek da sve ne zaraste u korov, a deo zadržim, jer imam dva konja, onako, za jahanje i da ne bude baš pusto."

„Problem je što je farma malo previsoko za neke useve. Zato ove godine tek isprobavamo, šta uspeva, a šta ne. Zasejali smo tamo kod jezera konoplju, a naokolo kukuruz, pa je lako za navodnjavanje. A gore na brdu, još neke egzotične sorte, koje ne traže mnogo vode. Kažu da se konoplja i kukuruz vole i bolje uspevaju jedni pored drugih. Osim toga, kukuruz štiti konoplju od vetrova i, što je važnije, od zlih očiju, mada ovde niko i ne dolazi."

„Šta će ti, uopšte, konoplja. Nećeš valjda da tkaš?"

„Baš si duhovit", nasmeja sa Agim. „Ovo je oplemenjena, indijska sorta, onako, za džeparac."

Sa brda je polako silazio i približavao im se mršav čovek, srednjeg rasta, kojih četrdesetak godina, susput nešto zagledajući oko useva. „Eno ga Bajram, on održava farmu i živi ovde preko cele godine. I on je Pećanac, ali je ovde sam. Svi su mu ostali tamo, a ovde može da uštedi neku crkavicu i pošalje kući, posle ćemo da vidimo šta će."

Po dvorištu je kljucalo desetak kokošaka, nekoliko pataka, vrtelo se par mačaka i jedno malo, crno kuče, koje ih je radosno pozdravilo, saplićući se odmah o njihove noge i mašući repom.

„A, vi već stigli?" – iznedadio se Bajram, pružajući Agimu ruku. „Ovo je naš prijatelj Aljbin", predstavi Zorana. „On je od Kline, polu-Srbin, ali naš čovek."

Zoranu se učinilo da je Bajram malo štrecnuo gustim, crnim brkovima i podigao obrve, ali nije ništa komentarisao, pružajući mu ruku, nekako rezervisano i smušeno.

„Pa što nisi pustio konje napolje, da pasu?" – upita Agim.

„Jesam, jesam, eno ih iza ambara, samo se ne vide odavde", uzvrati Bajram.

„A kako usevi?" – pitao je Agim.

„Pa, krenulo je lepo, videćemo šta će biti na kraju. Zavisi od vremenskih uslova."

Sedeli su na tremu tipične farmerske jednospratnice, obložene limom, koja je u odnosu na ambare pozadi delovala kao kutija od šibica. Bajram je malo posedeo, onda se udaljio uz izvinjenje. „Idem ja do ambara da vidim nešto oko onog starog džipa, nešto je počeo da kašljuca, a vi pričajte."

„Šta ćeš da popiješ?" – upita Agim kad su ostali sami.

„Bilo šta, a šta ti piješ?"

„Ja pijem konjak. Hoćeš *henesi*, ili *kurvazije*?"

„Sasvim svejedno, nisam baš nešto navikao na ta fina pića."

„Uostalom, dođi da ti pokažem svoje lovačke trofeje", ustade Agim i povede ga u kuću.

Ono što je spolja izgledalo kao kutija od šibica, unutra je delovalo sasvim prostrano i prijatno. U prizemlju je bila velika dnevna soba, povezana sa trpezarijom, kuhinjom i malim barom, još dve manje sobe i kupatilo. Na spratu tri spavaće sobe i kupatilo. Prozori na sve četiri strane sveta. Zidovi su bili obloženi lisičjim kožama, jelenskim rogovima, a iznad kamina su preteći zjapile ralje divljeg vepra.

„Pa ovo je, što bi rekli Amerikanci, *mansion,* a ne kućica", primeti Zoran.

„Ma kakav *mansion,* ovo je obična straćara u poređenju s mojom kućom u Riverdejlu, to ti je lep kraj odmah nadomak Bronksa, ali služi svrsi."

„A ovi trofeji, je su li svi tvoji?"

„Naravno, ne misliš valjda da bih se kitio tuđim perjem. Ovde ima divljači koliko hoćeš, a gore na brdima imam čeke. Sednem predveče, ponesem piće, i čekam. Sjajan doživljaj. Usput razmišljam o poslu, svojima u Peći, familiji u Riverdejlu..."

„Imaš porodicu ovde?"

„Imam ženu i dva sina, što je ovde normalna porodica, a tamo kod nas, na Kosovu, to bi bio tek zametak. Sinovi mi završavaju studije, ali neću da ih uvodim u svoj posao, oni su rođeni za bolje stvari, da budu kongresmeni, na primer", reče ponosno.

„Treba da vidiš kako ovi putevi izgledaju ujesen, kad počne lov na srndaće, krajem novembra. Stotine automobila jure prema Njujorku, sa srndaćima vezanim na krovu. Bajram ima dva zamrzivača puna srnetine, samo što mu još nisu izrasli rogovi. Ovo je moje privatno lovište i niko ne sme da priđe. Svuda na obodima piše *no trespassing*."

Uzeo je čaše i bocu *henesija,* pa su opet izašli i seli na sunčanom tremu. „E, pa živeli, partner!" – nazdravili su uglas.

„Stvarno dobro piće", primeti Zoran,

„Ne znam za bolje, i možeš da ga gustiraš u svakoj prilici", uzvrati Agim. „I, dobro partner, šta si odlučio?" – prešao je na stvar.

„Kao što ti rekoh, spreman sam da probam, ali, iskreno govoreći, plašim se da li ja mogu da zadovoljim tvoja očekivanja. A, ni ti ni ja još nismo sasvim otkrili karte, pa nisam siguran ni šta bi, stvarno, trebalo da radim, osim da budem 'potrčko'."

„Vidi ovako", uzvrati Agim. „Imao sam nameru da te stavim na ključnu proveru i da ti demonstriram šta se dešava onima koji prekrše *besu*, pre nego što ti otkrijem sve karte, ali nije mi se još namestilo. Osim toga, sigurno nisi toliko glup da neke stvari već sam nisi shvatio.

„Dobro, ponešto naslućujem, a kao što si rekao i priča se, ali baš toga se plašim – nisam verziran u te stvari", uzvrati Zoran.

„Što se tiče verziranosti, to je moja briga, proći ćeš sveobuhvatnu obuku, i to će ti, zasad, i biti glavni posao. Uzimam rizik da ti otkrijem sve karte, jer, s obzirom na to da smo drogirani mirisom iste zemlje, verujem da si svestan mogućih posledica. A, gajim i neku slabost prema tebi, od prvog dana si mi simpatičan, mada to ne mora ništa da znači. Znaš kako ono Meksikanci govore u petparačkim filmovima: *You are my friend, I kill you for nothing.* Ti si moj prijatelj, ubiću te za džabe.

Obojica su se nasmejali i kucnuli velikim ovalnim čašama, koje su odjeknule kao minijaturna crkvena zvona.

„Znači, nudiš mi plaćenu 'poslovnu obuku'?" – upita Zoran

„U suštini, da. Ali, vrlo brzo očekujem i rezultate. Da ti sad ne ulazim u detalje, videćeš tokom obuke, ja se bavim svim i svačim i hitno mi treba pametan, jak čovek na Balkanu."

„Znači, da se vratim tamo odakle sam došao?" upita Zoran.

„Da, ali ne kao bednik, već kao car. Imali smo tamo dobro razvijen posao, ali su neke stvari krenule naopako, a posao ne sme da stane. Znaš kako se ono kaže, mrtvog magarca je teško oživeti."

„Nešto mi nije poznato da je neko u Srbiju uvozio američke automobile", čudio se Zoran. „Usput, da te pitam – šta vi ono ugrađujete u nove automobile? Jesu li to neki specijalni zahtevi kupaca, ili...?"

„Vidiš kako si ti pametan", prekide ga Agim u pola rečenice. „Ugrađujemo i izvozimo svašta, čak i brašno."

„Za hleb?"

„Nemoj da se sad opet praviš naivan. To što mi izvozimo važnije je od hleba. Bez hleba možeš da živiš i mesec dana, bez ovog našeg brašna ne možeš, kad se vežeš za taj meni. A možeš i da pandrkneš, ako se prejedeš."

„Misliš, predoziraš?

„Dobro, vidim da smo se razumeli. Ali, ne moraš ovde da govoriš u šiframa, ovde nas sigurno niko ne prisluškuje. Ali, sviđa mi se taj tvoj šifrovani jezik, moraću da kažem i onima mojima da to češće primenjuju. Eto, vidiš, već si zaradio prvu platu, a i honorar za ideju", smejao se Agim.

Zoran je ćutao, duboko zamišljen, pokušavajući da sebe vidi u novoj ulozi „poslovnog čoveka". Kako bi mu samo zavideli oni u Beogradu? Ali, da li je to stvarno ono što želi, i koliko dugo to može da traje? A, kad jednom uđeš, povratka nema. Uostalom, to nije ni bilo motiv njegovog dolaska u Ameriku. Da li on želi takav, ili uopšte više bilo kakav život? I koliko mu je vremena ostalo?

„Nešto si se ućutao, partner", primeti Agim.

„Ozbiljna ponuda iziskuje ozbiljno razmišljanje. I sam si rekao da posle nema natrag."

„To poštujem. Tako se ponašaju odgovorni ljudi", reče Agim. „Nisam ja slučajno bacio oko na tebe. Odmah mi je nešto 'došapnulo' da si ti pametan i upotrebljiv momak, pravi čovek za mene. Jedino me brine da možda imaš previše moralnih skrupula za ovaj posao", reče pomalo zabrinuto.

„Moralnih skrupula? Šališ se, Agime. Nemam ja više nikakvih skrupula, prevario sam čak i čoveka koji mi je omogućio da dođem ovamo. Nisam mu rekao pravi motiv i namere svog dolaska."

„Čekaj, da li sam ja lud, pa onda možeš da prevariš i mene?"

„Ne, za tebe me veže *besa*, a i ti i ja znamo šta to znači."

„To je dobro", reče Agim zadovoljno.

Onda je nastavio da priča kako je u Bronksu imao sjajnu ekipu, ali ih je jedan „izdajnik", koji je zaboravio šta znači *besa,* otkucao i eno ih sad u zatvoru. „Imaćeš, nadam se, uskoro priliku da vidiš kako takvi završavaju", dodao je.

„Ja sam uspeo da se izvučem, jer radim pametno, a imam i veze, odavde do Vašingtona. A, i oni nesrećnici u zatvoru drže se hrabro, i ćute kao zaliveni. Svesni su da im je pametnije da ćute i ostanu tamo, nego da 'propevaju' i izađu napolje."

Pričao je i da mu je glavni čovek u Tirani u zatvoru, ali i iz „bajboka" pomalo upravlja poslovima u Albaniji. Onda je, veli, pukla i crnogorska veza, zahvaljujući koordiniranoj akciji urugvajske policije i američke agencije za borbu protiv droge, DEA.

„Koliko znam, tu je ključnu ulogu odigrala baš srpska policija", primeti Zoran.

„Nemoj da si naivan. Možda su oni u svemu tome imali neku epizodnu ulogu, ali bojim se da se oni samo kite tuđim perjem, što je i bolje za nas."

„Kako to misliš?"

„Lepo, kad ovde prođeš obuku, otvoriću ti u Beogradu i Kosovskoj Mitrovici firmu za uvoz američkih automobila. Izvozićemo i 'brašno', a oni će da uživaju i da se uljuljkuju u hvalospevima kako su uspešni u borbi protiv kriminala i droge."

„Lider u regionu!" – doda Zoran. „Ali, šta ću ja sa automobilima i 'brašnom', nikad to nisam radio, niti imam kontakte, niti poznajem tržište?" – upita pomalo prestravljen.

„Ništa, prodaćeš automobile – a izvozimo jahte – znam da tamo ima jakih kupaca, i lepo zaraditi. Onda prodaš 'brašno' i zaradiš još desetorostruko. Sve ostalo naučićeš ovde, na obuci, dobiti kontakte i adrese pravih ljudi."

„Ti si, Agime, stvarno neviđeni optimista!"

„Moram da budem. Ako ne veruješ u sebe i u to što radiš, onda si unapred osuđen na neuspeh. Nema ništa polovično, nema kolebanja. A, šta misliš kako sam ja počeo, i šta sam znao, kad sam se upustio u ovaj posao? Znao sam, kako vi pogrdno volite da kažete, da pravim 'ljopate' kod Karića. A ti, čoveče, imaš 'fakuljtet'."

Ono „fakuljtet", izgovorio je, očigledno, namerno, jer je, za razliku od mnogih Albanaca, govorio besprekorno srpski. Zastao je i pronicljivo duže gledao Zorana pravo u oči. Iza tog njegovog ćutanja kao da je lebdelo pitanje: „Zar nisam u pravu?"

Nije sačekao odgovor, postavivši odmah glasno pitanje: „Nego, i ti si pominjao neke svoje uslove, o čemu se radi?"

Dosuo je ponovo piće u čaše. Količina u boci se već bila poprilično smanjila, što je obojici malo razvezalo jezike. Bajram se sad nešto petljao oko konja, koji su došli da piju vodu iz korita, koja je cevima doticala iz veštačkog jezera i odlivala se u rečicu ispod drugog brda.

„Bojim se da sad ulazimo na teren na kojem se naši putevi, možda, razilaze", uzvrati Zoran. „Tvoj životni moto je da uspeš po svaku cenu, da ploviš kroz život punim jedrima, i da nikad više ne 'jedeš korenje'. A mi smo imali onog Branka Kostića, skoro šefa države, koji nas je pred rat ubeđivao da, ako treba, jedemo i korenje, samo da bismo sačuvali Jugoslaviju..."

„Da, i video si kako ste prošli!" upade mu Agim u reč. „Hoćeš li i ti da završiš na isti način?"

„Ne radi se o tome, nego o nečemu mnogo gorem. Ja sam ti, Agime, bukvalno, kao orahova ljuska, koja pluta okeanom, bez igde ikoga svoga. Moj život je izgubio svaki smisao. U meni više nema ničega osim gneva, beznađa, osećanja bespomoćnosti i lude, neobuzdane, želje za osvetom. Stalno mi je pred očima onaj krater na grudima mog oca od NATO bombe, kako leži, mrtav, na njivi pored Belog Drima. A, on nije u ruci držao pušku, nego motiku. I nije ubicu mogao da pogleda u oči, da se sučele, prsa u prsa, pa šta bude. Niti su ubice interesovale njegove oči. Gađali su nas 'sa zvezda', mi smo njih mogli samo da čujemo, nikako da vidimo. Ni oni nas nisu mogli da vide, niti su mogli da čuju naše jauke, niti ih je to interesovalo. To ti je kao kad čovek zgazi mrava na zemlji i produži dalje, ne osvrćući se..."

Agim ga je slušao i gledao netremice, svojim nemirnim, smeđim očima, koje su vukle na žuto. Delovao je šokirano.

„A, šta misliš, koliko su Albanaca ubili na isti način u toj svojoj 'humanitarnoj akciji'? I meni je stradalo nekoliko rođaka i poznanika u bombardovanju, pored svih svinjarija koje su činili vaši", upao je Agim.

„Ne sumnjam, svi smo mi za njih samo mravi. I mi na Kosovu – i Srbi i Albanci! – i oni u Srbiji, Iraku, Avganistanu, Libiji, i gde sve ne. I kako sad da se odupreš tom zlu? Da miliš bespomoćno po zemlji, kao mrav, i da čekaš da te oni nagaze svojom gvozdenom čizmom, i poklope iz vazduha svojim semenom zla i smrti?"

„Zvučiš kao da si prošao obuku Al Kaide. U stvari, oni bi mogli da te angažuju kao svog ideologa", primeti Agim, gledajući ga i dalje razrogačenih očiju.

„A, šta je, u stvari Al Kaida? Iako nisam musliman, ja na to gledam samo kao na nagomilani gnev obespravljenih, slabih i nemoćnih, koji ipak nisu spremni da budu pokoreni i zgaženi kao mravi, bez otpora. Oni nemaju 'nevidljive' avione i rakete, kojima bi se branili i uzvratili istom merom. Ali, zato imaju ljude koji su spremni na samožrtvovanja da bi ispravili, ili osvetili, ispravno, ili pogrešno percipiranu nepravdu. Svako se brani, ili napada, onim što ima, neko buzdovanom, neko praćkom. To ti je kao borba između Davida i Golijata."

Agim je ćutao i slušao bez reči.

„I jedni i drugi samo koriste sredstva koja su im na raspolaganju. I od jednih i drugih stradaju najčešće nevini ljudi", nastavio je Zoran. „U čemu je onda razlika? Zašto nije bilo Al Kaide dok Amerika nije u potpunosti ovladala svetom, osim Rusijom i Kinom? Samo jedan narod u svetu je uspeo da se odupre američkom zlu klasičnim, gerilskim ratom, vijetnamski, i ja mu se divim. Danas to sigurno ni oni više ne bi mogli, jer je američka 'tehnologija smrti' u međuvremenu napredovala do granica van poimanja ljudske mašte. A, šta je bio njihov povod za rat u Vijetnamu? I tamo su, navodno, bili ugroženi 'američki interesi'. Na drugoj strani sveta! O čemu je reč, ako ne o želji za globalnom dominacijom?"

„Moram da priznam da ti rezonovanje nije bez osnova, ali gde sve to vodi? Ponekad su efekti suprotni", primeti Agim. „Evo, na primer, vi Srbi ste se hvalili kako su vam Amerikanci bili saveznici u dva svetska rata, obožavali ste ih, a ti si sad napaljen kao najpravoverniji pripadnik Al Kaide."

Zastao je malo, kao da proverava smisao sopstvenih reči, onda nastavi: „S druge strane, trebalo ja da vidiš Ameriku posle onog Jedanaestog septembra: na svakoj kući je bila istaknuta zastava sa '*stars and stripes*', samo što nisu virile iz klozetskih šolja. Bilo je to neviđeno buđenje američkog 'patriotizma' i otpora prema terorizmu, kao najvećem svetskom zlu. Mogu da ti kažem da smo i mi Albanci, kao muslimani, osetili taj otpor i podozrenje ovde, na svojoj koži. Ali, gde je rešenje?"

„Ne znam", uzvrati Zoran. „Dok se obični ljudi u Americi ne zapitaju zašto im se, stvarno, desio Jedanaesti septembar, umesto da, kako kažeš, kače zastave i u klozetske šolje, rešenja verovatno nema. Trebalo bi da se zapitaju koga biraju za svoje lidere, i koliko smrti su ti lideri posejali širom sveta. Rešenja, verovatno, nema dok svako ne bude 'obrađivao svoju baštu' i gledao svoja posla. Bojim se da se to neće desiti za tvog i mog veka."

„I Hitler je, svojevremeno, propovedao svoj 'novi svetski poredak', kao pokriće za dominaciju nad drugima", nastavio je Zoran. „Ali, ovi sad to rade mnogo suptilnije, koristeći ekonomsku moć i ucene da bi postigli ono što Hitler nije uspeo oružjem. A, ako to ne ide, onda i oni pribegavaju brutalnoj sili, koja je u odnosu na ono što je radio Hitler – mačji kašalj. To kaže i moj gazda, don Lorenco."

„Opasan si ti Srbin!" – zaključi Agim, još uvek razrogačenih očiju. „Je li ti majka, stvarno, bila Šiptarka?"

„Posle svega rečenog, nema razloga da te lažem", uzvrati Zoran. „Ja sam čist Srbin, osim ako majka, Bog da joj dušu prosti, a meni grešne misli, nije nešto švrljala s komšijama Albancima."

„Kako god bilo, ipak si ti moj Šiptar! I bićeš Aljbin", uzvrati Agim, s vidnim olakšanjem što je pala i poslednja laž. Onda naglo ustade i – zagrli ga.

Bajram je opet nešto petljao oko ambara, bacao kokoškama i patkama hranu. Pametan čovek, znao je da Agim nikad ne vodi isprazne i bezvezne razgovore, i da ne treba da smeta.

„Dobro", vrati se Agim na temu. „I šta sad nameravaš? Došao si ovamo da osvetiš oca, da 'ubiješ' NATO. Za to je trebalo da odeš u Brisel, a ne u Ujednjene nacije. Kako uopšte možeš da ubiješ vampira, osim glogovim kocem? I kako misliš da to izvedeš – kao bombaš samoubica?"

Zoran mu je, ukratko, izložio svoje planove, naglašavajući da će mu u tome biti potrebna Agimova „logistička podrška", jer ne zna ništa o eksplozivu, niti gde da ga nabavi.

„A, što si izabrao baš Savet bezbednosti, što ne, recimo Pentagon, ili Belu kuću?" – upita Agim, sad već manje zgranut.

„Tako se namestilo, jedino tamo mogu da uđem", uzvrati Zoran. „Savet bezbednosti bi mu tu došao kao neka vrsta 'kolateralne štete', kako je NATO objašnjavao naše civilne žrtve: smrt moga oca, onih tvojih izginulih rođaka i prijatelja, i stotina hiljada, ako ne i miliona, drugih koji su stradali na isti način, ni krivi ni dužni, širom sveta. Osim toga, ako ne možeš zmiji da odsečeš glavu, odseci makar rep. A Savet bezbednosti je, u stvari, samo zmijski rep, koji, kao, nešto radi, vrluda, a u stvari služi samo kao pokriće i paravan za širenje zmijskog otrova. Treba jednom da se nauče pameti i da shvate da tako više ne može."

Agim je počeo da se oporavlja od prvobitnog šoka i Zoranu se, na trenutak, učinilo da su među njima prostrujali neki fluidi, neki nevidljivi talasi, koji su ih zbližili više od krvi, koja 'nije voda', ali može da bude sporna, i mirisa iste zemlje iz koje su obojica, nesporno ponikli.

„Ti si luđi, nego što sam mogao i da sanjam, ali moram da priznam da si me na neki način fascinirao, jer si redak čovek kome ne mogu da kontriram argumentima", reče Agim posle svega. „Ali, zaboravljaš da ja sa tobom imam druge, mnogo veće i ozbiljnije poslovne planove. A, ti hoćeš da umreš kao heroj! Hoćeš da budeš drugi Gavrilo Princip? Šta ćeš mi takav?"

„Već sam ti izrazio bojazan da se na tom planu naši interesi, možda, razilaze", reče Zoran rezignirano. „Da, ja jesam spreman da umrem, jer više nemam ni jednog jedinog razloga da živim. Ali, ne da bih bio upamćen kao heroj, jer to što sam naumio je, u stvari, podli i kukavički čin, kao i sve što oni rade. Ali, da, spreman sam da umrem, makar kao osvetnik i mučenik, da se jednom, za svagda, nauče pameti."

„Čuj sad, mučenik – šehid?"

„Zovi to kako hoćeš", uzvrati Zoran. „Ali ako ti meni pomogneš u realizaciji mog plana, kunem se da ću ti, ako preživim, biti verniji od Arisa i raditi za tebe do kraja života, koji ionako ništa ne vredi."

Agim se opet zamislio i dugo ćutao. Onda nastavi: „Pa, taj tvoj plan, ma koliko šokantan, apsurdan i nemoguć izgledao, i ne mora baš da bude neka samoubilačka misija, ako se dobro osmisli i izvede. A, ubeđen sam da bi se i tvoj pogled na život drastično promenio, ako uđemo u posao koji ti nudim", reče Agim.

„Pristajem na sve, samo mi pomozi!" – uzvrati Zoran.

„Ja mogu dosta da ti pomognem oko logističke podrške i nabavke 'materijala', poslaću te, ako hoćeš, i na obuku. Imam neke ljude u Karolini i Floridi koji se razumeju u te stvari, ali završni akt je tvoj. Samo, gledaj da za sobom ne ostavljaš bilo kakve tragove, pogotovo ne one koji bi vodili do mene. U suštini, delim tvoje mišljenje, i slažem se sa svim što si rekao, mada to nikad nije bilo predmet mog interesovanja."

„Imaš moju reč!" – opet uzvrati Zoran, kao iz rukava.

Agim ga je, opet, dugo fiksirao pogledom. „A, šta misliš, šta bi bilo da ja tebe sad, lepo, prijavim policiji i postanem 'nacionalni heroj'?"

„Pa, CIA bi ti sigurno dodelila plaketu 'nacionalnog heroja', a i DEA bi ti, verovatno, zažmurila na jedno oko. A, ja bih, verovatno, dobio doživotno besplatan stan i hranu. Ali, veruj mi, meni je sasvim svejedno šta će biti sa mnom."

„Nije to loša ideja...", reče Agim. Onda, posle duže, očigledno namerne, pauze, doda: „...mislim taj tvoj plan. Kad bolje razmislim, možda bismo za taj tvoj 'projekat' mogli da nađemo i neke moćne sponzore u svetu. Kažu da je Osama bin Laden mrtav, ali njegova ideja i dalje živi. A, oni od Jedanaestog septembra nisu izveli ništa tako spektakularno."

„Već skoro jedanaest godina!" – reče Agim, kao da ne veruje sopstvenim rečima. „Širiš poslovne vidike, partner, koristan si ti momak."

Opet je dugo ćutao i prebirao po mislima. Onda, kao da su mu se sklopile kockice, nastavi: „Od realizacije jednog takvog 'projekta' verovatno bismo i ti i ja mogli da živimo bezbrižno do kraja života, i da se posle bavimo nekim 'časnim poslovima'. Siguran sam da ti ideja vredi dobrih par miliona dolara. Ali, treba je realizovati, i preživeti, da bi mogao da uživaš u njenim plodovima."

„Evo ruke, partner!" – čvrsto je stegao Zoranovu desnicu. „Videću šta mogu da uradim oko 'sponzorstva', a o detaljima ćemo se dogovarati 'u hodu'."

Sunce je već počelo da se približava vrhovima okolnih bregova, a i Bajram se vratio, pošto je obavio poslove, po svemu sudeći izmišljene, oko ambara, konja i živine.

„Treba da krenemo", reče Agim ustajući. „Sad idemo na kasni ručak u jedan lovački restoran, dole pored druma, a onda – pravac Njujork."

Dao je nekoliko uputstava Bajramu, šta da radi, na šta da obrati pažnju, i tutnuo mu u ruku koverat, verovatno platu.

3

„Baš sam ogladneo", reče Agim, kad su seli da ručaju u restoranu *Hunters' Lodge*. Restoran je bio sav u drvetu, dekorisan brojnim lovačkim trofejima, sa ogromnim rustičnim gredama na plafonu,. „U celoj priči, potpuno sam zaboravio na jelo, a prođe dan. Je l' mogu da naručim za obojicu, po mom izboru?"

„Naravno, ti si znalac, a osim toga si i na svom terenu," uzvrati Zoran. „A, šta ćeš da popiješ, ja moram sad malo da apstiniram, jer vozim, a uskoro će i noć?" reče Agim.

„Može jedno pivo."

„Daćete nam za predjelo srneći gulaš, a za ručak špikovanu plećku, reš pečenu, sa zelenom salatom", naruči Agim.

„Dobro, a šta će gospoda da popiju?" – upita konobar.

„Može jedno pivo i *Seven up*."

Kad se konobar udaljio, Agim se vrati na 'poslovnu temu': „Dobro, ako smo se definitivno dogovorili, onda sutra daj otkaz onom tvom Italijanu. Reci mu slobodno da si našao bolji posao, valjda će preživeti bez tebe", reče uz osmeh.

„Ne brini, neće da propadnu. Ovakve kao što sam ja mogu da nađu na svakom ćošku. Ali, bili su vrlo fer, pa ću možda morati da im dam par dana, dok nađu zamenu."

„Budi i ti fer, uradi što treba." Onda nastavi: „Vidi ovako, mislim da treba i da otkažeš stan i da se preseliš u Bronks. Imam trenutno nekoliko praznih, nameštenih stanova blizu salona, pa možeš u jedan da se useliš. Naravno, *rent-free*. Ne znam da li nešto plaćaš kod tog čoveka u Bruklinu, ali ovde ćeš biti oslobođen svega. Biće ti zgodnije nego da putuješ iz Bruklina, jer moraćeš da provedeš dosta vremena sa mnom na poslu."

„To je najlakše, taj čovek me ionako primio na preporuku njegovog i mog druga, onog koga sam prevario o svojim namerama. Zato sam na aerodromu i u UN prijavio lažnu adresu, da slučajno ne bi posle imao posledice, ali ima jedan drugi problem", reče Zoran.

„To si uradio vrlo mudro, neka tako i ostane. A, u čemu je problem?"

„Pa, trebalo bi makar svaki drugi dan da se pojavim u UN, dok mi važi akreditacija, mada to nikoga ne zanima, niti odande išta izveštavam. Ali, bilo bi dobro da budem na licu mesta, da 'snimam situaciju' i razrađujem plan."

„To nije nikakav problem, valjda se podrazumeva, možeš da odeš svaki dan, informiši se, gledaj, slušaj, uspostavljaj kontakte. Posle, kad stigneš, dođeš i provedeš neko vreme u salonu, to jest u skladištu", zaključi Agim.

Ručak, tačnije večera, bio je carski. Kad su krenuli za Njujork, sunce je već bilo zašlo iza brda, ali bi još s vremena na vreme bacalo svoje magličaste zrake kroz „pukotine" planina. Poljima su zujali i lepršali rojevi raznih buba i moskita, vilinih konjica i leptira, koji bi se razbijali o šofer-šajbnu, tako da je Agim svaki čas morao da uključuje brisače da opere stakla.

„Ovo ti dođe kao najezda skakavaca", primeti Agim. „Svaki put kad se vratim odavde, moram odmah da vozim auto na pranje."

Razgovor je putem utihnuo i svodio se na neobavezno čavrljanje i Agimovo objašnjavanje predela kroz koje su prolazili. Goveda na farmama su se polako povlačila u svoje otvorene obore, na počinak. Zoran je, opet, primetio da mu ni duži periodi ćutanja nisu bili neprijatni, što ga je ohrabrivalo. Jer, kad ti s nekim ni ćutanje ne pada teško, kao onom mladiću sa mačkom, to je dobar znak, rezonovao je.

Kad su već bili na izlazu iz Bronksa, Agim se bez reči uključi na Trajboro bridž, koji povezuje severnu njujoršku opštinu sa Manhetnom i Kvinsom i nastavi dalje putem prema Bruklinu.

„Nije trebalo da se maltretiraš, mogao si da me ostaviš na podzemnoj železnici", reče Zoran.

„Ne dolazi u obzir, to zadovoljstvo sam ti već priuštio", uzvrati Agim. „Osim toga, hoću da znam gde da te potražim, zlu ne trebalo."

„Budi spokojan, nećeš imati potrebu", uzvrati Zoran.

Dok je izlazio iz džipa, Agim mu gurnu u ruku svežanj novčanica.

„Ne dolazi u obzir", branio se Zoran, „ne uzimam milostinju."

„Hajde, hajde, kakva milostinja. Ti si to već zaradio, samo još nisi svestan, a i nisi sigurno doneo ovamo neko bogatstvo. Osim toga, ti si za mene dobra investicija, koja će se vratiti, na ovaj ili onaj način", uzvrati Agim i zalupi vrata.

# 4

Kad je čuo da Zoran odlazi, don Lorenco se rastužio. Već mu je bilo prešlo u naviku da kaže sinovima: „*Mi piace quel Serbo*, ima taj momak nešto u sebi. Gledajte da ga što pre obučite za konobara."

„Šta se desilo da odlaziš tako naglo, da ti nisu ovi naši zakidali na bakšišu?" – pitao je Zorana.

„Ne, don Lorenco, svi su bili vrlo korektni i fer, ali našao sam bolji posao, gde imam mogućnost napredovanja. Radiću u Bronksu za jednog dilera automobila koji izvozi i u Evropu, pa oko toga mogu da mu budem koristan", objasnio je Zoran.

„Ako je tako, *figlio mio*, neka ti je srećno. Čovek uvek mora da traži više i bolje, to je ključ napretka. U stvari, treba težiti za nemogućim, da bi se ostvario maksimum mogućeg", reče don Lorenco brižno.

„Nećeš valjda da radiš za Agima?" – pitao je Agron, pomalo zgranuto. „Jesi li siguran da ti je to pametno?" – nadovezao se Ljuš.

Među Albancima u Njujorku, koji su svi, na neki način, bili klanovski povezani, uglavnom se znalo ko šta radi i čime se bavi. A, Agim je bio „čovek na glasu", šta god to značilo.

„Možda to vama, kao mirnim, porodičnim ljudima, ne bih preporučio, ali u moje životne planove se savršeno uklapa", uzvratio je Zoran.

Gledali su ga u neverici. Dogovorili su se da, ipak, ostane do kraja nedelje, dok ne „bezecuju" drugog čoveka. „Ima da se grdno namučite, dok ne nađete zamenu za tako važno mesto", šalio se Zoran.

A, tek Bepo nije mogao da dođe sebi od šoka: „As ti gospu, pa šta si poludija? Di ćeš sad, tek što si doša, i šta ti je ovdi falilo?"

„Ništa Bepo, sve je bilo super, i hvala ti", pokušavao je Zoran da ga smiri. „Ali, našao sam dobar posao u Bronksu kod jednog našeg dilera automobila, koji mi daje i besplatan stan blizu posla. Složićeš se da bih odavde trebalo da putujem dva sata."

„A, šta, naš je čovik? Nisam znao da tamo ima neki naš auto-diler?" – čudio se Bepo.

„Kao što znaš, Njujork je velik i ne možeš baš svakoga da poznaješ. Inače, čovek je Albanac, moj zemljak iz Peći, ali ima odlično razvijen posao i dobar je tip."

„A, čuj, stari, ima i među njima dobrih ljudi, kao što i među nama ima loših. Ne znam da l' sam ti priča kako su baš naši Albanci branili jugoslavensku zastavu ovdi na stadionu, jednom kad je igrala naša mlada nogometna reprezentacija?"

Nije ni sačekao odgovor, kad nastavi: „Jedan od njih, sjajan tip iz Gusinja, posli je strada na najgori mogući način. Izgleda da se bija spetljao s ovdašnjom albanskom mafijom i, navodno, prenosija neku drogu, ali nije donosija pare. Valjda je mislija da ih prvo malo 'obrne', pa da otvori restoran, na kojem je već počeo da radi. Nije stiga. Izrešetali su ga za barom u još neotvorenom restoranu."

„Ali, ubrzo su ga osvetila njegova braća, tako da ni ubica nije trajao dugo", nastavio je Bepo. „To su ti opasne stvari, s tim nema igre. Zato ti je najvažnije klonit' se lošeg društva."

„Šta ćeš, svašta se dešava", procedi Zoran.

„Moja ti je životna filozofija, stari, bila i ostala: 'u se, na se i poda se', i nikad mi ništa nije falilo."

Onda, opet, posle kraće stanke, doda: „Ako misliš da je to što namerevaš 'ono pravo', probaj. Ali, krivo mi je što ideš, taman sam se bija navika da čujem još neke glasove u kući. A, i Veljko ima da pomisli da sam ga iznevirija, da ti nije bilo dobro kod mene."

„Za Veljka ne brini, on te previše dobro zna da bi tako nešto pomislio. A, i ja ću mu javiti za koji dan, kad se preselim, hoću da ga iznenadim", uzvrati Zoran. „A, što se tiče 'glasova', ne bih baš rekao da je ova kuća 'gluva'. Pre neko veče nisam mogao da spavam od ženskih uzdisaja."

„Ah, misliš na onu moju džogerku?" nasmejao se Bepo grohotom. „A, čuj, stari, kad ti se dobra riba zakači za udicu, onda se ne ispušta. Filis je *italo-americana*, bavi se industrijskim dizajnom, ostala je rano udovica, kao i ja, i baš smo se našli. Odgovara mi u svakom pogledu i sad džogiramo zajedno, predveče na keju, uveče u krevetu. Ima italijanski temperament, a rezonira na američki način. Savršeno."

„Baš mi je drago. I šta ću ti sad ja?" – reče Zoran.

„Ništa ti meni ne smetaš, ali radi kako hoćeš. Samo da znaš, u subotu te vodim na oproštajnu večeru u *Istra-klub*, jedno sjajno mjesto u Astoriji, sigurno će ti se dopasti."

Posle doda: „Mada, ne ideš na kraj svijeta, valjda ćemo se i dalje viđat, makar s vremena na vrijeme."

„Naravno", potvrdi Zoran. „Veljko mi je rekao ko jednom upozna Bepa, taj ga više ne zaboravlja, i apsolutno se slažem."

Bepo je pričao je kako su Istrani sjajni ljudi, „drukčiji od svih nas", i kako ponekad misli da ih je trebalo ograditi „bodljikavom žicom" od svih ostalih u Jugoslaviji, „da ih ne iskvarimo".

„Neću ništa da ti pričam, vidićeš i sam šta dobri i složni ljudi mogu postići."

Pre više od pedeset godina, pričao je Bepo, grupa njih osnovala je nogometni klub *Istra*, oko koga su razvili razne društvene aktivnosti, kupili zgradu, otvorili restoran sa baštom, i danas, pola veka kasnije, još su svi od „stare garde" na okupu, osim onih koji su u međuvremenu poumirali. Dolaze i mladi, koji su pozavršavali fakultete, zauzeli važna, i dobro plaćena mesta u društvu. Ali su u duši ostali, prevashodno – „Istrijani". Imaju svoju folklornu grupu, neguju stare istarske pesme, obožavaju Lidiju Percan – *La bella istriana,* igraju trešete i briškule i sviraju u „mišnice".

Svetla strana Amerike! – pomisli Zoran,

„Neka čudna, plemenita sorta ljudi", pričao je Bepo. „Dolaze tu i Srbi, Hrvati, Bosanci, svako ko je čuo za klub, i svi se osećaju kao kod kuće, svi se vesele i niko nikoga ne dira, niti provocira."

„Neki od njih se uvrede ako im kažeš da su Hrvati", nastavljao je Bepo. „Većina će ti reći da su 'Istrijani' ili 'Jugoslaveni'. I Veljko tamo ima puno prijatelja. Vidićeš, samo ako pomeneš njegovo ime."

Jedan od ključnih ljudi u klubu, bio je neki Srbin, Krajišnik, pričao je Bepo. „Kao da su se prepoznali po dobroti. Posle se čovek obisija, valjda ga stigla neka muka o kojoj nikome nije pričao."

„Jedva čekam", reče Zoran. „Zvuči kao priča iz nekog drugog sveta i vremena."

„Vidiću, možda povedemo i Filis, ako bude mogla. Znači, dogovorili smo se: u subotu – *Istra-klub.*"

5

Zoran se sve ređe javljao, verovatno zaokupljen sopstvenim planovima i brigama. Ali, moje „afežejke" iz Njujorka, Jovanka i Slavica, izveštavale su me pomno o tamošnjim zbivanjima. Njih, namerno, nisam uznemiravao u vezi sa Zoranovim dolaskom, jer jedna se, pored „patriotskih" aktivnosti, bavila i podizanjem dece, a druga je bila isključivo na žrtveniku Otadžbine.

Tači došao u dugo najavljivanu posetu Vašingtonu, gde je trebalo da ga primi Barak Obama, kao nagradu za sporazum sa Tadićem, koji bi, kao, trebalo da otvori vrata „obema državama", i Srbiji i Kosovu, za članstvo u EU, javlja Joka, moj njujorški „laufer". Ali, Obama obmanuo Tačija, pa je čovek sa nadimkom „zmija" morao da se zadovolji samo susretom sa Bajdenom i Hilari. A, našla se tu da ga uteši, kao i uvek u nevolji, i dobra, stara Medlin, koja mu je svojevremeno dala do znanja da su mu njena vrata otvorena u svako doba dana i noći. Tako su makar tvrdili „zli jezici" na pregovorima u Rambujeu. Kad čovek bolje razmisli, pored vođenja rata i trgovine ljudskim organima, Tači je, ipak, podneo najveću žrtvu za nezavisnot Kosova, jer je morao da radi i prekovremeno – noću.

Ali, pobunio se, od svih, Dejvid Jigli, čukununuk poglavice indijanskog plemena Komanči, Zlog Orla.

„U beskrajnom nizu nacionalnih poniženja, demokratska administracija pozvala je u Belu kuću albanskog muslimanskog bandita sa Kosova Hašima Tačija", napisao je na svom veb-sajtu.

„Ovo je nastavak najvećeg američkog zločina u dvadesetom veku: međunarodnog otimanja Kosova od Srbije, i stvaranja nove muslimanske države u jugoistočnoj Evropi, raja za sve vrste međunarodnog kriminala dostupnog čoveku. Bil Klinton je to započeo, Džordž Buš slavio, a strani, crni afrički komunistički muslimanski izdajnik u Beloj kući, nastavlja," napisao je Jigli.

Aman, Dejvide, ote mi se uzdah: gde ti je „politička korektnost"? Doduše, Jigli je sve to napisao pre nego što je postalo jasno da će Obama da obmane Tačija. Ali, ipak. Hilari i Bajden su odradili glavni deo posla, zaklinjući se u podršku nezavisnosti Kosova.

Jigli onda podseća da se Tači dovodi u vezu sa trgovinom ljudskim organima, drogom, rutinskim ubistvima, iznudama.

„To je čovek koga slavi Bela kuća. To je heroj u očima naše nacionalne vlade", zapanjeno konstatuje Jigli.

„Ali, kako i zašto su Sjedinjene Države odlučile da podrže takav međunarodni zločin, tako očigledan, tako šokantan, ostaje misterija koja tek treba da se razjasni. Heroin, oružje, seks, sve što organizovani kriminal može da pruži, Klinton je to odobrio, Bušova administracija prikrivala a sad Bela kuća otvoreno slavi", reče Jigli.

„Nema dostojanstva, nema ponosa, nema časti, ni snage u vladi Sjedinjenih Država. Ne može ni biti, ne sad. Sve se samo svodi na silu i novac, u rukama nekolicine igrača. Nacije su samo karte, ili čipovi u igri, sredstvo trgovine. Nacija je za njih ništa. Ti elitistički huškači sile, zamišljaju sebe iznad nacije, iznad čovečanstva", zaključuje čukununuk poglavice Komanča.

Bravo Dejvide, *you made my day!* – zaključih oduševljeno. Iako nisam stihoklepac, odjednom mi se sklopiše u glavi stihovi:

*Srbi i Indijanci to su srca dva,*
*spojila ih muka i sudbina zla!*

Onda, opet, pomislih: e, pa neće biti. Jer, za razliku od Jiglija, mnogi Srbi, ako ne i većina, u svom mazohističkom zanosu doživljavaju svoje tormentore kao – „partnere". S tim što su tormentori, u tom „partnerskom odnosu", uvek odozgo.

Zatim, opet, luda misao: a što ne bismo čukununuka poglavice Zlog Orla birali za predsednika? Ionako nemamo nikakav izbor.

Jer, predsednik se, na kraju, ipak odlučio da podnese ostavku i raspiše prevremene predsedničke izbore, „u interesu države", naravno. Dužnost predsednika vršiće u međuvremenu, kako se narod odmah mudro i duhovito dosetio, „punjena ptica vršilica".

Sad već bivši predsednik, napustio kabinet, ali ne i vilu na Dedinju. Trebaće mu, valjda računa, posle izbora.

Neće, valjda, da prejudicira ishod i odmah pređe u podstanare?

Već prvog dana kampanje, sad već bivši predsednik, zauzeo pozu holivudske zvezde, pa zapenio: „Ljuuudi, ima sve da ih pobedimo!"

A, tek iz Haga, stiže pravi šok: Šešelj kandidovao svoju suprugu za predsednika! Šta mu bi? – ne mogu čudom da se načudim. I šta ga je navelo da natera majku svoje dece, to pitomo i mirno stvorenje, da se sad, što bi rekao Ljotić, valja u kaljuzi? Posle one briljantne odbrane u Hagu, takav kiks! Da li se genijalnost, zaista, graniči sa ludilom, pa kad šta prevlada? Ili sam se, možda, i ja već preselio s one strane pameti?

Ali, dobro je dok su tu moje njujorške „afežejke", pomislih, koje me kljukajku „treš-mejlovima", koji su, u suštini, pravi biseri i melem za dušu, poput onog Jiglijevog teksta. Moraću, pomislih, da u svoj *vigvam* na Ostrvu okačim luk i strelu, u znak poštovanja prema Zlom Orlu i njegovim potomcima.

Ali, Jovanka i Slavica, ne daju tek tako. Mora i da im se uzvrati, da bi naša transatlantska veza funkcionisala bolje od onog ruskog *Južnog toka*, koji možda nikad neće ni da poteče.

Jovanka je bila uključena u sve akcije u borbi za istinu i razobličavanje laži o „genocidnim" Srbima. Slavica je, s druge strane, bila opsednuta svojim ličkim korenima, izučavala svoje porodično stablo i uspostavljala kontakte sa rođacima, ali i drugim srpskim patriotama, širom sveta. Kakav kontrast u poređenju s onim vajnim ličkim Srbinom, koji nit' smrdi, nit' miriše, pa je postao holivudska zvezda, a „proslavio" se u filmu Anđeline Džoli, *Zemlja krvi i meda*!

U njegovom holivudskom usponu sponzorisale su ga Vanesa Redgrejv i Susan Sontag, dve žene koje su za vreme rata prednjačile u antisrpskoj propagandi. Sontagovoj je, navodno, „raširio zenice" sarajevski reditelj i „veliki Europejac" Haris Pašović. A, vajni Ličanin je bio i ostao samo njihova „sponzoruša". Ma koliko da su „sponzoruše" posle ušle u modu po beogradskim kafićima, on je, ipak, postao svojevrstan fenomen: muškarac – „sponzoruša"! To majka retko rađa.

„Šta se dešava u Beogradu, šta su najnoviji tračevi?" – grakću uglas Slavica i Jovanka s one strane Atlantika.

Šta da im kažem, kad je u Beogradu sve trač, i virtuelna stvarnost? Čovek prosto ne zna šta je istina, ako je uopšte ima. Onda se setih: e, pa, drage moje, sad kad je predsednik postao bivši, odnosno obično građansko lice, mogu da vam kažem, a da ne povredim *the office of the president*.

Priča se da je upravo dobio ćerku „na lutriji". Pre toga je svoju lepuškastu bivšu učenicu od tridestekak leta postavio za direktorku jedne od najmoćnijih državnih firmi, sa platom od šest hiljada evra. Priča se i da je o istom trošku dobio sina u Rimu. Lično ne verujem u te priče, jer s koliko žara on „pravi decu naciji", ne verujem da stiže da radi i „na crno", sa strane.

Ali, ko zna, čovek je čudo. S takvom „sinergijom", što je njegov omiljeni izraz, možda je u pravu kad kaže: „Ljuudi, ima sve da ih po.....!"

Poruku svojim transatlantskim drugaricama, završio sam u istom stilu: „Uostalom, jebite se – što ne čitate *Tabloid* i malo pažljivije surfujete po internetu, pa će vam se *kasti* samo.

# 6

Posle desetak dana, Zoran se javio sa velikim novostima. Preselio se, veli u Bronks i radi za „jednog našeg autodilera", koji mu je dao i besplatan stan, blizu posla.

Ujutro malo skokne do Ujedinjenih nacija, „snimi situaciju", procunja i proćaska sa ljudima, a ostatak dana provede na poslu u Bronksu.

„Ovo je nešto sasvim novo u mom životu, što nisam ni sanjao da ću ikad da radim, ali, kao što znaš, ceo moj život se okrenuo naglavačke i nisam baš u prilici da biram, niti da izvoljevam", pisao je dosta uvijeno i uopšteno.

„I plata mi je sasvim pristojna, pa mislim da će mi pomoći da realizujem neke svoje planove", završio je šturo „poslovni deo" izveštaja.

„Bepo te puno pozdravlja i kaže da će ti se javiti. Bio je malo razočaran što odlazim, taman se, veli, navikao da ima nekoga u kući, ali sigurno mu neće biti dosadno. Unela mu ona džogerka papuče u kuću i, po svemu sudeći, neće tako brzo da ih iznese. Samo guču, ko dva golupčića."

Pisao je kako su bili u *Istra- klubu* i divno se proveli. „Sigurno ne moram da ti objašnjavam kakvi su to ljudi, jer mnogi te znaju i pitaju za tebe. Bepo je u pravu kad kaže da je trebalo da se ograde od nas bodljikavom žicom koliko su dobri, da ih ne iskvarimo."

Žalio se kako mu nedostaje jedino onaj kej uz more, kod *Verazano bridža*, oivičen japanskim trešnjama, koje su u punom cvatu, i magnolijama, koje su tek počele da pupaju. „U životu nisam video lepše cvetove, samo šteta što kratko traju i, kako si i sam rekao, ne rađaju. Danas se, izgleda, ne reprodukuje ništa lepo, samo se zlo namnožilo, ali neću sad opet time da te davim."

Pisao je da njegov novi gazda ima i cvećare u Njujorku i na Floridi, pa će, verovatno, malo i da putuje i pomaže oko transporta biljaka iz Njujorka u Floridu, i obrnuto.

„Pošto u Bronksu nemam odakle da ti se javim, a nisam siguran ni koliko ću redovno odlaziti u UN, ne brini ako ti ne budem duže pisao. U svakom slučaju, ostajemo u kontaktu, a javiću se i Bepu kad stignem."

Za situaciju u Beogradu i Srbiji nije se uopšte raspitivao. Od ljudi nije imao ni za koga, osim za moje zdravlje. Čak ni Ostrvo nije pomenuo. Onaj dan, kad sam mislio da ga impresioniram i odvratim od Amerike, kao da ga se uopšte nije dojmio. Nije se raspitivao ni za izbornu kampanju, niti ga je zanimalo ko će da pobedi. „Kao da je to važno", verovatno je rezonovao. Sve što se ikad desilo, sve što je proživljavao i pamtio, kao da je bilo deo nekog njegovog bivšeg sveta, koji je zauvek želeo da odagna iz svojih misli.

„Eh, da, umalo da zaboravim", setio se na kraju. „Ofelija se sprema u prevremenu penziju, već vidi sebe u Lisabonu, i puno te pozdravlja."

„Ima još mnogo toga o čemu bih mogao da ti pišem, ali nije baš za ovu vrstu komuniciranja. Imam jedan veliki plan, koji moram da ostvarim, ali o tom, potom. U svakom slučaju, ako uspem – čućeš!" – završio je, ostavljajući me još jednom u nedoumici.

Tek kasnije, kad sam se dokopao njegovih zapisa i rekonstruisao događaje i vreme, odmotali su mi se, kao na filmu, poslednji trenuci njegove životne drame.

# XI

## PUT U NEPOVRAT

### 1

Osim što bi nakratko skoknuo do Ujedinjenih nacija, Zoran je čitave dane provodio sa Agimom u salonu, tačnije u skladištu automobila, kao „levo smetalo", osećajući se beskorisno. Čudilo ga je što i Agim, pored toliko drugih poslova, provodi većinu vremena na tom, po svemu odvratnom, oronulom mestu, koje je Zorana podsećalo na fotografije jevrejskog geta u Varšavi, za vreme nacističke okupacije. Samo što odavde ljude nisu odvodili u gasne komore, nego se svako borio za preživljavanje, kako je najbolje znao i umeo, nikad ne gubeći nadu.

Kakva li je to želja za samoodržanjem, koja ih drži da istraju u tom ćumezu, gde kilometrima ne mogu da vide travku, ni olistalu krošnju drveta, sve samo beskrajno sivilo, rđa i memla, osim malo plavetnila neba nad njihovim glavama, čudio se Zoran.

U kraju su živeli uglavnom Portorikanci i drugi *Latinosi*, crnci, poneki Albanac i gomila nesrećnika sa svih strana sveta, kojima je to bilo prvo uporište u „osvajanju Amerike", dok im, kako su verovali – ne krene. Zoran je, međutim, bio ubeđen da mnogima nikad neće krenuti, kao ni njemu. Ali, njega je to najmanje zanimalo. U stvari, bio je ubeđen da je njemu „već krenulo", da ostvari svoj jedini cilj, a posle nek' bude šta bude. Dotle će nekako da istraje.

Ali Agim! Vlasnik moćne „imperije Keljmendi", provodio je tu dane i noći, baš kao i on, poslednji bednik, bez igde ičega, bez ikoga, i što je najgore – bez nade. Što ne ode da uživa na farmi, putuje po svetu i uživa u svom bogatstvu, sad kad mu više ne preti opasnost da „jede korenje"? – čudio se Zoran.

Mora da je ovo koka koja nosi zlatna jaja, zaključivao bi na kraju. Sve ostalo je samo paravan, dimna zavesa za naivne. A biznis i bogatstvo mora da su strast, gora od alkohola, droge i kocke. Kad te jednom omame, ne umeš da staneš, što više imaš, više hoćeš. To je zavisnost najgore vrste, put bez povratka, baš kao i ovaj koji je on izabrao, razmišljao je Zoran.

„Čoveče, daj mi nešto da radim, osećam se kao parazit, kao imela na zdravom stablu", opominjao bi s vremena na vreme Agima.

„Nemoj da me zasmejavaš, partner", uzvrati Agim. „Šta kažeš – zdravo stablo, a?"

Onda bi ga odvodio u skladište, gde su majstori obično demontirali ili montirali nešto na luksuznim limuzinama, gledajući svoja posla i ne obraćajući pažnju na njih dvojicu. Možda ni oni nisu znali zašto to rade, pomislio je Zoran, ili im je pak bilo svejedno, jer im je to verovatno bila prva stanica na njihovom putu u Americi. A, mogla je da bude i poslednja.

„Vidiš šta ovi ljudi rade? Dupli podovi, dupli rezervoari, dupla vrata..." skretao mu je pažnju. „Tvoje je sad da učiš, da upoznaš proizvod, a ne da ti se posle desi da kupcu automobila prodaš i brašno, ako „ne mesi hleb". Razumeš?" Onda doda: „Obrnuto već može – da prodaš i automobil i brašno, ako plati cenu."

Posle, kad bi ostali sami, zaseli bi u salonu, Agim bi sipao francuski konjak i naširoko bi razglabali o realizaciji sad već zajedničkih planova.

„Stupio sam u kontakt sa nekim ljudima i mislim da smo blizu da nađemo sponzora za onaj naš veliki 'projekat'. Postoje moćni ljudi koji su spremni da za to 'pljunu' velike pare", rekao je Agim. „Davno nisu imali nešto tako spektakularno. Problem je samo što bi oni pare deponovali u banku, a isplata bi usledila tek po obavljenom poslu, bez avansa."

„Koliko je to sigurno, da neće da nas pređu?" – pitao je Zoran, a u sebi pomisli: baš me briga!

„Postoje za to bankarski mehanizmi, a u krajnjoj liniji, ja ću da isfinansiram sve potrebne predradnje", reče Agim. „Nego, kako izgleda situacija tamo, na terenu?"

„Lokacija je i dalje dostupna, mislim da tu neće biti problema. Jedino je veliko pitanje kako da unesem 'materijal' u zgradu, pored onolike kontrole i skenera?" – uzvrati Zoran.

„To ćemo sve da vidimo sa stručnjacima dole u Karolini, kad odeš na obuku. Ja sam u te stvari verziran koliko i ti. Ne znam, možda postoji i neki materijal koji može da prođe detektore", razmišljao je Agim. „U svakom slučaju, ima dosta naših koji tamo rade noću na čišćenju, na servisiranju opreme i mašina, klimatizacije, hortikulture i čega sve ne. Ako ne može drukčije, moraćemo preko njih. Sve može da ima svoje 'duplo dno', a kako ono vi Srbi kažete – para buši gde burgija neće."

„Ako to rešimo, ja drugih problema ne vidim. Naravno, ako pre toga dobro 'izučim zanat', makar kao ti kod Karića", pokušao je Zoran da bude duhovit.

„Eh, kad bi to moglo da se reši lopatom, onda onima kojima je do toga stalo više nego tebi i meni zajedno, mi ne bismo bili potrebni", uzvrati Agim.

„A ko su ti ljudi u Karolini?" – raspitivao se Zoran. „Naši, Albanci, ili...?"

„To tebe ne treba mnogo da zanima. Ima nešto naših entuzijasta, koji su, za razliku od mene, skroz fanatizovani, verovatno zato što ni ovde nisu uspeli ništa da postignu, ali glavnu igru vode stranci, koji su pravi majstori svog zanata", reče Agim. „Ja dosad nisam koristio njihove usluge, ali postoje neki drugi poslovi koji nas povezuju. Bitno je da ti, kad te tamo pošaljem, naučiš sve što treba, jer završni akt je tvoj, i samo tvoj", zaključio je Agim.

Ovo mi odnekud zvuči poznato, prebirao je Zoran po glavi, dok ga je Agim vozio kući u njegov mali, memljiv, neprovetren stan, u kome su sigurno brojni *Latinosi* pre njega ostavili svoje muke i mirise, koje nikako nije uspevao da istera.

Da, to je to, setio se na kraju. To, na šta ga je asocirala Agimova opaska, bile su poslednje reči Biljane Plavšić pred haškim tribunalom: „Krivica je moja, i samo moja..."

2

Jedan od obaveznih Agimovih dnevnih rituala bio je da ujutro na brzinu prelista sve njujorške novine. Tako to rade pravi biznismeni, razmišljao je Zoran. Ko blagovremeno raspolaže pravom informacijom, taj ima moć i može da ostvari korist.

„Vidi ovu budalu!" – uskliknuo je Agim i bacio novine pred Zorana da pogleda. „Pa, gde se takve stvari rade preko interneta?"

U novinama je pisalo da je sud u Njujorku proglasio Albanca Agrona Hasbajramija, krivim za terorizam i preti mu kazna od petnaest godina zatvora, a posle progon u Albaniju. Hasbajrami je došao u Ameriku 2008. godine i dobio stalni boravak, ali đavo mu nije dao mira pa je preko interneta stupio u kontakt sa „džihadistima" u Pakistanu. Izrazio je želju da im se pridruži i na ime pomoći poslao hiljadu dolara.

Uhapsili su ga na aerodromu, kad je krenuo za Tursku, s namerom da produži za Pakistan. U njegovom prtljagu našli su vojničke cipele, šator i opremu za život u planini, pisalo je u novinama. Posle je na sudu priznao krivicu.

„Pa, zar mu nije bilo jednostavnije da iz Albanije ode direktno u Pakistan, nego da dolazi ovamo?" – upita Zoran, odlažući novine.

„Ko će ga znati, možda je i on mislio da ovde teku med i mleko, pa se razočarao. Mnogima se tek ovde otvore oči. Na jednoj strani vide ogromno bogatstvo, a na drugoj bedu. Onda, kad shvate da su oni, verovatno, doživotno osuđeni na ovo drugo, nešto u čoveku prsne", razmišljao je Agim naglas.

„A, vidi ovo", Zoran je ponovo uzeo novine, „policija je prilikom pretresa njegovog stana našla parolu 'Ne čekajte na invaziju, vreme je za mučeništvo'. Hteo je da umre kao mučenik jer ga, veli, posle u raju čeka mnogo žena."

„Budala. Što ne postigneš u ovom paklu, sigurno nećeš ni u raju", reče Agim kiselo. „Nego, šta ti radiš na ženskom planu, osim što i ti hoćeš da umreš kao mučenik?"

„Trenutno ništa, niti imam vremena da o tome razmišljam. A i nisam od onih koji o tome pričaju i vole da se hvale. Kad bi se moji prijatelji hvalili kako su 'tucali najbolje ribe', ja bih im obično kontrirao pričom kako sam tucao najružniju ženu na svetu."

„Stvarno?" – smejao se Agim. „Kako se to desilo?"

„Bila je neka vaša mlada spremačica u zgradi *Jedinstva* i *Rilindje* u Prištini, samo je bila katolkinja, koja je stalno obigravala oko mene i nabacivala mi se. Bila je izuzetno inteligentna i bistra, verovatno najpametnija spremačica na svetu. Imala je zvonki glas, kao crkvena zvona u Gračanici, lepo, vitko telo, ali lice – samo da ga pokriješ čaršavom..."

Agim se sav pretvorio u uši. Priča ga je, očigledno, zabavljala, jer nikad ranije nisu pričali na tu temu. „I, šta je bilo dalje?"

Zoran je pričao kako je jedne noći bio na dežurstvu, već poprilično umoran, kad je Ana ušla da pospremi njegov sobičak. Kao i obično, zasela je, kao da malo predahne, jer je i ona već pozavršavala sve obaveze. Baš tog dana, neki strani novinari, koji bi povremeno navraćali da „čuju obe strane" kosovske priče, doneli su mu flašu viskija.

„Hoćeš jedan viski, Ana?" – pitao je Zoran.

„Hoću, ako mi praviš društvo. Ali, ti si stalno u nekom svom svetu i čini mi se da me izbegevaš", uzvratila je ona.

Sipao je viski i krenuo da se pravda kako je uopšte ne izbegava, kako je ona draga i pametna devojka, ali ga muče razni problemi, i ponekad ne zna ni kako se zove.

Priča je potrajala do iza ponoći, a količina viskija u flaši se drastično smanjivala. Paralelno s tim, temperatura je rasla, i Ana je izgledala sve bolje i bolje. Redakcija je bila već skoro prazna. U jednom trenutku je ustao, zaključao vrata na svom sobičku i ugasio svetlo. Onda je prišao da je ljubi. Nije uopšte bile iznenađena, niti se opirala. Sad je već u njegovim očima izgledala kao prava lepotica. Šta viski može da učini umornom čoveku! Njene žuto-zelene oči sijale su požudom. Uzvraćala mu je strasno i podatno, a koža na njenom telu izgledala je kao da je presvučena svilom.

„Tada sam došao do zaključka da definitivno ne postoje ružne žene. Sve je samo stvar hemije i fluida koji, prostruje u datom trenutku", reče Zoran.

„Posle, kad smo izašli u prohladnu novembarsku noć, kad nas je produvao i raščupao vetar i naša temperatura pala ispod normale, gledao sam je i nisam mogao da verujem: Bože, da li se to meni stvarno desilo? – pitao sam se u sebi."

„Ti si stvarno lud!" – smejao se Agim grohotom. „Nego, slušaj, nemoj da mi se ovde zamonašiš, nabaciću ti ja neku našu, tek da ti ne bude dosadno."

„Hvala ti, ali nisam sklon takvim aranžmanima, to mi ništa ne znači. To ili se desi, ili ne desi", uzvrati Zoran.
„Misliš, kao ono sa Anom?"
„Tako nekako."

## 3

Bilo je već kasno uveče, kad je Agimu zazvonio mobilni. Razgovarao je na albanskom: „Da? Jesi li siguran? Znači u kafiću. A, da li je sam, i da li mu je tu auto?"
Govorio je, sav usplahiren, još nešto, što Zoranu nije bilo savim razumljivo. Na kraju se zahvalio na informacijama i zaključio sa „Čujemo se!"
Ustao je kao oparen, pozvao svog drugog „potrčka", Samija, koji mu je uglavnom služio za prevoz i kurirske poslove. „Sami, zovi Besima da odmah dođe ovamo. Spremite onaj stari kombi u skladištu, stavite neke tablice iz one 'izgubljene' kolekcije i ponesite kanister benzina. Idemo u akciju!"
Kad je Sami već krenuo da izvršava zadatke, Agim mu doviknu: „Kaži Besimu da dođe svojim autom, da te posle vrati kući."
„Šta se desilo?" – pitao je Zoran u čudu.
„Večeras imaš 'vatreno krštenje'. Sad ćeš da vidiš kako završavaju oni koji prekrše *besu*. 'Namestilo se', konačno."
Zorana je obuzela tiha jeza, ali dalje nije ništa pitao. Samo je u sebi zaključio: to je, znači to, dodirnuo sam dno dna.
Besim je došao za manje od deset minuta, a Sami je već isterao kombi napolje. Agim je davao poslednje instrukcije: „Sad idemo sa troja kola do zoološkog vrta. Ti, Besime, i ja se tamo parkiramo i svi prelazimo u kombi. Po obavljenom poslu, vraćamo se svi na isto mesto, a posle ću vam reći šta dalje."

Onda je prišao Arisu, malo se s njim poigrao i pričao na albanskom. Odvezao ga je, ali je ostavio ogrlicu na vratu, za koju ga je držao i uveo u svoj džip. I Aris je bio uznemiren. Noćni čuvar Šefćet bio je već u svojoj kućici i prišao da i on smiri šarplaninca.

„Ti, Aljbin, ideš sa Samijem, a Aris će sa mnom. Tebe ipak još ne zna dovoljno, a i ne prihvata olako *besu*", reče Agim.

Besim i Agim su se parkirali kod zoološkog vrta i, zajedno s Arisom, prešli u kombi. Zver je bila uznemirena, cimala se iz Agimovih ruku, soptala i s vremena na vreme režala na Zorana. Vozili su dvadesetak minuta, manevrišući nekim krivudavim ulicama, da bi se, na kraju, parkirali ispred jednog kafića, koji je bio smešten u okviru velikog tržnog centra. Sve radnje su već bile zatvorene i na parkingu nije bilo mnogo automobila.

„Vidiš onaj beli *ford*, Besime? Idi sad i ispusti mu gume na prednjim točkovima", naređivao je Agim. „Posle prošetaj i vidi da li je gazda unutra."

„Tu je!" – reče Besim kad se vratio u kombi, obavljena posla. Aris je bio uznemiren i opet režao na Zorana. „Miran, mali, to je naš drug Aljbin!" – smirivao ga Agim držeći čvrsto za ogrlicu.

„Mogu li da zapalim cigaretu?" – upita Zoran, nastojeći da sakrije jezu i strah. U međuvremenu je sa *drine*, prešao na *kamel*, koji bi zapalio kad mu se pruži prilika. Nikako mu nije bilo jasno zašto se najviše cigareta proizvodi u zemlji u kojoj nemaš gde da zapališ. Valjda da bi trovali druge, zaključivao je.

„Zapali slobodno, evo i ja ću, samo nemoj da bacaš opuške napolje", uzvrati Agim. „Nije kulturno, a i ostavlja nezgodne tragove."

Zapalio je i Sami, samo Besim nije bio pušač. Sedeli su dugo u kombiju pušeći, a Zoranu se činilo kao da su se minuti pretvorili u sate. Konačno, iz kafića je izašao mlad, suvonjav i proćelav čovek, srednjeg rasta. Preturao je po džepovima, tražeći ključeve od auta. Kad se približio belom *fordu*, Besim je tiho otvorio klizeća vrata na kombiju. Aris je počeo da reži i da se otima iz Agimovih ruku. Ovaj ga je prvo pomazio, onda mu na albanskom izgovorio nešto kao šifrovanu poruku, a potom na engleskom: *Go, Aris, go!*

Šta se dešavalo u narednih nekoliko sekundi, Zoran nije mogao da gleda. Okrenuo je glavu u stranu i činilo mu se da će da povrati. Osetio je dotad nepoznatu mučninu, kao da mu se dijafragma podigla u grlo, i počela da ga guši.

Aris se takvom silinom sjurio iz kombija i bacio na čoveka, da ovaj nije stigao da izgovori ni reč. Od belog *forda* dopiralo je samo krkljanje i hroptanje, koje je Zoranu, poput šila, bušilo uši.

Kad je hroptanje prestalo, Aris je uleteo u kombi, a Sami je dao gas i, bez škripe točkova – jer to bi moglo da svrati nepotrebnu pažnju – krenuo prema zoološkom vrtu. Zoran je bio bled kao krpa. Nije se usudio ni da pogleda Arisa, koji je sad samo soptao, više nije režao. „Dobar momak, Aris, dobar!" – tepao mu je Agim i tapšao ga po leđima. Glava mu je bila krvava.

Kad su stigli do zoološkog vrta, Agim je izdao nova naređenja: „Vi sad idite u 'bazu', i kažite Šefćetu da dobro nahrani, istušira i isfenira Arisa. Prijaće mu to, posle svega. Onda odvezite kombi u onu šumu kod Jonkersa i tamo ga – zapalite. Ti Besime, uzmi svoj auto da posle možete da se vratite kući."

„A, tebe, partneru, sad kad si prošao 'vatreno krštenje', Agim vodi u život!" – reče kad su ostali sami i seli u njegov *čiroki*.

„I nije bilo baš 'vatreno', bilo je krvavo, jezivo, grozno! Zar ne postoji drugi način?" – uspeo je Zoran nekako da izusti, dok su vozili prema svetlima Menhetna.

„Naravno da postoji. Ali, svaki zločin iziskuje odgovarajuću kaznu", reče Agim. „Postoji kazna vešanjem, streljanjem, električna stolica, giljotina, smrtonosna injekcija. Ovaj je zaslužio više od svega toga. Sutra, kad pročitaju u novinama, ona tridesetorica nesrećnika će lakše da odsede svoje vreme u zatvoru. A, i ti si video na delu šta znači *besa,* tačnije njeno kršenje."

„A, gde ti je taj Jonkers?" – pitao je Zoran, tek da odagna mračne misli i monstruozne scene koje su mu lebdele pred očima.

„Jonkers? Odmah tu, na izlazu iz Njujorka, posle mog Riverdejla, mirno, tiho mesto."

„Negde sam pročitao da je tamo rođen otac Anđeline Džoli."

„One glumice?"

„Da, Jon Vojt. I on je glumac, češkog porekla, i proslavio se, između ostalog, u filmu *Ponoćni kauboj*", reče Zoran. „Inače, Česi mi, od onog Havela naovamo, idu na nerve, čast izuzecima."

„Ali ti svašta znaš!" – čudio se Agim. Onda doda: „Ne znam nikoga ko je tamo rođen, ali znao sam neke koji su tamo umrli."

„A, da li znaš da je Džoli, pre holivudske slave, bila porno zvezda?" – nastavi Zoran, samo da što pre odagna mučne scene koje je doživeo te večeri.

„Nemam pojma. Ja pamtim samo onu scenu iz *Prohujalo sa vihorom* kad ona, kako reče da se zove...kaže: „Nikad više neću da jedem korenje."

„Skarlet O'Hara", opet pritrča Zoran u pomoć. Onda nastavi: „Ukucaj na guglu *Angelina Jolie porno*, imaćeš šta da vidiš!"

„Stvarno? A, ti, znači, tako zadovoljavaš svoje potrebe? Zato ti nije potrebna moja pomoć?" – uzvrati Agim pomalo cinično.

Zoran ga je posmatrao, kako smireno ćaska, vozi, zeza se, kao da se vraća sa neke pijanke, ili fudbalske utakmice, kao da se ništa strašno prethodno nije dogodilo. U njegovom glasu i gestovima nije bilo nikakvih znakova uznemirenja, kajanja, griže savesti, kao da je to bilo najobičnije veče u njegovom životu. Setio se scene iz *Kuma*, kad onaj mafijaš – imena nije mogao da se seti, niti je bilo bitno – davi svog zeta, mrtav hladan, kao da je zgazio mrava. Bože, u šta sam upao! – pomisli Zoran i ponovo se krišom strese od jeze!

Svratili su prvo u *Arabian nights*, gde su Agima svi poznavali, i odmah ga je čekao sto pored muzike i trbušnih plesačica. I on je ustajao, igrao podignutih ruku, obilazio stolove, ćaskao i ispijao konjak za konjakom.

Da li je sve ovo samo traženje alibija za 'zlu ne trebalo'? – pitao se Zoran. Ali, Agim, izgleda nikad nije došao u situaciju da mu treba alibi. Džepovi su mu bili puni para, koje bi prethodno promenio u novčanice od jednog dolara i prosipao ih po trbušnim pleasačicama, kao zimi pahuljice snega. Ili latice cvetova japanskih trešanja u proleće?

„Nešto si mi bled, partner?" – obratio bi se s vremena na vreme Zoranu, kad bi, u potpunom delirijumu, uopšte i primetio da je Zoran tu i da postoji.

Zoranu, stvarno, nije bilo dobro. Posle nekog vremena, otišao je u toalet, gurnuo prst u grlo i ispovraćao se. Napinjao se iz sve snage, i činilo mu se da je izbacio iz sebe i poslednju česticu svega što mu se nakupilo u stomaku, svu muku, ali nije mu bilo bolje. Jedino nije bio siguran da li je to od pića, ili od svega što je doživeo te večeri.

Obišli su još nekoliko lokala, kojima Zoran više nije pamtio imena, ali svuda je preovladavala orijentalna atmosfera i ponavljale se iste scene. Agim ga je tek pred zoru ostavio u njegovom getu i otišao svom domu u Riverdejlu, koji Zoran još nije video.

„Idi, ispavaj se, i nemoj danas ni da dolaziš u salon. Noćas smo odradili veliki posao", reče Agim na kraju. „Opusti se malo, zaboravi šta si video, pa eventualno malo procunjaj do UN i vidi kako tamo stoje stvari." Onda, kad je Zoran već krenuo ka ulazu u svoj ćumez, dobaci iz džipa: „I nađi neku Anu!"

Novine su posle objavile da je nađen čovek na parkingu šoping centra koga je, po svemu sudeći, rastrgla neka divlja zver. Očevidaca nije bilo, niti je iko u komšiluku primetio išta neobično. Policija je prvo posumnjala da je zver nekako uspela da pobegne iz čuvenog i dobro čuvanog zoološkog vrta u Bronksu. Ali, proverom je utvrđeno da su tamo sve zveri bile na broju. Policiji je bilo sumnjivo i to što su prednje gume na automobilu žrtve bile izduvane.

„Istraga je u toku", završavali su novinski izveštaji.

4

Pored svega, Agim je imao i neke proročanske sposobnosti, ili makar sugestivnu moć, razmišljao je Zoran u danima koji su sledili. Posle one monstruozne noći, proveo je ceo dan muvajući se po Ujedinjenim nacijama. Sedeo je neko vreme sa Sašom u njegovoj kabini, ćaskajući o tekućim događajima, Putinovoj pobedi na izborima, koja je na Zapadu bila uveliko osporavana. Čak se oglasio i grobar Sovjetskog Saveza, sa flekom na temenu, Mihail Gorbačov, izjavivši da bi Putin trebalo sam da se povuče.

„Gorbačov je uvek govorio ono što su na Zapadu voleli da čuju", reče Saša. „Zato su mu i dodelili Nobelovu nagradu za mir. Ali, srećom, on je danas u Rusiji nula."

„A, šta tek reći za Obamu, koga su nagradili 'unapred', pre nego što je i zagrejao stolicu u Beloj kući", primeti Zoran. „Ili onog otromboljenog Ahtisarija? A ozbiljno razmatraju i onog zlotvora Klintona, valjda u paru sa Monikom Levinski, ili možda i Hilari, kao srećnim trouglom."

„Ta nagrada se toliko iskompromitovala, da bi svaki častan čovek danas pljunuo na tih njihovih milion dolara", reče Saša. „Nažalost, takvih nema, pare čine čuda i sve se vrti oko njih."

Zoran je posle malo dremnuo u jednoj od susednih kabina, popušio nekoliko cigareta, merkao dole na salu Saveta bezbednosti, gde sede „vitezovi okruglog stola", i kao nešto rešavaju. Koliko li je dinamita, ili čega već, potrebno da bi ih „poklopio" ovako, odozgo? – pitao se u sebi. Valjda će u Karolini naći odgovor i na to pitanje, tešio se.

Proćaskao je malo sa Pakistancima, koji su provodili najviše vremena u pres-centru, pa otišao u kafeteriju na ručak. Tu je naleteo na Ofeliju.

„Sedi sa nama, Zorane", pozva ga ona, dok je sa punim poslužavnikom prolazio pored njenog stola, gledajući gde da se smesti. Sedela je sa nekom plavušom, kratke kose i modrih očiju.

„Ovo je Gerda", predstavila je Ofelija neznanku, koja mu je srdačno pružila ruku.

„Ovo je Zoran, Veljkov prijatelj. Sećaš se Veljka?"

„Nikad čula", uzvrati Gerda.

„Nemoguće. To je onaj 'genocidni Srbin', koga su, ipak, svi voleli. Dobro, ne baš svi, ali svi ga pamte", reče Ofelija.

„Mora da u to vreme nisam bila ovde", zaključi Gerda.

Ispostavilo sa da je Gerda Norvežanka i da je veći deo rata provela u Hrvatskoj, radeći za Unprofor, a upravo se vratila sa kraće mirovne misije na Haitiju.

„Gerdu ovde mnogi ne vole, jer je otvoreno držala srpsku stranu u ratu u bivšoj Jugoslaviji, a i bila je zaljubljena u Srbina", indiskretno je objašnjavala Ofelija.

Gerda se nasmejala: „Oh, da, voleti Srbina je definitno samrtni greh!"

„Vi mi baš ne delujete kao grešnica!" – primeti Zoran, tek da nešto kaže.

„To je relativno", uzvrati Gerda . „Ali, savim sigurno nisam ni svetica."

„Devojke, mogu li ja da vas častim vinom?" – upita Zoran, kad su već završili ručak.

„Što da ne, ionako danas nemamo nekog naročitog posla", uzvratile su skoro uglas.

Zoran je doneo tri flašice nekog kalifornijskog crnog vina i čaše, *self-service*.

Gerda je pričala o „friziranju" izveštaja sa ratišta, zbog čega je stalno dolazila u sukob sa pretpostavljenima. „Na terenu sam videla jedno, a u izveštajima je pisalo nešto sasvim drugo. Bili smo u stalnom konfliktu, ali ja sam bila samo mali šrafčić u celoj operaciji i moje primedbe nisu uzimane u obzir, niti je išta od toga stizalo do *Ist rivera*", objašnjavala je.

Prilikom susreta i pregovora sa srpskom stranom, upoznala je jednog oficira, Krajišnika, i naprasno se zaljubila. „Mislim da je tome doprinela i nepravda, koju sam svakodnevno gledala, a ja sam porodično vaspitavana da budem na strani slabih, nemoćnih i obespravljenih", razmišljala je Gerda naglas.

Ilija, njena srpska ljubav, pričao joj je kako su njegovi pre mnogo vekova došli sa Kosova, bežeći pred Turcima. Zaustavili su se u Hrvatskoj, negde u morskom zaleđu, odakle više nisu imali nameru da beže. Vekovima su, veli, bili štit protiv turske najezde na Evropu i Beč, koji je tada gospodario tim prostorima, dao im je za nagradu povlašćeni status.

„A, ja onda, vekovima kasnije, čitam u izveštajima Unprofora, kako su Srbi izvršili agresiju na Hrvatsku. Kako je Ilija mogao da bude agresor u sopstvenom domu?" – pitala se Gerda, ne krijući gnušanje i gnev.

Posle nekog vremena doda: „Sad su vam uzeli i Kosovo, nažalost i uz pomoć moje zemlje, i tu ste izvršili 'agresiju' i izazvali 'humanitarnu katastrofu'", reče ironično.

„Zoran je sa Kosova", upala je Ofelija.

„Eto vidiš, onda nema potrebe da vam objašnjavam."

Pričala je kako su se ona i Ilija potajno viđali, jer za takve stvari se odmah „letelo" iz mirovne misije. „Znali smo da ta ljubav nema nikakvu perspektivu, ali to je bilo jače od nas. Pored svega, verovatno nas je zbližila i nepravda, kojoj smo oboje bili svedoci."

„Bila je to zabranjena ljubav, što joj je davalo posebnu draž, kažu da je zabranjeno voće najslađe", govorila je Gerda. „Ali, oboje smo, ipak, potajno gajili nadu da će rat jednom da se završi, i da možda, posle svega, i za nas postoji neka šansa."

Nije se desilo. Pred sam kraj rata, kad je Gerda već završila svoju misiju i vratila se u Njujork, dobila je vest da je Ilija poginuo negde na krajiškom ratištu. „Poginuo je kao 'agresor', braneći sopstveni dom!" – zaključila je setno.

Bože, kakva žena! – razmišljao je Zoran, slušajući je s divljenjem. I kakav dan, u odnosu na „ono juče".

Kad su krenuli, primetio je da je na kratkim štiklama „za dlaku" niža od njegovih metar i osamdeset. Hodala je na svojim dugim, stamenim nogama, noseći svoje malčice punačko, ali lepo izvajano telo, uspravno, ponosno i gordo, kao da je gospodarica sveta, koja prkosi svemu i svakome. Karijatida!

Bila je od onih žena koje svojom pojavom kod čoveka izazivaju samo jednu želju: da je ukroti, i slomi tu gordost, da je „satre". Ali, za razliku od onih junaka Džejn Ostin, bila je to gordost bez predrasuda.

„Bilo mi je drago, Zorane", rekla je pružajući mu vizitkartu. „Javi se. Ja stanujem odmah do Central parka, pa bismo, možda, mogli da odemo na ručak negde u okolini."

„Sa zadovoljstvom", uzvrati Zoran.
„Polako Gerda, budi na oprezu", ubacila se Ofelija.
„Znaš da tvoje srpske ljubavi ne završavaju *hepiendom*."
„Ne brini, Ofelija, znaš da sam ja velika devojka – *I'm a big girl!*" – uzvrati Gerda kroz smeh.

## 5

Narednih dana, Zoran je provodio dosta vremena sa Agimom u salonu i skladištu, gde je prisustvovao završnim operacijama „pakovanja brašna" i isporuci nekoliko limuzina za Evropu. O onoj operaciji sa Arisom nije bilo ni reči, kao da se ništa nije desilo, a istraga je tapkala u mestu. Plata je bila redovna – svakog petka, što je kod Zorana uvek izazivalo nelagodno osećanje.

„Sad si video kako to funkcioniše", reče Agim. „Tebi će roba stizati preko barske luke, gde ćeš preuzimati automobile. Moraćeš tamo da nađeš najbolje špeditere i advokate, da brzo i efikasno završe papirologiju."

„Ostale detalje, kao i kontakte, daću ti kad za to dođe vreme. Moraćeš, za početak, da nađeš lokaciju u Beogradu, i skladište, po mogućnosti negde na periferiji, posle ćemo videti i sa Mitrovicom", objašnjavao je. „Moraćeš da imaš diskretno mesto i poverljive ljude da izvršiš demontažu. Prvo izvadiš brašno, vratiš sve na svoje mesto, pa tek onda staviš auto u salon na prodaju. Kupcima, naravno, nećeš objašnjavati prednosti 'duplog dna'. Mada, nije isključeno da će biti i onih koji se bave sličnim poslom i kojima će te prednosti odgovarati. Ali, to ćeš da im 'prodaš' isključivo na moju preporuku, kao *extra feature*", objašnjavao je Agim.

Bože, o čemu govori ovaj čovek? – pomisli Zoran. I dalje nikako nije sebe mogao da zamisli u toj situaciji. Naprotiv, što je dublje gazio u živo blato, sve više ga je obuzimala jeza.

„Imaš li nekih pitanja, partner?" – upita Agim na kraju.
„Ne, zapravo... da. Kako ide onaj drugi projekat?"
„Napreduje. Mislim da sam u završnoj fazi ugovaranja", reče Agim. Za desetak dana Sami ide kamionom u Floridu da preuzme neku isporuku cveća za letnju sezonu. U povratku, ako sve bude kako treba, ostaviće te u Karolini kod naših ljudi, da prođeš obuku."

Objašnjavao je kako će i u Floridi imati priliku da se upozna sa nekim specifičnostima cvećarskog posla, što mu može biti od koristi u budućem radu. „Dužina boravka u Karolini zavisiće od toga kako brzo budeš učio", reče Agim. „U svakom slučaju, Sami će da te pokupi u povratku, kad budeš spreman."

„Verovatno ćete da dovezete i 'upakovan materijal', ali tu još ima nekih otvorenih pitanja", dodao je Agim. „Ako bude bilo nekih problema, javićeš se – zato sam ti dao mobilni. Samo, budi oprezan s tom spravom."

„Je li u redu, ako sutra ne dođem na posao?" – upita Zoran, pomalo uzdržano.

„Ti si uvek na poslu, čak i kad spavaš. A, šta je bilo – nešto ti se 'desilo', neka Ana, a, partner?"

„Nije Ana, Norvežanka je."

„Ako, ako, partner! Seks pospešuje moždane vijuge. To je dobro i za posao. Mani se više porno sajtova i one Džoli."

„E, pa nju više ne smem da diram, to bi bilo svetogrđe", uzvrati Zoran. „Sad nije samo ambasadorka dobre volje Visokog komesarijata za izbeglice, nego je dobila i diplomatski status, kao specijalni izaslanik."

„Ma sve ti je to isto, i diplomatija je kurva", uzvrati Agim.

Zoran je posle pozvao Gerdu i zakazali su ručak.

# XII

## KAD SU CVETALE JAPANSKE TREŠNJE

### 1

Uzeli su taksi od Ujedinjenih nacija do Pete avenije i Sedamdeset druge ulice i ušli u Central park. Bio je lep sunčan dan i u parku je u rano popodne bilo puno sveta. Neki su džogirali, drugi vozili bicikle, treći opušteno šetali ili se izležavali na travi ispod tek prolistalog drveća i razbokorenih krošnji japanskih trešanja osutih cvetovima.

„Otkud ovde tolika pomama za japanskim trešnjama?" – čudio se Zoran.

„Treba da vidiš tek kako je sad u Vašingtonu. Tamo čak imaju festival japanskih trešanja i ceo grad je u znaku njihovog cveta!"

Pričala je kako je prve trešnje doneo gradonačelnik Tokija na poklon Vašingtonu 1912. godine i njima je ubrzo bila očarana cela nacija. Sađene su, veli, gde god su im klimatski uslovi odgovarali, ali prvi zasad je uhvatila neka boleština, pa je većina stabala spaljena na lomači. Ali potom su stizale uvek nove pošiljke u znak američko-japanskog prijateljstva.

„To je, znači, bilo tačno u vreme kad smo se mi oslobađali od Turaka", primeti Zoran. „Šteta što se neko tim povodom nije setio da ih uveze i kod nas."

„Pretpostavljam da ste vi u to vreme imali preča posla", primeti Gerda, „pa ste postali poznati po šljivama i šljivovici, to možda nije lepše, ali je korisnije, a bogami i opojnije."

Posle bombardovanja Perl Harbora, kad je Amerika ušla u rat protiv Japana, našli su se, veli, neki ludaci i počeli da se svete na trešnjama i da ih seku, ali su, na sreću, u tome na vreme sprečeni.

„Donekle mogu da razumem da su Japance iz predostrožnosti deportovali u neku vrstu koncentracionih logora, što jeste bilo surovo, ali šta su im trešnje bile krive?" – pitala se Gerda.

U međuvremenu su stigli do restorana na obali jezera, gde su jedva pronašli prazan sto. Zoran je bacio pogled na tablu sa menijem i nazivom restorana *Loeb Boathouse*.

„Ovo baš nije moje omiljeno mesto, što se hrane tiče, ali ambijent je prekrasan", reče Gerda kad su zauzeli sto na terasi s pogledom na jezero u kojem su se ogledale olistale krošnje drveća.

„A, šta je tvoje omiljeno mesto?" – upita Zoran.

„Nalazilo se na dugoj strani parka, na Šezdeset sedmoj ulici, *Tavern on the Green*. Ali, nažalost, trenutno ne radi. Posle sto četrdeset godina, odlučili su da ga iz temelja renoviraju. Inače, to je bila i jedna od turističkih atrakcija Njujorka, koja nije smela da se propusti. Sad će, verovatno, da ga modernizuju i unište dobri, stari duh", lamentirala je.

„Pa i ovo izgleda sjajno", reče Zoran. „Prava retkost: sediš usred Njujorka, na obali jezera, šetaš pogledom po okolnim neboderima i odmaraš oči na vodi."

Odmah do restorana iznajmljivali su čamce za veslanje i kanue, kojih je bilo prepuno jezero. Po šipražju uz obalu gnezdile su se divlje patke, a labudovi su u parovima plovili između čamaca, ponosno istegnutih vratova.

„Pa, jeste lepo,", uzvrati Gerda, „ali znaš kako ono Srbi kažu – 'prva ljubav zaborava nema'."

„Ti još uvek misliš na Iliju, je l' da?" – prepade je Zoran pitanjem.

„Ako misliš na prvu ljubav, to nije bilo to. Inače, ne verujem u tu vašu uzrečicu, ali da je u meni ostavio trajan pečat – jeste", rekla je setno.

„Tako je i *Tavern on the Green* za mene ostao nešto posebno, ali prednost ovog mesta je što su cene sasvim pristojne."

„E, vidiš, to ti je pametan izbor, znaš da sam ja samo siromašni Srbin sa Kosova", primeti Zoran, kao u šali, a mislio je ozbiljno.

„To ne treba da te plaši, danas si moj gost", uzvrati Gerda. „Oslobodi se tih vaših srpskih predrasuda da samo muškarci treba da budu kavaljeri." Onda doda kroz smeh: „Nadam se da se ne plašiš i mene?"

„Na neki način da, mada si u meni probudila neka savim druga čuvstva kad sam te prvi put video."

„Kao šta?" – upitala je koketno i napućila svoje punačke usne, poput one maskote jedne stranke u Beogradu koja se nije skidala sa televizije, samo bez silikona. I nije imala klempave uši.

„Pa, pomislio sam kako ti, verovatno, u svakom muškarcu budiš želju da slomi tu tvoju gordost..."

„To mi se dopada!" – prasnula je u smeh. „Ali, ni to, kao ni mnogo šta u životu, nije baš savim tako kako izgleda. Ja sam, u suštini, jedna vrlo nežna i krhka osoba, a to što ti percipiraš kao gordost je samo moj odbrambeni mehanizam od zlih ljudi", rekla je smejući se i dalje.

„A otkud znaš da i ja nisam zao čovek, recimo, srpski terorista?"

Konobar je naišao taman kad je ona zaustila da odgovori. Zoran je prelistavao jelovnik, ne snalazeći se baš najbolje.

„Ja petkom obično jedem ribu, mada to nema nikakve veze s religijom i postom. Hoćeš da uzmemo *striped bass*, ili ti želiš nešto konkretnije?" – upita Gerda, videći da se on ne snalazi.

„Ne znam šta je *striped bass*, ali s tvojih usana deluje savim privlačno", uzvratio je.

Ona je opet krenula da se smeje i naručila flašu italijanskog belog vina, *pinot grigio*.

„Gde smo ono stali?" – pokušala je da se priseti kad je konobar uzeo porudžbinu i udaljio se.

„Kod mene, kao potencijalno zlog čoveka i srpskog teroriste."

„Nemoj da me zasmejavaš, Zorane, ti bi onda bio prvi srpski terorista u istoriji."

„Pa, nije baš tako, imali smo i mi primera koji bi mogli da se svrstaju u tu kategoriju. Imali smo, recimo, jednog Gavrila Principa."

Učinilo mu se kao da se malo štrecnula. „Po toj logici, onda je i moj Ilija bio terorista", reče Gerda.

„Pa nije baš tako", uzvrati on. „Ilija je samo branio svoj dom, u ravnopravnoj, ili neravnopravnoj borbi. Od njegovog metka nisu stradali nedužni civili, ili makar nije trebalo da stradaju, nego vojnici koji su pucali na njega, kao i on na njih."

„Hoćeš da kažeš da je Princip pucao u nedužnog civila? Pa, Ferdinand je bio oličenje sile koja je porobila njegovu zemlju, a on je samo uzvratio na jedini način koji mu je bio dostupan."

Ova je prošla dobru obuku kod tog svog Ilije, pomisli Zoran. Pomalo je zavideo tom neznanom pokojniku. Nije mala stvar ostaviti trajni pečat na ovoj rasnoj Skandinavki.

„Terorista je onaj naš Brejvik, koji je poubijao nedužnu decu, zarad neke svoje sulude ideje. Teroristi su, u stvari, svi oni od čije ruke stradaju nedužni ljudi. Mora da postoji neki bolji način za borbu protiv zla", reče Gerda zamišljeno.

Zoran ju je slušao bez reči, dosipajući vino.

„I sad, ta gnjida od Brejvika, pravi se lud i tvrdi kako je sve to uradio u samoodbrani. I kako su ga inspirisali neki srpski ekstremisti s kojima se, navodno sastajao. Kao, 'čaša se prelila' kad je NATO bombardovao Jugoslaviju. Pa što onda nije bacio bombu na sedište NATO u Briselu, nego je poubijao nedužnu decu? Van pameti!" – žestila se Gerda.

„Sve, sve , ali neka nas samo on ne brani!" – reče Zoran. „Ali ne bi me iznenadilo kad bi se i ta priča 'primila' u zapadnim medijima. Strašno je u šta se pretvorilo novinarstvo, ne samo kod nas u Srbiji, nego i u svetu."

„Meni pričaš? Nagledala sam se toga za vreme rata u Hrvatskoj da mi se smučilo za ceo život."

Posle se raspitivala o njegovim planovima, koliko ostaje, za koga radi i kako izlazi na kraj. Priznao je da se novinarstvom sad bavi samo honorarno i da radi za jednog autodilera u Bronksu, koji ima neke izvozne aranžmane za Evropu, te da ni sam nema nikakve jasne planove za budućnost.

„Natrag nemam želje, ni na šta da se vratim, a ovde, opet, nije nimalo lako opstati."

„Razumem te u potpunosti, prosto čovek ne zna šta je gore", reče Gerda. „Ali, nemoj da se predaješ tek tako. I kad ti sve izgleda bezizlazno, odjednom se otvori neka pukotina kroz koju proviri zračak svetlosti i nade. Iako nisam religiozna, ponekad, ipak, pomislim da postoji 'neko tamo gore' ko nad nama bdi u najtežim trenucima."

„Daj Bože da si u pravu", uzvrati on, pre nego što je konobar doneo račun.

„E, sad, kad si ti mene tako lepo častila ručkom, mogu li ja tebe da častim jednom vožnjom po jezeru?" – upita Zoran.

„Pod uslovom da znaš da veslaš!"

„Znaš, ja sam rođen na obali reke, koja na tom mestu nije bila duboka ni do kolena, ali daću sve od sebe."

Iznajmili su čamac i odmah se videlo da baš nije vičan tom poslu. Prvi problem je bio da se 'isparkira' unatraške, a posle je nekako manevrisao da izbegne sudar sa drugim veslačima, kojima je to takođe, verovatno, bilo prvi put. Gerda je sela nasuprot njemu, skinula cipele i malo zadigla suknju da sunča njena bela, obla kolena. Zrake sunca povremeno bi se probijale kroz one „pukotine nade" između njenih kolena, i milovale njene lepo izvajane, bele butine...

„Zorane, pazi, sudar!" – vrištala je kroz smeh kad bi se on zaneo i naleteo na drugi čamac. Posle bi spustila noge u vodu i pevušila neku pesmicu na norveškom, koja joj je verovatno ostala u sećanju iz detinjstva.

Obišli su celo jezero i Zoran je već mogao da položi ispit za veslača početnika. Onda je Gerda na jednom ostrvcetu ugledala labudovo gnezdo sa jajima. „Zorane, stani, molim te, ovo moram da vidim!" – vikala je sva ushićena

Manevrisao je veslima da priđe što bliže ostrvcu, ali njena znatiželja je bila tolika da nije mogla da čeka. Ispruženih ruku nagnula se na stranu čamca, koji samo što se nije prevrnuo i – pala naglavačke u zelenkastu vodu.

On nije uspeo ni da reaguje, kad se njena glava pomolila na površini, vičući kroz smeh na sav glas: „Zorane, spasavaj!"

Od njenog smeha odjekivalo je celo jezero. Ostali veslači su brzo pritrčali u pomoć, ali kad su videli da stvar nije ozbiljna, produžili bi svojim putem, smejući se i sami.

Gerda se već bila uhvatila za bok čamca, grcajući i dalje od histeričnog smeha. Zoran je uhvati oko struka i uvuče *aboard*.

„Čoveče, ovo je ludilo. Nikad se nisam kupala ovako rano u proleće, mada je ova voda toplija od naših fjordova usred leta", reče hvatajući dah.

Natopljena suknja i majica pripile su se uz njeno telo, ističući još jasnije obline, koje su bile sastavni deo njene gordosti, dok je jezerom nezadrživo odjekivao njen grleni smeh.

„Dođi da te iscedim!" – priđe Zoran, i podiže je.

„Da me šta...? Kako to misliš?"

„Ovako!" – reče i poče rukama da nežno cedi njenu kosu, vukući vodu prema dole. Stajali su u čamcu, pripijeni jedno uz drugo, dok je brisao kapi vode sa njenog lica i vrata, pažljivo i nežno, kao da miluje neki skupoceni dragulj. Potom je, istim metodom, nastavio da cedi majicu i suknju. Bila je zbunjena, kao preplašena srna, i samo ga gledala svojim široko otvorenim modrim očima, koje su se jedva primetno smešile.

Kroz mokru odeću, osećao je toplinu njenog tela, damare i ubrzane otkucaje srca u njenim grudima . Onda im se usne spojiše u dug, strasan poljubac. Obgrlio je nežno dlanovima njeno lice i dugo upijao njene izdisaje i uzdisaje. U njenoj kosi je tek sad primetio latice cveta japanske trešnje, koje je vetar prosuo po jezeru, a ona pokupila u vodi.

Zaboravili su na gnezdo i jaja labudova. „Ti si baš nameračio da mi slomiš gordost", smešila se izazovno.

„Pa, nisam siguran da bih sad to nazvao baš tako, ali ne mogu ni da te demantujem", uzvrati Zoran. „Mora da za to postoji neki lepši, nežniji izraz."

## 2

Vratili su čamac i krenuli prema Pedeset devetoj ulici i izlazu iz parka. „Sad ćeš opet morati da me cediš, a bogami i feniraš", rekla je smejući se i dalje. Izgledalo je kao da je situacija toliko zabavljala da je Zoran počeo da pomišlja kako je namerno upala u jezero. Uz stazu na obali jezera razni bioenergetičari, maseri i folliranti postavili stolice, razapeli svoje instrumente i prepadali prolaznike, nudeći im

„čudovišni" tretman za par dolara. Izgledalo je da im nije išlo loše, mnogi su se podvrgavali tretmanu.

„Da te malo izmasiraju i zagreju tom svojom bioenergijom?" – upita Zoran, više u šali.

„Neka hvala", uzvrati ona. „Ja se ne predajem tek tako u nepoznate ruke. Osim toga, živim odmah tu na rubu parka, na Pedeset devetoj i Sedmoj aveniji, pa ću to ostaviti za tebe."

Koračali su prema izlazu iz parka, ona mokra do kože, a i on je od nje upio svoj deo, cipele je nosila u rukama i hodala bosa.

„Vidi ludaci, sad su našli da se kupaju u jezeru!" – čuli bi povremeno iza leđa komentare prolaznika.

„Dobar dan, gospođice, vi to otvorili sezonu kupanja?" – pozdravio je portir kad su ušli u zgradu.

„A, ne, ovo je bio nesrećan slučaj", uzvrati Gerda.

„Ne mora da znači, gledajte na to s vedrije strane", dobaci portir dok su ulazili u lift.

Gerda je stanovala na sedmom spratu relativno nove stambene zgrade, koja je imala veliku terasu s pogledom na Central park. Stan nije bio velik, ali je bio ukusno namešten i sve je moglo da se obuhvati jednim pogledom. Za ovo mora da plaća najmanje četiri hiljadarke mesečno, pomisli Zoran, ali je oćutao.

Čim su ušli, ona ga je nežno privila uza se i dugo su tako stajali ljubeći se. U trenutku mu je otkrila sve erogene zone, a ni ona nije bila skandinavska santa leda.

„Dosta!" – trgla se odjednom. „Hajde da se istuširamo, sva zaudaram na onu žabokrečinu iz jezera."

„Hajde prvo ti, pa ću ja posle."

„Ti se mene stvarno plašiš, dečko?" – uzvratila je kroz smeh i opet ga poljubila. „Hajde, ima mesta za dvoje, a i lepše je tako, treba da mi istrljaš leđa."

Trljali su se dugo pod mlazom tople vode, spreda, sleđa, pa opet spreda. „Ovo je sjajno, nema lepšeg opuštanja od toplog tuša, pa još udvoje", bile su jedine reči koje je izgovorila.

Onda je opet tražila 'popravni' s leđa. „Hajde da me još malo istrljaš ovde iza vrata", reče i ispruži se u poluhorizontalu, kao da će da pravi sklekove. Pre nego što je njen 'zadnji trap' nalegao u njegovo krilo, Zoran je pred sobom video samo ružičastu „pukotinu nade", koja život znači.

„Tiše, Gerda, čuće nas komšije!" – pokušavao je da obuzda njene krike i zapomaganje.

„Baš me briga, neka čuju", reče, kad se malo povratila. „I ja njih slušam godinama; dok ovde čamim sama. Nemaš pojma kako čovek u ovom gradu može da bude usamljen."

Ponovo su se, stvarno, istuširali. Onda mu je dobacila peškir i bade mantil, ogrnula se i sama, i otišla u dnevnu sobu.

„Šta ćeš da popiješ?" – pitala je, preturajući po baru koji je bio ograđen od dnevne sobe malim pultom.

„Prijao bi mi, posle svega, jedan konjak."

„Dobra ideja", uvrati ona i sipa dve čaše *kurvazijea*. Posle se ispružila na kauč i dohvatila daljinski. Napolju je već padao mrak. Zoran je stavio glavu u njeno krilo i dugo su tako ležali ćuteći. Ona je prstima prebirala i igrala se njegovom kosom.

„Ne misliš li da smo malo preuranili, Gerda, vidimo se tek drugi put?" – odjednom upita Zoran. Odmah je shvatio da je pitanje glupo i da bi više pristajalo njoj, nego njemu.

„Nisam znala da ste vi Srbi, pored svega, i lažni moralisti", uzvrati Gerda. „Neke stvari ili se dese, ili ne. I ako treba, bolje je da se dese odmah, jer nikada ne znaš šta nosi sutrašnji dan."

„U pravu si, pitanje je bilo glupo", uzvrati on, milujući ruku koja je milovala njegovu kosu.

„Neki trenuci su za večnost i ne treba rizikovati da se ne dese. Jer, ovo što se nama desilo danas, više nikad, niko ne može da nam oduzme. Ovo uvek možeš da dozoveš u sećanju i da ti bude lepo, da ne budeš sam."

„Opet si u pravu!" – preostao mu je jedini odgovor.

Na vestima je, pored političkih tema, i izveštaja o predizbornoj kampanji, bilo reči i o *Festivalu japanskih trešanja* u Vašingtonu, kome je prisustvovalo više desetina hiljada ljudi. Učestvovalo je više školskih orkestara, žongleri, klovnovi, mažoretkinje i plesno-muzičke grupe iz Japana. Praznik za oči i uši, za decu i odrasle.

Na drugoj strani, kod ostrva Njufaundlend, u severnom Atlantiku, obeležena je stogodišnjica potonuća *Titanika*. Na komemorativnom putovanju putnici su odali poštu za više od hiljadu petsto poginulih i spustili vence u more.

„Znaš li da je na *Titaniku* bilo i dvanaestak Srba?" – upita Zoran.

„Nisam znala", uzvrati Gerda. „Vi stvarno svuda stižete."

„Jedan je preživeo, jer se prethodno zapio sa društvom u kafani i zakasnio na ukrcavanje."

„Vidiš šta ti je sudbina: neke stvari treba propustiti u životu, neke ne. Ali to, stvarno, liči na vas."

Ležali su tako dugo, ćaskajući i milujući se. Gerda je više puta ustajala da dospe piće.

„Možda bi trebalo da krenem, draga", reče u jednom trenutku Zoran. „Kasno je već, a i ima da se drndam čitav sat do Bronksa."

„Što se mene tiče, volela bih da ostaneš. Uostalom, sutra je subota, ne radiš valjda vikendom."

„To se nikad ne zna, mada..."

„A, kako ti je, uopšte, tamo?" – prekinula ga je u pola rečenice.

„Nikako. Živim u nekom getu, ali ništa ne plaćam, što mi odgovara dok ne vidim šta ću sa sobom."

„Slušaj, dragi, jeste da se vidimo tek dugi put, ali osećam da se znamo od iskona, iz 'nekog drugog sveta'. Ako hoćeš, slobodno se preseli kod mene, sigurna sam da bi nam bilo lepo. I to bez obaveza – *no strings attached*", reče Gerda.

„Hvala ti, vrlo si ljubazna, razmisliću o tome, mada to nije nimalo jednostavno."

Pridigla se i opet ga nežno poljubila: „Ja uopšte nisam ljubazna, samo sam sebična!"

Onda je, kao „prst sudbine", zazvonio Zoranov mobilni. Šta li sad hoće Agim? Znao je da nema ko drugi da ga zove.

„'Alo, partner, kako idu stvari, jesi li osvojio *Titanik*?" – čuo je glas sa druge strane.

„Koliko znam, *Titanik* je odavno potonuo."

„Mani to, nego da li si ti 'potopio' tu tvoju Norvežanku?"

„Ne znam ko je koga potopio, ali upravo oboje ličimo na davljenike koji traže slamku spasa."

„Ako, ako, dobro je to, čovek treba da se za nešto uhvati", reče Agim kroz smeh.

Objašnjavao je da za vikend ne treba da dolazi, jer će i on da skokne do farme, ali da se vide u ponedeljak. „Kockice su počele da se slažu i trebalo bi u toku nedelje da odeš sa Samijem dole na Jug. Ali, dogovorićemo se o svemu kad dođeš."

Zoran je odahnuo, makar neće da se mlatara noću do Bronksa. „Draga, slobodan sam za vikend, ako me primaš", reče Gerdi.

„*Great!* – baš sam srećna!" – uzvrati ona.

Rekao je da će tokom nedelje morati da otputuje na desetak dana, da prođe neku obuku u Floridi i da se neće videti.

„Zar već?" – pitala je razočarano. Onda doda: „Dobro, šta da se radi. Imaćeš makar vremena da razmisliš o preseljenju."

Ostali su još dugo na kauču ćaskajući i tako zaspali. Kad su se probudili, i Njujork je već uveliko dremao, jer kažu da on „nikad ne spava". „*My God,* ajmo u krevet!" – trgla se Gerda u sitne sate.

\*\*\*

Ujutro su pili kafu na terasi i Zoran je tek tad primetio šta je sve 'propustio' prethodne večeri. Pogled se kilometrima pružao na Central park, pod prvim prolećnim zelenilom i rascvetalim stablima japanskih trešanja.

„Koliko uopšte ima tih trešanja u parku?" – čudio se.

„Kažu da ih ima najmanje pet stotina, ali njihov životni vek je tek pedesetak godina, pa se stalno obnavljaju novim zasadima", uzvrati Gerda. Desno od njene terase, bilo je malo jezerce oko koga su se ljudi vrteli kao mravi.

„A, vidiš ono tamo sa čamcima? Tamo smo se juče kupali i ručali. „A ono gradilište levo, to ti je nekad bio *Tavern on the Green.*"

„A kakvo je ono jezero pri kraju parka?" – pitao je Zoran, diveći se pogledu.

„To ti je rezervoar za vodu. Tu je nekad džogirala Žaklina Kenedi, kad je ispratila na onaj svet Onazisa i živela na Petoj aveniji. A odmah iza toga počinje Harlem, koji više nije ni senka onog starog."

Zoran je slušao i gledao netremice, diveći se i uživajući u prelepom pejzažu, ali njegove misli stalno su bežale negde druge. Razmišljao je kako da izbegne „put na Jug" i u šta se uopšte upetljao. Gledajući iz Gerdine perspektive, svet je izgledao čarobno. Ali znao je istovremeno da on nije nikad pripadao, niti će ikad pripadati tom svetu. Bio je to samo bljesak koji ga je ozračio u jednom trenu i obasjao svetlošću. Bio joj je zahvalan za tu svetlost, svestan da neće moći dugo da je deli. Jer njegov svet bio je geto Bronksa, i put bez povratka, perspektive i nade.

Jeste, ona je imala sve što bi čoveka naoko trebalo da čini srećnim – dobar posao i platu, lep stan sa zadivljujućim pogledom na Central park, sigurnu budućnost. Ali, da li je to dovoljno za sreću u sveopštem otuđenju? Gerda, ipak, nije bila srećna žena. U ušima su mu stalno odzvanjale njene reči, kao krik vapijućeg u pustinji: „Nemaš pojma kako čovek u ovom gradu može da bude usamljen."

Onda je došao ponedeljak.

# XIII

## PUTOVANJE SA SAMIJEM

### 1

U poslednjem trenutku se ispostavilo da put na jug treba da vodi preko zapada. Agim je imao neku „biljnu" isporuku za Lankaster u Pensilvaniji, pa je računao da to mogu da urade, onako usput, skrećući dvestotinak kilometara u stranu. Sitnica.

Zoran se radovao toj promeni, jer je znao da oko Lankastera žive Amiši, verska sekta koja je zadržala isti način života kao i njihovi preci pre petsto godina. U Ameriku su počeli da dolaze uglavnom iz Holandije krajem šesnaestog veka, bežeći od verskih progona u Evropi, jer su se odupirali protestantskim reformama koje je propagirao Martin Luter. Naselili su se većinom u Pensilvaniji i Ohaju i, mada su se neki vremenom asimilirali i prihvatili američki način života, većina i dalje nije koristila nikakva moderna civilizacijska dostignuća. Podigli su čitava naselja, sa lepim kućama, ali bez struje, i živeli u nekoj vrsti rodovske zajednice.

Zemlju su obrađivali konjskim zapregama, a vozili su se isključivo u čezama. One, koji su se samo napola asimilirali i vozili automobile, koristili su da bi otpremali „zdravu hranu", neprskano voće i povrće, „kljucana" jaja i meso proizvedeno bez ikakvih aditiva čak na njujorške tržnice.

Uprkos stalnoj pretnji od asimilacije, broj pravovernih Amiša nije se smanjivao i na početku dvadeset prvog veka bilo ih je oko sto pedeset hiljada, jer su u proseku rađali po sedmoro dece. Umesto kamionom, Agim je u poslednjem trenutku odlučio da na put, ipak, krenu kombijem u kojem su saksije i žardinjere sa cvećem i biljkama bile naslagane na dva nivoa. Jedan red na podu, drugi na policama iznad njih. Prešli su iz Bronksa preko mosta Džordža Vašingtona u Nju Džerzi, pa skrenuli levo prema okeanu i glavnom putu za Vašington.

„Pogledaj ovaj kraj, to je gore od moje Trepče", reče Sami, pokazujući na zarđale skalamerije, fabrike, napuštene zgrade, baruštine i industrijski otpad pored puta. Ceo kraj je zaudarao na trulež, staro motorno ulje, zarđalo gvožđe, sumpor i ko zna kakve sve hemikalije, a u vazduhu su titrale sitne čestice nekog žuto-zelenog smoga.

„Zamisli da živiš ovde, život da ti se smuči!" – dodao je Sami.

„Ne znam gde ti živiš, ali ni ono moje u Bronksu nije mnogo bolje", primeti Zoran.

„Grešiš, tamo je makar vazduh čistiji."

Ispostavilo se da je Sami nekad radio kao vozač u rudniku Trepča, onda se posle NATO bombardovanja, kao i mnogi drugi, nekako dokopao Amerike i naleteo na Agima. Porodica mu i dalje, kako reče, živi u južnoj Mitrovici.

„Agim je mnogima ovde bio kao majka, ali ljudi su čudni i nezahvalni", pričao je Sami. „Video si kako je završio onaj koji je prekršio *besu*. Mene ne zanima šta on radi, to je njegova stvar i neću da znam. Pošteno me plaća da mogu da izdržavam porodicu i to je sve što me zanima."

„Izgleda da je Aris Agimov najbolji drug", reče Zoran, tek da nešto kaže.

„Kao što si video, i on je samo izvršilac, kao i svi mi, ali dobro je istreniran, i pri tom ne ume da govori."

„Da, to mu je ozbiljna prednost", uzvrati Zoran.

„A, ti? Agim mi reče da ti je majka bila Albanka, ali vidim da ti je albanski dosta skroman. Šta si ti zapravo?"

„Da budem pošten, odrastao sam više kao Srbin, ali sad sam samo jedno veliko ništa, kao uostalom i svi mi."

„Tu si u pravu. Ali Agimu to nije ni važno. Ne znam šta vas dvojicu vezuje, niti je moje da znam, ali tebi je, očigledno, ukazao poverenje koje drugi, čak ni čistokrvni Albanci, ne mogu da steknu godinama. Nemoj to da zloupotrebiš, Aljbin." Onda posle kraće pauze doda: „Da ne bi imao posla sa Arisom."

„Ne brini, Sami", reče Zoran. „To sa Arisom mi je, kao što znaš, poznato. Inače, Agim misli da nas vezuje miris kosovske, odnosno metohijske zemlje, a i gnev prema onima koji su nas sve zajedno bombardovali. Meni su ubili oca, a i njemu su izginuli neki rođaci."

„Meni, na sreću nije niko stradao, ali vas razumem", reče Sami. „Ali tek da vidiš kako su gnevni ovi naši u Karolini! Samo oni to rade više na verskoj osnovi, zaludeli se Al Kaidom. Meni je to, iskreno govoreći, pomalo bez veze. Šta se mene tiče tamo neka Al Kaida, ne znam čak ni šta to znači, ali – njihova stvar. Zaluđuju se čak i neki Amerikanci, verovatno ih ljuti socijalna nepravda."

„Moguće", uzvrati Zoran. „To bi moglo da bude tempirana bomba koje Amerikanci još nisu ni svesni."

Dugo su vozili ćuteći i uživajući u zelenim pejzažima, koji su usledili posle sumorne industrijske zone, gledajući naselja i farme pored puta. Sami je govorio srpski bolje nego Zoran albanski, pa su komunicirali na tom jeziku. Ali ga je i dalje zvao Aljbin, iako je znao njegovo pravo ime. Tako je bilo dogovoreno sa Agimom.

„Kako me ovo nervira", žalio se Sami. „Imaš odlične puteve, jaka kola, a skoro nigde ne možeš da pređeš šezdeset milja na sat!"

Čim bi na nekim mestima primetio da je dozvoljena granica povećana na šezdeset pet, ili sedamdeset milja, Sami bi nagazio gas, do sledećeg upozorenja o brzini.

Posle nekog vremena, skrenuli su na zapad prema Pensilvaniji, kroz valovite šumovite predele i zelena polja, prošarana žutim, plavim, ljubičastim, ili belim poljskim cvećem. Bilo je to kao izlazak iz industrijskog pakla u raj netaknute prirode. Ponegde su i krošnje šuma bile okićene belim cvetovima i Zoran nije mogao da dokuči da li se radi o divljim kruškama, jabukama ili nečemu trećem, što ni Sami nije mogao da objasni.

Ulazak u *Amish country* prepoznali su po prvim čezama koje su sretali i zaobilazili na vijugavom seoskom putu. U naseljima nije bilo dalekovoda i bandera za struju, a na farmama su se isticali ogromni silosi i ambari gde su Amiši odlagali žito i seno. Njive su orali, ili drljali, koristeći zaprege sa po dva, ili četiri dobro uhranjena i odnegovana konja.

Usput bi presretali devojčice, dečake i žene u neobičnim nošnjama, s kapicama na glavi, kakve su nosili njihovi preci pre mnogo vekova. „Starija gospoda" vozala su se u čezama sa jednim konjem, što im je olakšavalo manevrisanje na putu.

„Ko kaže da smo mi najzaostaliji na svetu", primeti u jednom trenutku Sami. „Za ove smo čak i mi Amerika, ili Evropa."

„Da, s tim što je ovo njihov izbor, a nama je ono naše, izgleda, dodelila sudbina, nesrećni geografski položaj i, u krajnjem slučaju, neko sa strane", uzvrati Zoran.

„A, znaš li ti, Sami, po čemu su Amiši slični našima na Kosovu?"

„Nemam pojma, ni kod nas više niko ne ore plugom, tako da ne vidim neku sličnost, osim što i neki naši stari još nose belo keče."

„E, pa nije samo to. I Amiši u proseku rađaju po sedmoro dece."

„Nisam znao", uzvrati Sami. „Ali to se onda odnosi samo na moje, Albance. Tvoji su tu podbacili, zato su ih moji, da prostiš, i prejebali."

„Tu si apsolutno u pravu", uzvrati Zoran, i obojica prasnuše u smeh.

Nekih dvadesetak kilometara pre cilja, Zoran uzviknu: „Sami, hajde da stanemo ovde, da nešto pojedemo!"

Ušli su u neko mestašce na čijem ulazu je pisalo *Paradise*.

„Pa što ovde, za dvadesetak minuta smo u Lankasteru?" – čudio se Sami.

„Pa zar ne vidiš šta piše na onoj tabli? Čoveče, mi smo u Raju! To je san svakog smrtnika, ovo ne sme da se propusti. Kad odem u pakao hoću da se hvalim da sam pre toga bio i u Raju."

Sami se nasmejao, slegnuo ramenima i parkirao se ispred nekog drumskog restorana brze hrane. Naručili su dva ogromna čisburgera sa puno crnog luka, pivo za Zorana i koka-kolu za Samija.

„I meni bi lepo leglo pivo, ali ovde se ne treba igrati sa saobraćajnom policijom", reče Sami, gledajući sa zavišću bocu piva.

Progutali su halapljivo čisburgere, popili piće i krenuli dalje.

„Jesi li sad zadovoljan?" – upita Sami. „Brza hrana za momke koji brzo žive!"

„Nije valjda da i mi spadamo u tu kategoriju", reče Zoran, kao u neverici. A u sebi pomisli: ili jesi, ili nisi, sad ti se isto piše. Samo što meni niko neće da objavi čitulju. Sami ga je samo pogledao iskosa, ćuteći, kao da je svaki odgovor suvišan.

Vešto je manevrisao kroz ulice u Lankasteru, koji je ličio na svaki drugi gradić u američkoj provinciji, iako je, sticajem istorijskih okolnosti, čak bio glavni grad Amerike

– samo jedan dan. Videlo se da Samiju ovo nije bilo prvi put.

Istovarili su u nekoj cvećari ogromnu žardinjeru sa povećim stablom bendžamina – to kao da je bilo Agimovo omiljeno drvo! – i još tri sa nekim rastinjem koje Zoran nije mogao da identifikuje, i uneli u prostoriju pozadi prodavnice.

„Da li je Agim nešto poručio?" – pitao je čovek na engleskom.

„Ništa. Rekao je samo da proveriš robu i da mu se javiš", reče Sami dok su kretali prema kombiju.

Pred njima je bilo oko sto devedeset kilometara puta do Vašingtona, gde je trebalo da se uključe na glavni autoput za Floridu, *Route 95*. Zoran je na trenutak pomislio zašto čovek nabavlja biljke iz Njujorka, kad to isto sigurno ima i u Lankasteru.

„Bože, al' sam glup!" – sinu mu odjednom – „duplo dno".

„Ovaj nije naš?" – upita Samija kad su krenuli.

„On je Amerikanac", uzvrati Sami, „ali je, kao što vidiš, i *naš*. Povremeno sarađujemo na preporuku nekih Agimovih prijatelja."

„Znaš da sam se u prvi mah pitao što nabavlja te biljke čak iz Njujorka, kad ih sigurno ima i ovde", primeti Zoran.

„Baš si naivan, pa zar ti nije zapelo za oko da su saksije malo predimenzionirane za veličinu biljaka", reče Sami. „Vidiš, ovo što sad vozimo u Floridu je čisto, a ono što budemo vraćali biće 'oplemenjeno'. Sad, u stvari, samo vraćamo ambalažu."

„Kakva genijalna ideja!" – uskliknu Zoran. „Ko je sve to osmislio, Agim?"

„Nemam pojma. Možda Agim, a možda i neko još genijalniji pre njega", uzvrati Sami kroz smeh.

Iz Lankastera put je vodio tridesetak kilometara prema Jorku, gde je trebalo da se uključe na Put 83 za Baltimor i

Vašington. Zoran je gledao u automobilsku kartu i pratio kuda se kreću. Primetio je da je samo pedesetak kilometara dalje od Jorka – Getisburg, mesto čuvene bitke u američkom građanskom ratu.

„Sami, hajde da na brzaka skoknemo do Getisburga."

„Šta ti je to?" – gledao ga je Sami belo.

„To je poprište jedne od najkrvavijih bitaka u građanskom ratu, samo pedesetak kilometara odavde. Tu je predsednik Linkoln održao svoju čuvenu getisburšku besedu, koja je pomirila naciju i iscelila rane izazvane građanskim ratom."

„Hm, zvuči zanimljivo", reče Sami, oklevajući. Onda je usledilo razočaranje: „Izvini, ali stvarno nemamo vremena za turistička razgledanja. Pedeset tamo, pedeset natrag, to ti je već sto. Pred nama je dug put, Aljbin." Onda doda: „Uostalom, zar se mi i bez toga nismo dovoljno nagledali krvi?"

„A, šta misliš, Sami, da smo mi u nekom trenutku naše istorije imali jednog Linkolna, možda bi danas sve izgledalo drugačije?" – upita Zoran, mireći se sa porazom.

„Ko će ga znati", procedi Sami. „Niti su ista vremena, niti smo mi isti ljudi. Ako se ne varam, i njega su posle ubili."

„Da, i to baš u aprilu, kad su cvetali jorgovani, kao i sad."

U to vreme Amerikanci još nisu znali za japanske trešnje, razmišljao je Zoran. U mislima je sricao, u slobodnom prevodu, stihove velikog pesnika Volta Vitmana, posvećene mrtvom Linkolnu:

*O Kapetane! moj Kapetane! naš strašni put je završen;*
*Brod je odoleo svim olujama, željeni cilj ostvaren;*
*Kapetan moj ne odgovara, usne su mu blede i mrtve;*
*Otac moj ne oseća ruku moju, nema pulsa ni snage;*

Da li je i Džon Vilkis But bio terorista? Južnjački rodoljub, ili neki američki Princip? Ili samo obični ubica, poremećeni um? – razmišljao je Zoran.

„Tako uvek sa tiranima!" – uskliknuo je But kad je u pozorišnoj loži ispalio Linkolnu metak u potiljak. Za njega je Linkoln bio tiranin, jer je sprečio konfederalni san južnjaka. A, Njegoš je koju deceniju ranije lepo napisao kako se postupa sa tirjanima. Njegoš je bio Srbin, mada mu danas i to mnogi osporavaju, a u trenutku Linkolnove smrti već je četrnaest godina bio pokojnik. But sigurno nije čitao Njegoša, razmišljao je Zoran. Ali, da Njegoš ipak nije kriv za Linkolnovu smrt? Makar posredno, kao „inspirator", kao što su neki „srpski ekstremisti", navodno, „inspirisali" Brejvika. Jer, terorizam je najčešće posledica stvarne, ili pogrešno percipirane nepravde, ili tirjanstva. „Srbin ubio Linkolna!" – kako bi to dobro leglo na naslovne strane američkih novina u eri antisrpske histerije, razmišljao je Zoran.

Amerikanci su za manje od sto pedeset godina ubili četiri svoja predsednika, drugih šest su preživeli atentate. To je više nego što su Srbi ubili svojih kraljeva i premijera za osamsto godina. Pa, zašto su onda samo oni na lošem glasu? – pitao se Zoran

„Nešto si se ućutao", primeti posle nekog vremena Sami.

„Razmišljam nešto o Linkolnovom ubistvu, i žao mi je što nismo svratili u Getisburg."

„Ne brini, ukazaće ti se možda neka nova prilika", tešio ga Sami.

„Da, možda da se pridružim Linkolnu. Kad bolje razmislim, to i nije tako loše društvo."

Sami ga je samo značajno pogledao. Bili su već nadomak Baltimora i saobraćaj na putu postajao je sve gušći.

Kad su stigli do Vašingtona već je počeo da pada mrak. Put na jug, sa četiri trake u svakom smeru, bio je dug i dosadan. Prolazili su preko brojnih zaliva i mostova, ogromnih čeličnih konstrukcija do Ričmonda u Virdžiniji, pa dalje preko Severne Karoline. Od gradova nisu videli ništa, osim imena ispisanih na tablama za skretanje, svetla u daljini i mraka između. Iz solidarnosti prema Samiju, Zoran nije dozvoljavao da ga ophrva san.

„A, odakle dolazi taj 'oplemenjeni' materijal koji treba da preuzmemo u Floridi?" – upita tek da zapodene razgovor.

„Nemam pojma, ja znam samo gde treba da ga preuzmem." Onda, posle kraćeg razmišljanja, doda: „Verovatno iz Južne i Srednje Amerike, možda preko Meksičkog zaliva, pojma nemam kako i kojim kanalima."

„Agim kaže da je to 'brašno' od koga se ne mesi hleb, ali je dragocenije i bez njega se ne može, kad se jednom navikneš."

„Dobro je to opisao, u to nemoj da sumnjaš", uzvrati Sami.

Zoran se trudio da na svaki način održi konverzaciju, plašeći se da Sami ne zaspi, posle dugog i napornog puta. Ćaskali su o svemu i svačemu, tek da reči makar malo poremete monotone zvukove motora i tutnjavu vozila na autoputu. Olakšavajuća okolnost bila je samo to što je u kombiju mogao da puši i diskretno ispušta pikavce kroz poluotvoreni prozor. Onda bi uzeo autokartu, studirao je i komentarisao mesta kuda su prolazili, tek da ne ćuti.

Zanoćili su u nekom motelu pored autoputa u Južnoj Karolini. „Sad smo negde na pola puta, ako izuzmeš ono skretanje za Lankaster", reče Sami.

„Znači, ovde me ostavljaš u povratku?"

„A ne, ti ideš u Severnu Karolinu, ali o tom potom", reče Sami. „Prvo da završimo posao u Floridi. Sutra za dana stižemo komotno na cilj."

Opet su nešto pojeli na brzinu, popili po dva piva, što je Samiju posebno „leglo", uzeli dvokrevetnu sobu i otišli na spavanje. Sami je zaspao tek što se strovalio u krevet, ali

Zoranu sad nikako nije dolazio san na oči. Mislio je na Gerdu i poželeo da joj se javi, ali znao je da to ne dolazi u obzir. Da stvar bude gora, Sami je celu noć hrkao kao traktor, a nije imalo smisla da ga budi, jer bi se posle par minuta, verovatno, opet sve ponavljalo. I pored otvorenog prozora, soba je odvratno bazdila na zadah crnog luka od onog čisburgera koji su pojeli u Raju.

U Zoranovim mislima mešao se strah, crne slutnje, kajanje i griža savesti zbog svega u šta se upetljao. Da bi nekako odagnao te crne misli, koje bi neminovno vodile na randevu sa Arisom, pokušavao je da sebe ubedi kako je to u šta se upustio, ma koliko delovalo sumanuto i besmisleno, ipak bilo jedina „smislena stvar" koja mu je preostala da završi „svoju misiju" na ovom svetu.

Zaspao je tek pred zoru, kad se Sami okrenuo i prestao da hrče.

## 2

Ujutro u osam već su bili na nogama. Sami je, uprkos više od hiljadu pređenih kilometara prethodnog dana, delovao odmoreno i oran za put. „Još desetak sati i oko devetsto kilometara i bićemo u Veneciji", reče kad su seli da doručkuju.

„Kako sad u Veneciji, a ovo je Firenca. Pa, jesmo li mi u Italiji, ili u Americi?" Tek sad je otvorio mapu i video da se mesto gde su prenoćili zove *Florence*.

„A, nije to sve, pre Venecije proći ćemo kroz Sarasotu, a dalje na jugu je i Napulj", reče Sami.

Zoran je studirao mapu puta i, stvarno, video je nazive mesta: *Florernce, Sarasota, Venice, Naples*.

„Znam da je Kolumbo bio prvi, ali nisam znao da su i Italijani kolonizovali Ameriku", primetio je u šali.

„Nisu, ali su je očigledno naseljavali, množili se i dali imena mnogim mestima."

Ko zna, možda Kolumbo i nije bio prvi, razmišljao je Zoran. Jer, svaki srpski novinar koji je ikad otišao u Ameriku, ponašao se kao da je on prvi i „otkrivao" je uvek iznova.

Jurili su već prema Savani i Džordžiji. Dan je bio lep i sunčan, a na putu nije bilo mnogo automobila, pa je Sami vozio lako i opušteno, bez nervoze.

„Znaš li ti, Sami, da u Americi postoje i četiri Beograda, samo su to u odnosu na ovo obične selendre", setio se Zoran, tek da održava konverzaciju.

„Znam, ima jedan i u Pensilvaniji", uzvrati Sami.

Što su više odmicali na jug, pejzaž se postepeno menjao, neko kvrgavo ogromno drveće naziralo se pored puta, a u daljini su se videla polja zasejana nekim poljoprivrednim kulturama, pamukom, kikirikijem, ili čime već. Negde tu, u Džordžiji, i bivši predsednik Džimi Karter svojevremeno je gajio kikiriki, setio se Zoran. Kako li bi ga u Srbiji zbog toga ismevali: „Džimi kikiriki." Kao pandan „Tomi grobaru", ili „Voji mačkaru".

Kod Džeksonvila su izašli sa Puta 95, opet, na brzinu, nešto pojeli, pa „presekli" Floridu na pola, prema zapadu. Onda, opet, na jug, prema Tampi.

U Venis su stigli taman u prvi sumrak.

Već na prvi pogled bilo je jasno zašto je gradić od kojih pedeset hiljada stanovnika dobio to ime. Verovatno ne po broju Italijana, nego zato što je ispresecan kanalima i zalivima, kao i Venecija i Sankt Peterburg, otelotvorenje evropskog sna ruskog imperatora Petra Velikog. Međutim, sledeći tu logiku, skoro svaki priobalni gradić i Floridi mogao bi da nosi isto ime. U Floridi postoji i Sankt Peterburg, u kojem živi mnogo Rusa, još od Oktobarske revolucije, ali se i on i Venis razlikuju od svojih evropskih imenjaka po arhitekturi, pejzažu i vegetaciji, a ono što nikad neće dostići je evropski duh i patina vremena koja mora da se taloži vekovima. Osim toga, u svetu postoji samo jedan Ermitaž, rezonovao je Zoran.

Vozili su pored odnegovanih travnjaka oko prelepih kuća, među kojima je dominirao španski i meksikanski stil, sa svetlo, žuto ili roze okrečenim fasadama. Stambene četvrti bi s vremena na vreme prekidali veliki tržni centri, prostrani parkovi s tropskim rastinjem, i blokovi stambenih zgrada s pogledom na Meksički zaliv.

Agim je imao veliki stan, *penthauz*, na vrhu jedne zgrade kojih stotinak metara od plaže, gde je trebalo da prenoće.

„Da svratimo u prodavnicu i uzmemo nešto hrane i piva", reče Sami. „Posle dva dana vožnje, ja ću rano da legnem, a ti kako hoćeš. Treba da se ispavam, jer prekosutra me opet čeka dug put."

„Znači li to da sutra imamo slobodan dan?" – upita Zoran.

„Ne baš, treba da preuzmemo i upakujemo robu, ali to ne bi trebalo da traje predugo. Treba i da se dogovorim s našima u Karolini kad i gde da te preuzmu u povratku, ali biće, valjda, i malo slobodnog vremena."

„Da li Agim koristi ovaj stan samo za ovakve prigode?" – pitao je Zoran razgledajući ogroman apartman s velikom terasom i pogledom na okean.

„Uglavnom da, ali dođe ponekad i on zimi na nedelju dana, ili pošalje porodicu na duže vreme", reče Sami. „Videćeš sutra, meni cela Florida liči na čekaonicu smrti. Zimi se tu sjate penzioneri sa severa, uglavnom dobrostojeći Jevreji, i kad izmile na sunce liče na mrave, koji čekaju svoje poslednje dane. A vidiš i ovaj vazduh, meni sve zaudara na vlagu i memlu."

„Sutra, kad sve završimo, provozaću te malo naokolo, pa predveče možemo da gledamo zalazak sunca u Meksičkom zalivu i da odemo na večeru u *Sharky's*", reče Sami. „To ti je jedan restoran pored onog keja što se na stubovima pruža stotinak metara u more – evo, evo vidi se odavde! To je omiljeno mesto za pecaroše."

„A, šta je to tako posebno u ovdašnjim zalascima sunca?"

„Ništa. Ali običaj je da se ljudi uveče skupe na keju i navijaju, a kad sunce utone u Meksički zaliv, vrište i aplaudiraju, kao da se desilo nešto nesvakidašnje. Kao kad padne gol na nekoj važnoj fudbalskoj utakmici."

„I to im je, kao, neki provod?"

„Možeš misliti", uzvrati Sami.

„Možda oni hoće da od Floride naprave zemlju 'zalazećeg sunca', da kontriraju Japanu?" – čudio se Zoran.

„Nema potrebe, onda bi pre mogli da proglase celu istočnu obalu zemljom 'izlazećeg sunca'. Sve su ti to samo igre rečima."

„Znaš da si u pravu," primeti Zoran. „S obzirom na to da toliki dolaze ovamo samo da dočekaju smrt, Florida na neki način već jeste zemlja 'zalazećeg sunca'."

Pojeli su po nekoliko sendviča sa presovanom šunkom i nekim namazom od sira, koje je Sami napravio i dekorisao listom zelene salate. Usput su popili po dva-tri piva i Sami je otišao da spava. Zoran je razmišljao da li da malo izađe i prošeta, ali je na kraju uzeo još jedno pivo i ispružen na ligištulu na terasi ostao da gleda u mrak Meksičkog zaliva. Opet je bio u iskušenju da zove Gerdu, opet su ga opsedale crne misli. Ne, rekao je sebi, ne smem da razmišljam ni o kome i ni o čemu. Stvari su otišle predaleko i to sad samo može da me izludi. Moram da idem do kraja putem kojim sam krenuo.

Uzeo je još jedno pivo i zaspao odeven u ligeštulu na terasi.

# 3

Kad se probudio bilo je već uveliko svanulo. Tek sad je video da se plaža proteže levo i desno u nedogled, a ispred njega je bila pučina Meksičkog zaliva. Neki ljudi su već šetali kučiće na plaži, galebovi su leteli iznad zaliva, ili se šćućurili u manjim grupicama na plaži, kao i kormorani koji se, već navikli na ljudsko prisustvo, uopšte nisu pomerali.

Zorana su posebno fascinirali takozvani *beachcombers,* sorta dokonih ljudi, koji su posebnim grabuljama „češljali" pesak na plaži u potrazi za izgubljenim predmetima, ili retkim školjkama. Ponekad bi pronašli po neki vredan prsten, sat, ogrlicu, ili retku školjku, ponekad ništa. Ali, sama pomisao da negde u pesku leži skriveno „izgubljeno blago", bila je dovoljan izazov i podsticaj da po ceo dan provedu češljajući plažu. Moderni kopači zlata! – pomisli Zoran.

Neki džogeri, uglavnom matorci, već su se vraćali sa jutarnje ture kroz parkić, koji je delio Agimov apartman od mora. Drugi su tek kretali da odrade svoju turu duž plaže. Neki su se pozdravljali sa „haj", drugi bi samo podigli ruku u znak pozdrava, kao da su se svi međusobno poznavali, ili je to bio neki džogerski ritual solidarnosti, pitao se Zoran.

Onda je u parku, nedaleko od terase primetio neobičan prizor: neki čovek, koji je ličio na šarenog papagaja, zabacivao je udicu po travnjaku što je dalje mogao i onda opet žustro namotavao najlon. Imao je na glavi žuti šešir, lagani letnji sako zelene boje, *verde italiano,* crvene pantalone i bele patike.

„Šta radi onaj čovek dole?" – upita Zoran Samija, koji se pojavio na terasi, protežući se i zevajući.

„Vidiš da peca", uzvrati Sami kroz smeh.
„Na travnjaku?" – čudio se Zoran. „Pa šta može da upeca – bubu, ili možda krokodila ?"
„Nije, nego čovek vežba da se ne obruka kad se pojavi na keju kod *Šarkija*. Tamo ima rutiniranih pecaroša od kojih su neki izvlačili i oveće morske pse", reče Sami. „Videćeš, ima tamo i natpis: *You caught the big one at Sharky's*. Kao, ulovio si velikog kod *Šarkija*."

Dobro je, pomisli Zoran. Ima i luđih od mene. Neka tako i ostane. Čak je i moje ludilo bolje od ovog. Jedino mu nije bilo jasno da li je šareni papagaj u ljudskoj spodobi poludeo od sreće i blagostanja, ili od besmisla života u 'čekaonici smrti'. Kako god okreneš, dođe mu na isto, zaključi Zoran.

„Vreme je da krenemo", reče Sami. „Imamo skoro sat vremena do plantaže, gde nas čekaju da vratimo ambalažu i upakujemo robu."

Agimova plantaža egzotičnog bilja i rastinja nalazila se negde između Venisa i Fort Majersa, skrajnuta od puta, i nije se ni po čemu razlikovala od drugih rasadnika srednje veličine u okolini. Jedino nije imala u ponudi sečeno cveće i kratkotrajne biljke. Plantažom je upravljao Albanac po imenu Fahri, a kao radnu snagu koristili su većinom Meksikance i druge *Latinose,* koji su verovatno radili na crno, kao i Zoran.

Zorana je Fahri podsećao na jednog kosovskog novinara u Beogradu, velikog samoproklamovanog švalera, koji se javno hvalio po beogradskim kafanama kome je sve pravio decu, pominjući u tom kontekstu čak i neke mlade političare. Zoran nije verovao u tu priču niti joj je pridavao značaj. Ko zna, pomislio je, možda sam i ja, ipak, polu-Albanac, ako je pokojnica – Bog da joj dušu prosti! – nešto brljala s komšijama.

Fahrijevi ljudi od poverenja užurbano su pakovali „brašno" u donji deo predimenzioniranih saksija, pokrivali sadržaj najlonom, a potom bi ubacivali pregrade koje su savršeno nalegale, kao „duplo dno". Onda bi u gornji deo ubacivali biljke odgovarajuće veličine i sve je izgledalo besprekorno. Zoran je upaljačem kuckao po saksijama od vrha do dna, ne bi li primetio neku razliku u zvuku. Ali neko je, pre njega, već i o tome vodio računa. Nije bilo nikakvih šupljina i sve je delovalo savršeno.

„Malo nam je kasnila isporuka, bilo je nekih problema u putu, ali mislim da će do večeras sve biti spremno, tako da rano ujutro možete da krenete", reče Fahri.

Sami je predstavio Zorana kao Aljbina, čoveka na „specijalnom zadatku", i Fahri se dalje nije ništa raspitivao. Verovatno je pretpostavljao da mu Agim ne bi slao neproverene kadrove.

„Dobro, onda bismo mogli malo da se provozamo, odmorimo, pa da predveče utovarimo robu, kako bismo mogli da krenemo u cik zore", reče Sami.

„Dođite oko sedam, mislim da će sve biti spremno, mada je to veliki posao da se sve precizno premeri i upakuje", uzvrati Fahri.

Istovarili su ambalažu iz Njujorka i krenuli da se provozaju po okolini, pa natrag prema Venisu.

„Zar nije potrebno da prisustvuješ merenju i pakovanju?" – upita Zoran kad su seli u kombi. „Šta ako ti Fahri zakine na meri, to nisu male svote?"

„Nije Fahri lud. On odgovara za količinu robe, a moje je samo da je prevezem i ne diram", uzvrati Sami.

Seli su na terasi jednog restorana na plaži da nešto prezalogaje. Sami je prebirao po tipkama mobilnog. „Vreme je da te najavim našima u Karolini.

„Alo, Afrime, Sami ovde. Dobro je, dobro, videli smo i gore", objašnjavao je čoveku na drugoj strani. „Nego, slušaj, sutra treba da ti dovedem Aljbina, znaš ono prema dogovoru sa Agimom."

Čoveku sa druge strane kao da nešto nije bilo jasno, pa ga je Sami upućivao da se javi Agimu. Čavrljali su još nešto što je Zoran samo delimično razumeo, onda Sami reče: „Mislim da je najbolje da se nađemo u onom motelu na Devedesetpetici, gde smo se videli i prošli put. Koliko ti treba vremena do tamo?"

Sad je čovek sa druge strane objašnjavao Samiju nešto što Zoran nije mogao da čuje. „Dobro", zaključi Sami na kraju, „verujem da ste vi sredili sve oko prihvata, smeštaja i programa, a za ostalo ne brini. Javiću ti se jedno dva sata pre nego što stignemo."

„Dobro, i to smo sredili", reče Sami. „Sutra te ostavljam Afrimu, on će dalje da brine o tebi dok ne završiš posao."

Ostatak dana proveli su leškareći i šetajući po plaži. Sami ga je provozao po Venisu, pokazujući velelepne kuće, igrališta za golf, marine i placeve uz more koji su čekali kupce.

„Vidiš ovaj plac ovde", reče Sami, pokazujući parče zemlje obraslo tropskim rastinjem. Agim ga je kupio pre četiri godine za petnaest hiljada dolara, a godinu dana kasnije prodao za sto dvadeset hiljada. Međutim, sad su cene nekretnina drastično pale, i više ne bi dobio za onaj stan ni koliko je platio. Tako ti je to ovde, čas si na vrhu, čas na dnu, sve je lutrija", objašnjavao je Sami.

Zoran se raspitivao za detalje boravka u Karolini, ali nije dobio odgovor. „Ništa ti ja o tome ne znam, sve će ti to objasniti Afrim", reče Sami.

Fahri je javio kasno po podne da je roba spremna za utovar. Krenuli su na plantažu, opet naslagali saksije u dva nivoa, uzeli od Fahrija papire sa specifikacijom i posao je završen.

Posle su kombi ostavili u garaži i pešice odšetali do *Šarkija*. Pecaroši na keju, popločanom gredama nekog žilavog drveta, koje kao da je bilo izglancano od silnog prometa ljudskih stopala, izložili su svoj ulov. Bilo je tu malih morskih pasa, škarpina, orada i razne morske ribe koja je za Zorana bila nepoznanica. Na keju je već bila gomila ljudi, koji su došli da upute „poslednji pozdrav suncu" i isprate ga uz aplauze na počinak.

„Baš im je neki provod!" – reče Zoran s dozom ironije.

„Pa šta da rade", uzvrati Sami. „To dokonim penzionerima dođe kao večernja šetnja, ili partija karata pred spavanje."

Sami je predložio za večeru orade na žaru, već se bio izveštio u odabiranju morskih specijaliteta. Očgledno je često putovao u Floidu. Popili su po nekoliko piva i krenuli kući.

„Sutra je opet naporan dan", reče Sami. „Krećemo u šest ujutro, da bih te isporučio na vreme."

„Ja ti dođem kao neka 'neoplemenjena' saksija", primeti Zoran.

„Zovi to kako hoćeš, ali u šest – polazak!"

## 4

Put na sever, istom maršrutom, bio je dug i dosadan. Zoran je pred polazak iz Njujorka surfovao po internetu u Ujedinjenim nacijama, ne bi li saznao nešto o tim Albancima u Karolini, koji treba da ga prihvate. Imao je šta da vidi. Trebalo bi mu nekoliko dana da bi registrovao samo deo njihovih aktivnosti, veze sa terorističkim organizacijama u islamskim zemljama, o sukobu sa zakonom i islamskom ekstremizmu.

Ogroman broj tekstova potpisivala je Džulija Gorin, četrdesetgodišnja Jevrejka, rođena u Odesi, koja je u *mejnstrim* američkim medijima važila za plaćenog „srpskog propagandistu", ali su joj njen britki humor i satira otvorili vrata i uglednih američkih publikacija i popularnih televizijskih emisija. Čak je pisala i kolumne za *Vašingtom tajms* i *Filadelfija inkvajrer*.

Zoran je odmah odbacio mogućnost da ona bude plaćeni srpski propagandista. Ako ni zbog čega drugog, onda zbog toga što u srpskoj vlasti nije bilo nikoga dovoljno pametnog da bi se toga setio.

Gorin je na svom blogu ismevala američke lidere i njihovu politiku, posebno prema Kosovu, i naivno verovanje da će popuštajući islamskim ekstremistima pridobiti na svoju stranu muslimane u svetu. Najsvežiji primer njenog britkog humora bila je poseta Hašima Tačija Vašingtonu. Ispod fotografije na kojoj proćelavi potpredsednik Džo Bajden pokazuje prstom na Tačijevu bujnu kosu, Džulija je smislila potpis:

„Eh, kad bih ja imao glavu s takvom kosom!" – kaže Bajden.

„Džo, mogu da ti uradim transplantaciju", tešio ga Tači.

„Glave?"

„I to", uzvraća Tači.

Ali, nije na njenom blogu bilo sve satira, ironija i humor. Gorin je neumorno pratila i dokumentovala aktivnosti islamskih ekstremista širom sveta, pa i onih sa Kosova.

Preko njenog bloga, ali i iz drugih izvora, Zoran je saznao da je sud u Severnoj Karolini u januaru osudio dva Arapina i jednog kosovskog Albanca na kazne zatvora od petnaest do četrdeset pet godina. Optuženi su da su planirali napad na američku vojnu bazu *Kvantiko* u Virdžiniji. Dvadesetsedmogodišnji Hisen Šerifi, iz Gnjilana, osuđen je na četrdeset pet godina zatvora, tri godine mlađi Zijad Jagi na trideset dve, i dvadesetčetvorogodišnji Zijad Ali Hasan na petnaest godina.

Šef grupe bio je plavokosi Amerikanac, Danijel Patrik Bojd, koji je sa sedamnaest godina prešao u islam. Neko vreme živeo je u Pakistanu, gde je bio osuđen za obijanje banke. Prilikom izricanja presude je uzviknuo: „Ovo nije islamski sud, ovo je sud nevernika!" Viši sud je posle poništio prvostepenu presudu i oslobodio ga. Kad se sa petoro dece i ženom vratio u Ameriku, počeo je da regrutuje istomišljenike za džihad i osnovao terorističku mrežu u koju je uvukao i svoja dva sina. Na kraju je, u dogovoru sa tužilaštvom, priznao krivicu po dve tačke optužnice i pristao da bude neka vrsta zaštićenog svedoka.

Policija je u njegovoj kući u ruralnom delu Karoline pronašla arsenal oružja i propagandnog materijala. Njegova dva sina su takođe priznala krivicu i osuđena na osam, odnosno devet godina zatvora, dok je Bojdu tek trebalo da bude izrečena kazna.

To je, znači, to moje društvo, razmišljao je Zoran.

„Nešto si seućutao", primeti u jednom trenutku Sami.

„Razmišljam gde idem i šta me tamo čeka", reče Zoran. „A, i dosadan je ovaj put kojim smo već prošli."

„A šta misliš kako je tek meni koji ga prelazim skoro svake dve nedelje, a ponekad i češće", procedi Sami.

Zoran je pokušavao da se seti drugih imena i slučajeva, koje je nalazio na sajtu, od kojih bi mogla da se napravi podeblja knjiga. Setio se trojice braće Duka, iz Debra, koji su planirali napad na vojnu bazu Fort Diks u Nju Džerziju. Pa Samija Osmakca, kako su ga opisivali američki mediji, a u stvari bio je Osmanaj. On je planirao terorističke akcije u Tampi, na Floridi.

Zabavljali su ga tekstovi u američkim novinama, sa izjavama njihovih rođaka i komšija, koji, kao, nisu mogli da veruju šta se desilo, jer optuženi su bili „tako fini momci".

„Nikad u životu nisam sreo tako finog teroristu", izjavio je komšija, nekog iz te plejade imena.

„Da li će sutra tako govoriti i o meni?" – pitao se Zoran. Odgovor se odmah nametao sam po sebi: „Neće, jer nemaš komšije, niko te ne zna, i niko neće da te upamti. Niko čak ni čitulju neće da ti objavi, jer niko neće ostati iza tebe."

Rođaci i prijatelji optuženih utrkivali su se u tvrdnjama kako Albanci obožavaju Ameriku zbog svega što je za njih uradila na Kosovu, pa mora da je u pitanju neka zabuna. Ni Zoranu nije bilo jasno zašto to rade zemlji koja im je podarila drugu albansku državu u Evropi. Podsećalo ga je to na onu narodnu – „nahrani pseto da te ujede". Ali, na kraju, to se njega nije ticalo. Da su nešto slično učinili njegovom narodu, bio bi im zahvalan do kraja života i ne bi mu padalo na pamet da se petlja sa Agimom, razmišljao je Zoran.

„Kao Albanci, mi ostajemo narod najprivrženiji Americi u celom svetu", izjavio je za američke novine neki Avni Mustafaj, direktor Severnoameričkog albanskog saveta.

A, Džulija Gorin, visprena Jevrejka iz Odese, od svega toga je pravila sprdačine, gde god bi stigla.

Međutim, Zorana je brinula činjenica da su svi ti terorističi planovi osujećeni u pokušaju. Federalna policija mora da ih pomno prati i da se infiltrirala u njihove redove, razmišljao je. Šta ako je i taj Afrim neki pritajeni FBI agent, pa ga izruči, neobavljena posla? Vest o srpskom teroristi bila bi prava poslastica na naslovnim stranama američkih novina. Da i on nije samo žrtva albanske zavere?

Kad su negde usput stali da ručaju, Sami primeti: „Stvarno mi deluješ odsutno, šta te muči?"

„Ništa posebno, samo sam malo umoran", uzvrati Zoran. „U stvari, brine me da se nešto ne desi pre nego što završim posao."

„Ništa ti ne brini, samo radi šta ti Afrim kaže, i ne pitaj ništa što nije vezano za tvoj posao", tešio ga Sami.

Kad su nastavili put, Zoran upita: „Da li bi ti smetalo ako ja malo dremnem?"

„Nema probljema" – omaklo se Samiju – „samo ti dremni, a ja ću malo da pustim muziku, tek da i ja ne zaspim."

Zoran ja malo spustio naslon sedišta i zatvorio oči. Sami je potiho pustio *Šote mori šote* na albanskom i sam počeo da pevuši. Nije baš bila neka uspavanka. Zoranu su pred zatvorenim očima lebdele slike sa srpskih svadbi i iz kafana, kako ljudi padaju u trans igrajući uz tu pesmu, potpuno nesvesni njene simbolike.

Šota Galica i njen muž Azem, bili su vođe *kačaka,* albanskih pobunjenika u Drenici, koji su se borili protiv uspostavljanja srpske vlasti na Kosovu posle Balkanskih ratova. Kad je Azem 1924. godine smrtno ranjen u ofanzivi jugoslovenske vojske, Šota je preuzela njegovu ulogu i predvodila *kačake* sve do 1927godine, kad je prebegla u Albaniju, gde je i umrla.

Prema srpskom predanju, Šota Galica je igrajući uz tu pesmu bacala u oganj srpsku decu, što istorijski nije utvrđeno, a tu legendu osporavaju čak i mnogi Srbi. Ako legenda i jeste sporna, Šotina biografija svakako nije, ali na svadbama i po kafanama Srbi i dalje uporno igraju *šotu*. U vekovnom „nadgornjavanju" između Albanaca i Srba izrodio se i vic o tome kako je nastala koreografija za *šotu*. Prema jednoj verziji, brojni članovi albanskih porodica običavali su da spavaju na podu, „poređani kao cepanice". Kad bi neko noću osetio potrebu da izađe „iza kuće", morao je da tiho, elastično i lako preskače celu porodicu, uvežbavajući tako korake za nešto što je vremenom postalo popularna igra. Uz zvuke *šote* i Zoran je utonuo u dubok san.

Mora da je dobro „odvalio", jer kad se probudio već su bili prešli Florence i sunce je počelo da se spušta na zapadu.

„Ti kao da danima nisi spavao", primeti Sami, kad se Zoran uspravio i otvorio oči.

„Ne znam šta mi je, u poslednje vreme ne spavam baš najbolje, ali ovo mi je baš prijalo."

„Nema ništa lepše nego gad te ophrva san, pa ne znaš ni ko si, ni gde si", uzvrati Sami.

Stali su u nekom motelu u Severnoj Karolini, kome Zoran u mraku nije ni registrovao ime. Afrim ih je već iščekivao, ispijajući neki sok.

„Ovo je Aljbin", predstavi Sami Zorana.

„Drago mi je, Afrim. Ti si, znači, taj *šehid*", uzvrati čovek. Zoran je ćutao, potvrdno klimajući glavom. „Dobro je to, dobro, takvi nam trebaju", dodao je Afrim, posle kraće pauze.

Posedeli su neko vreme i neobavezno ćaskali, onda je Afrim predložio da nešto večeraju i krenu, jer im treba najmanje dva sata do „baze".

„Dobra ideja", prihvatio je Sami. „Mene i sutra čeka naporan put, a i vi treba da stignete i ispavate se. Pretpostavljam da obuka počinje već rano ujutro."

„Naravno, nema gubljenja vremena", uzvrati Afrim. „Agim je zvao i rekao da se nameštaju neki termini i da treba što pre da budemo spremni."

„Vidimo se kad budeš spreman za povratak", reče Sami pozdravljajući se. „Afrim će da nam javi."

Onda se uputio na spavanje, a Afrim i Zoran krenuše putem prema brdima na severozapadu.

# XIV

## PRETSPOSLEDNJI ČIN

### 1

Put je bio vijugav i samo delimično osvetljen, dok bi prolazili kroz naseljena mesta. Posle duže monotone vožnje kroz ravnicu, na prozračnom horizontu kroz mrak počeli su da se naziru obrisi planina, od kojih su neke sezale i preko hiljadu metara.

„Gde mi to, u stvari, idemo?", upita Zoran posle nekog vremena, tek da zapodene razgovor.

Afrim ga je pogledao iskosa. „Idemo u nedođiju, a i bolje je da ne znaš gde je to. Ali nema šta da brineš, ja sam te preuzeo i vratiću te Samiju, kad dođe vreme. U međuvremenu, nećeš videti nikoga osim mene i Abdulaha."

„A, ko je Abdulah?"

„To je naš provereni prijatelj i tvoj instruktor. Sve što tebe zanima čovek ima u malom prstu. Kad dođemo gore, pričamo samo engleski, da Abdulah slučajno ne pomisli da nešto muljamo iza njegovih leđa."

„Zvuči razumno, ni ja se ne bih osećao dobro da ne razumem šta govore moji partneri", uzvrati Zoran.

„Nema ovde 'partnerstva', ovde se tačno zna ko šta radi, ko naređuje, a ko izvršava", reče Afrim.

„Agim me zove 'partnerom'."

„To je vaša stvar, sigurno te ne bi ni poslao ovamo da ti ne veruje. Ali, ovde zaboravi na partnerstvo."

Afrim je vozio neki već prilično izdrndani džip sa ciradom, na prednju i zadnju vuču, kakav obično koriste lovci. Vozilo je bilo potpuno neugledno i neupadljivo, da nikome ne padne na pamet da vlasnika slučajno pita za „poreklo imovine".

„A, šta ti, inače, radiš Afrim, koliko dugo si ovde?"

„Nemoj da postavljaš smešna pitanja", uzvrati Afrim. „Da li sam ja tebe pitao ko si, šta si, i šta radiš ovde? Za nas je bitno da imaš dobru preporuku i da radimo za istu stvar." Onda doda: „Možda ja i nisam Afrim, ali kakvu to razliku predstavlja za tebe?"

„U pravu si", uzvrati Zoran. „Sviđa mi se ta vaša konspirativnost. A, onaj Bojd i Šerifi, jesu li oni...?"

„Opet ti", brecnu se Afrim, „baš ti je konspirativno pitanje."

„Izvini, neću više da postavljam glupa pitanja."

„Pametno, gledaj svoja posla", odvrati Afrim.

Počeli su već da se penju uzbrdo, šumovitim putem, i Afrim je vozio polako i oprezno. „Ima ovde dosta divljači, naročito srna koje pretrčavaju put, i ne bi baš bilo zgodno da se razbijemo neobavljena posla", objašnjavao je.

„A, je l' mi to spavamo napolju, pod šatorom, ili...?"

„Taman posla", uzvrati Afrim. „Imamo gore lovačku kuću, dosta prostranu, ali nema ni struje ni vode. Za svetlo i kuvanje koristimo plinske boce i lampe."

„A gde se kupate?"

„Znaš, kupanje nije najvažnija stvar u životu, naročito u ovom našem poslu. Sad već možeš da se kupaš i u potoku, samo te u početku malo štrecne, jer je voda vrlo hladna. Ali, možeš i da je piješ, mada je obično donosimo sa sobom."

„Zvuči idilično", primeti Zoran. „A, da li se, stvarno, bavite lovom, kad ima toliko divljači?"

„Oh, da, to nam dođe kao opuštanje", reče Afrim. „Ima srna, zečeva, divljih svinja, ćurki i fazana. Naiđe ponekad i crni medved, ali njih ne ubijamo. Imamo uvek u zamrzivaču poneku ćurku, srneći but, ili fazana. Trenutno je lovostaj na većinu divljači, ali ko te gore pita, a ja i inače najviše volim da lovim strelom."

Zoran pomisli na onu socrealističku pesma *U divljaka luk i strela,* ali zadrži misao za sebe. „Hoćemo li da spremamo divlju ćurku, to nikad nisam probao?"

„Ne brini, ako hoćeš ima da ti izađe na nos", reče Afrim.

„Čuo sam da su prvi doseljenici preživeli glad zahvaljujući divljim ćurkama, zato sad slave Dan zahvalnosti poslednjeg četvrtka u novembru."

„Da, i potamane desetine miliona ćurki za *Thanksgivig Day,* samo što ove tovljene doguraju i do dvadesetak kila i, moram da priznam, bolje su od divljih", reče Afrim.

Skrenuli su već na neki uzani, makadamski putić i peli se uzbrdo po potpunom mraku. Poneka srna bi pretrčala put, zastala na trenutak zbunjena farovima, pa pobegla u šumu. Zečevi su pretrčavali bez zastoja i samo bi se belasalo njihovo podrepje, pre nego što bi se izgubili u mraku.

Abdulah ih je čekao sedeći na tremu jednospratne brvnare, koja je izgledala sasvim privlačno za nekoga ko odluči da se odmetne u divljinu i pobegne od gradske vreve. Imao je ispred sebe bocu nečega što je ličilo na bozu i opušteno pijuckao.

„Ovo je naš brat Aljbin", predstavi Afrim Zorana.

„*Welcome, brother*", uzvrati Abdulah. „Neka te Alah čuva. Izgubili smo skoro jednog lepog, plavokosog momka i lepo je videti nova bela lica u službi Alaha."

Zoran je u trenutku povezao stvari i zaključio da su to, ipak, Bojdovi ljudi. Onda se kolebao: ali Bojd je priznao krivicu, i postao svedok tužilaštva, što ne bi i njih otkucao?

Ili je on, možda, priznao samo ono što je bilo neizbežno, ostavljajući „mrežu" da i dalje funkcioniše?

„Da ti pokažem tvoju sobu", reče Afrim pre nego što je Zoran uspeo bilo šta da odgovori na Abdulahov monolog.

Zoran je uzeo svoje koferče sa stvarima i popeli su se na prvi sprat, gde su bile četiri male, jednostavno nameštene, ali prijatne spavaće sobe, bez kupatila i toaleta. Kad je stavio kofer na krevet, Afrim reče: „Izvini, ali moramo da prođemo još neke rutinske kontole, to je deo posla."

Preturao je po koferu, pa videvši da nema ničega osim odeće, opet upita: „Nemaš, slučajno, neko oružje?"

„Taman posla, šta ti pada na pamet?" – uzvrati Zoran.

„Dobro, onda mi daj tvoj mobilni, jer dok si ovde – nema telefoniranja."

„Agim mi nije rekao da ćete mi oduzeti telefon", primeti Zoran.

„Ništa ti ne brini, ako treba, ja ću da ga pozovem", uzvrati Afrim.

Posle su sišli na trem i ćaskali s Abdulahom. Noć je bila tiha i nije se čulo ništa osim ponekog krika ptice u mraku. Zoranu je smetalo što plinska svetiljka remeti to blaženo savršenstvo, ali mu je makar omogućavala da vidi lica svojih domaćina. Abdulah je ponudio da nešto večeraju, što su Afrim i Zoran odbili, rekavši da su večerali na autoputu.

Zoran je očekivao da u Abdulahu vidi nekog bradatog Arapina, užarenih očiju i pretećeg izgleda, ali nije primetio ništa od toga. Čovek je bio sveže izbrijan, odeven kao i svi obični Amerikanci u farmerke, zelenkastu jaknu i neke neupadljive patike. Imao je pristojno ošišanu bujnu, crnu kosu i za nijansu tamniju put od Zorana. Samo je bio malo niži i korpulentniji. U očima jeste bilo neke napregnute strasti i posvećenosti, koja kao da hoće da pronikne i u nemoguće. Ali, Zoran je to nalazio i kod verskih fanatika na drugim mestima.

Afrim, takođe, ničim nije izazivao pažnju, niti je gajio bilo kakve osobine balkanskog „mačo mena". Mršav, srednjeg rasta, kratke plave kose i suvonjavog, koščatog lica, Zorana je podsećao na neke isposnike koje je sretao u kratkom periodu svog monaštva. Samo što je i Afrim bio glatko izbrijan i nije nosio bradu.

„Dobro, *brother*, koja je tebe muka naterala da postaneš *šehid?*" – upita Abdulah u jednom trenutku.

„Duga je to priča, brate, neki od nas se i rađaju kao mučenici", reče Zoran. Učinilo mu se da se odgovor dopao Abdulahu. „Onda, pored svega, ovi američki zlikovci su mi ubili oca u NATO bombardovanju, na njivi. Otvorili su veliki krater na njegovim grudima i ne mogu da živim s tom slikom pred očima. Ja moram da ga osvetim. I njega i sve mučenike koji su stradali na sličan način."

Abdulah ga je pažljivo slušao i posmatrao. Onda reče: „To su plemenita osećanja, *brother*. Jer, ko ne poštuje svog oca, ne poštuje ni Alaha. Šta misliš, zašto se naši mučenici svakodnevno žrtvuju u samoubilačkim akcijama širom sveta? Pa, zato da bi se osvetili za sva zla i nepravde koje im svakodnevno nanose ovi nevernici, koji su posejali seme zla širom sveta, a protiv kojih nemaju drugog načina da se bore."

„Ali, *brother* Abdulah, valjda su ti rekli da sam i ja formalno nevernik, još nisam prešao u islam?"

„Naravno, naravno, ali za to nikad nije kasno. Važno je da se borimo za istu stvar i da su nam neprijatelji isti. Primiće tebe Alah i takvog kakav si, ako odeš kod njega."

„Zar tu postoji 'ako'?" – upita Zoran. „I Agim misli da to ne mora nužno da bude samoubilačka akcija i ima neke dugoročnije planove sa mnom, mada je meni svejedno."

„Naravno da ne mora, ako postoji drugi način", uzvrati Abdulah. „Niko ne ide u borbu da pogine, nego da pobedi. Mnoga naša braća izvela su brojne akcije i preživela, što duže preživiš i više akcija izvedeš – utoliko bolje."

Zoran je ćutao i razmišljao. Onda Abdulah upita: „Koliko se ti uopšte razumeš u eksplozivne naprave?"
„Nimalo."
„Ali čuo si za tempirane bombe?"
„Toliko da."
„E, pa vidiš, postoji i ta mogućnost, ako osmislite način da sve to prošvercujete na željeno mesto."
„Agim i ja verujemo da je to izvodljivo."
„Utoliko bolje, onda ćemo da razmišljamo u tom pravcu. To što vi nameravate, došlo bi nam kao melem na ranu, jer od Jedanestog septembra nismo imali nijednu tako spektakularnu akciju, a treba da im pokažemo da je *brother* Osama, ili makar njegov duh, i dalje živ."
„Slažem se", reče Zoran.
„A, koliku razornu moć bi ta sprava, po vašoj proceni, trebalo da ima?" – upita Abdulah u neko gluvo doba noći.
„Najveću moguću. Recimo, kao tona dinamita. Ali, da bude što manjeg obima i što lakša za rukovanje i prenošenje", reče Zoran.
„Zvuči kao nemoguća misija", uzvrati Abdulah. „Dinamit je već odavno prevaziđena stvar, mada može i on da posluži. Postoje sad mnogo modernija i razornija sredstva. Pokušaću da osmislim neku kombinaciju koja bi zadovoljila vaše zahteve, makar s približno sličnim dejstvom."
„Ljudi, hajde da krenemo na spavanje, sutra je nov dan pa ćete bolje i da razmišljate", reče u jednom trenutku Afrim.
„Vreme je", složio se Abdulah. „Ti, *brother* Aljbin, se dobro ispavaj pa sutra bistre glave krećemo na posao."
Zoran je dugo ležao u mraku, ali od silnih misli san mu nikako nije dolazio na oči. Noć je bila tiha i nije bilo glasa niotkud. I ptice su već otišle na spavanje. Povremeno se samo čulo nešto što mu je ličilo na glas sove. Tišina koja 'para' uši.

Korak po korak, približavao se trenutku kad zavesa treba da se spusti, svetla pogase i zavlada potpuni, možda večni mrak, na sceni, bez aplauza. A njega je sve više obuzimala jeza od svega u šta se upustio, ali znao je da više nije bilo povratka.

Osećao je, i ne samo osećao, nego i bukvalno čuo, užurbane otkucaje svoga srca, koje kao da je htelo da iskoči iz grudi. To je dakle to – pretposlednji čin, bile su misli s kojima je dočekao zoru.

## 2

Kad se Zoran probudio i izišao na trem, Abdulah je već uveliko bio na poslu. Bio je pognut nad hrpom papira na stolu, nešto preračunavao, crtao, razmišljao, hvatao se za glavu, precrtavao, zagledao u neke priručnike, pa opet kretao ispočetka.

„*Good morning brother*", pozdravio je Zorana. „Stvarno si me stavio pred nemoguć zadatak: da bude razorno, što manjeg obima i što lakše za rukovanje. Bojim se da ćeš morati da malo redukuješ svoje želje. Nije to kao kad natovariš tonu dinamita u kamion i udariš u zgradu."

„Tu stvarno ne mogu ništa da ti pomognem, sve je u tvojim i Alahovim rukama", uzvrati Zoran, pomalo razočarano.

„Idi sipaj si kafu", reče Abdulah. „Afrim je već negde u šumi, posle će da nam spremi nešto za doručak", reče Abdulah i vrati se svojim papirima.

Zoran je sipao kafu, seo na trem i zapalio cigaretu. Kroz jutarnju izmaglicu sunce se probijalo kroz krošnje ogromnih stabala i pored cvrkutanja ptica čulo se samo žuborenje potoka negde u blizini. Zoran je tek sad primetio tri čeke, raspoređene na pedesetak metara oko kuće, koje su ga podsećale na mitraljeska gnezda.

Abdulah je opet digao glavu od papira, zagledao se u šumu i udubio u misli. „Kad bolje razmislim ljudi često komplikuju stvari i izgube se u bezizlaznim lavirintima", primeti posle nekog vremena. „A, u principu, najjednostavnija rešenja su obično najbolja. Malo dinamita, oplemenjenog raznim delikatnijim supstancama, parče fitilja i šibica, samo što tebi treba mnogo dinamita."

„Fitilj i šibica?" – čudio se Zoran. „To je onda definitivno samoubilačka akcija?"

„Ne, uopšte. Treba ti samo malo duži fitilj i cigareta, koje, koliko vidim, trošiš u izobilju. Znaš li koliko dugo gori cigareta?"

„Desetak minuta, rekao bih."

„Tako je. Uvučeš fitilj u gornji deo cigarete sa što većom količinom katrana i zalepiš ga, zapališ cigaretu i udaljiš se. Dok cigareta dogori do fitilja ti si već na sigurnom. Onda još imaš fore dok fitilj ne dogori do eksploziva."

„Stvarno, neverovatno jednostavno, nisam o tome nikad razmišljao", reče Zoran. „A, šta ako se cigareta ugasi?"

„A, da li si ikad razmišljao da ćeš da se upustiš u ovo što si sad nameračio? Ako se cigareta ugasi, propao ti posao i moraš da ponoviš celu operaciju. Zato se uzimaju cigarete sa što više katrana."

„Neverovatno!" – čudio se Zoran.

„Postoji, naravno i sofisticiraniji način", nastavi Abdulah. „Može to da se uradi i putem mobilnog telefona, ručnog sata, ili budilnika, samo je to mnogo složeniji proces, ali može da se reši."

„Znači, ključni problem je što manji obim i što veća razorna moć?" primeti Zoran

„Upravo tako, i da sve to prokrijumčarite na željeno mesto", uzvrati Abdulah. „Ali, to već nije moj problem, kao što ovaj deo posla nije tvoj. Može da mi uzme par dana, ali osmisliću neku formulu, koja bi makar donekle zadovoljila vaše prohteve", reče Abdulah i vrati se svojim papirima.

„Idem ja malo da prošetam do potoka da te ne ometam", reče Zoran i krenu nizbrdo kroz šumu.

„To ti je pametno, ovde ionako nisi ni od kakve koristi, dok ne budemo spremni za generalnu probu", doviknu za njim Abdulah.

Stotinak metara nizbrdo žuborio je bistar potočić, koji se sudarao s kamenjem u plitkom koritu, ali Zoran u njemu nije primetio nikakve znake života. Zagrabio je šakama vodu i pljusnuo je po licu, da se umije i opere oči. Stresao se pri prvom ledenom dodiru. Drugi pokušaj je već bio manje šokantan, treći još manje, i tako redom. Tako se čovek, verovatno, navikava i na najneverovatnije i nemoguće stvari u životu, pomislio je.

Dugo je bauljao šumom, zaustavljajući se i sedeći na oborenim deblima stabala, koja su trulela i niko ih nije sklanjao, pušeći cigaretu za cigaretom. Onda je začuo ljudske korake u blizini. Bio je to Afrim, koji se vraćao iz lova s lukom i strelom preko ramena. U jednoj ruci je nosio divlju ćurku, u drugoj zeca.

„Sad ćemo da imamo svež 'divlji' doručak!" – reče, pozdravljajući Zorana. Što da vadimo iz zamrzivača, kad je planina puna divljači."

„Svaka čast, stvarno si majstor!" – uzvrati Zoran.

„Idem ja gore da ovo očistim i bacim na tiganj, a ti dođi kad hoćeš", reče Afrim i krenu uzbrdo.

Zoran je još dugo šetao šumom zagledajući drveće, žbunje, od kojih je prepoznavao tek retke uzorke, i osluškujući zvukove. Osim cvrkuta i povremenog kreštanja ptica, sve je bilo mirno, ali u njegovoj glavi je vladala neka neopisiva i neizdrživa buka, koju je na svaki način nastojao da odagna, kao i misli koje su ga progonile.

Kad se vratio, Afrim je već bio postavio doručak na tremu – ili je to već bio ručak? – a i Abdulah je odlučio da napravi malu pauzu. Afrim se pokazao ne samo kao sjajan lovac, već i kao kulinar. Zečetina, dinstovana, pa reš zapečena sa soja sosom, bila je izvanredna. Ćurka malo žilava, ali ako su na njoj mogli da prežive prvi doseljenici, koji nisu znali ni za sos od soje, ni od brusnice, preživeću valjda i ja, zaključio je Zoran.

## 3

Ceo taj i sledeći dan prošli su u manje-više istom ritualu. Abdulah je bio udubljen u svoje formule, Afrim se bavio spremanjem hrane i sređivao nešto po kući i oko kuće, a Zoran je potpuno beskorisno tumarao po šumi. Trećeg dana Abdulah je, izgleda, bio pronašao „čarobnu" formulu.

„Mislim da smo spremni za generalnu probu, *brother*", rekao je s vidnim olakšanjem. „Ja ću danas da spremim smešu i predveče ćemo izvršiti probu. A ti prošetaj dole, nizbrdo, podalje od kuće, i pronađi najdeblje stablo koje ćemo da 'posečemo', po mogućnosti s malo razgranatim korenjem."

Abdulah se sad preselio na novo „radno mesto" i Zoran je tek tad shvatio da podalje od kuće postoji zemunica, dobro zakamuflirana u kamenitom delu planine u kojoj je bio pravi arsenal eksploziva, raznih prašaka, tečnosti, štapina dinamita, fitilja, detonatora i drugih materijala o kojima Zoran nije imao pojma. Abdulah je proveo ostatak dana u zemunici, kombinujući razne supstance, i pakovao ih u dvadesetlitarski metalni kanister za benzin, kakve obično koristi američka vojska.

„Danas ću da ti demonstriram najprimitivniji način, sa cigaretom i fitiljem, a sutra ćemo da odlučimo koji metod ćeš ti da koristiš", reče Abdulah. „Idi sad i odaberi tvoju probnu metu."

Zoran je odabrao neko stablo hrapave kore, promera skoro od jednog metra, kakva nije viđao u Evropi, a razgranata krošnja se uzdizala najmanje dvadesetak metara u nebo. Ako ovo obori, nije loše, pomislio je u sebi.

Predveče, Abdulahov 'paket' bio je spreman. Iz kanistera je virio samo metar fitilja. „Ti Afrime, uzmi motornu testeru i iseci rupu u deblu da mogu da podmetnem kanister, A, ti Aljbin, daj mi tu tvoju cigaretu", reče Abdulah.

Afrim je u nekoliko navrata morao da proširuje rupu za kanister, zacecajući malo zemlju i korenje. Kad je kanister, konačno, legao na svoje mesto, Abdulah probuši cigaretu malo ispod filtera, uvuče fitilj u rupu i zalepi ga selotejpom.

„Ovo je, verovatno, tvoja najsudbonosnija cigareta u životu", reče Abdulah značajno, „Zapali je, povuci nekoliko dimova i onda – trk uzbrdo!"

Zoran je uzeo upaljač i zapalio cigaretu. Primetio je da mu ruke podrhtavaju, kao da ga trese neka groznica. Onda su se sjurili uzbrdo i zaklonili iza jednog ogromnog debla drveta.

Abdulah je gledao na sat i odbrojavao minute. „Sad bi trebalo da je blizu fitilja", reče u jednom trenutku. Prošao je još koji minut, onda se cela planina zatresla od užasne eksplozije, a granje je prštalo na sve strane.

„To je to, uspeli smo", reče Abdulah zadovoljno. „Vidiš kako je to prosto", obratio se Zoranu. „I, imaš više nego dovoljno vremena da se skloniš na sigurno."

Potrčali su prema mestu eksplozije i Zoran nije mogao da veruje svojim očima. Od drveta nije bilo ni traga, samo su gornje grane, polomljene i raspršene, ležale u okolini, a neke visile na krošnjama obližnjeg drveća.

„Jesi li zadovoljan, *brother*?" – upita Abdulah.

Zoran još uvek nije mogao da dođe sebi. „Ne mogu da verujem", reče posle dužeg ćutanja. „Ne ulazeći u razornu moć, psihološki efekat je stravičan. Kako si to, uopšte, postigao?"

„Sve je moguće, *brother*, kad je Alah sa nama", uzvrati Abdulah. „Sutra ću da ti spremim sličan paket za put, samo malo manji i elegantnije upakovan, a onda – nek' ti je Alah u pomoći."

„I, šta ja onda treba da radim, mislim...?" – upita Zoran naivno.

„Samo to što si uradio danas, ništa više", reče Abdulah. „Sve će biti spremno kako se dogovorimo, ti samo treba da uvučeš fitilj i zapališ cigaretu. Ili, ako se dogovorimo za složeniju varijantu, da koristiš mobilni, ili sat, to će iziskivati još malo vremena i obuke.

„Po prirodi stvari meni, kao strastvenom pušaču, najviše odgovara ovaj primitivni način", uzvrati Zoran. A u sebi pomisli: dok „popušim cigaretu", mogu već da budem na bezbednoj udaljenosti, recimo na Trećoj aveniji, pa posle – šta bude.

„Ako si siguran, onda ću da ti spakujem jedno podeblje metalno koferče, koje možeš da staviš u futrolu ovećeg laptopa, imam baš jednu ovde. Unutra će sve biti povezano, a napolju ostaviću ti samo metar fitilja, ostalo si video", reče Abdulah.

„E, sad bi mogli da se častimo pivom", ote se Afrimu, kad su posle večere seli i ćaskali na tremu.

„Vi, kako hoćete, ali ja ne mogu da se priklonim tim vašim nevemičkim običajima", uzvrati Abdulah. „Ali, sve je u redu dok zajednički radimo za Alaha." Opredelio se za ono svoje piće što je ličilo na bozu, dok su Afrim i Zoran uživali u *budvajzeru,* nekom osrednjem američkom pivu, koje Zoranu nije naročito prijalo, ali moglo je da prođe u divljini, kao i divlja ćurka.

„Što se nas tiče, mislim da smo završili posao", reče Abdulah. „Ti Afrime sutra javi Agimu da pošalje čoveka po Aljbina, a tebi *brother*, nek' je Alah u pomoći dok se opet ne sretnemo, ili kod njega, ili negde drugde. Pratićemo tvoj rad", zaključi Abdulah pre nego što su krenuli na spavanje.

# 4

„*Paša zoti*, pa nije valjda da je to sve!" – čudio se Agim kad su Sami i Zoran uterali kombi u skladište i pokazali mu spravu, upakovanu u futrolu laptopa. „Mislio sam da je to nešto mnogo komplikovanije i kabastije."

„Abdulah reče – što prostije, to bolje, a i meni se čini da je tako", reče Zoran.

„I ti sad znaš šta s tim treba da radiš?" – upita Agim.

„Provereno. Afrim mi je bio svedok."

„Odlično, to mnogo pojednostavljuje daljnje postupke i način unošenja materijala. Sami, kako se beše zove onaj naš čovek što radi na održavanju hortikulture u UN-u?"

„Misliš na Ekrema?"

„Tako je, okreni ga sutra i kaži mu da uveče dođe kod mene. Mislim da imam plan." Onda malo razmisli pa upita: „A, njegov šef beše neki Karlos, ako se ne varam?"

„Nisam siguran, ali mislim da jeste neki Latinoamerikanac", uzvrati Sami.

„Odlično ste ovo odradili, momci", reče Agim zadovoljno. „Ti, Aljbin, od sutra ovde nemaš nikakvih obaveza do daljega, posveti se svom glavnom zadatku, provodi što više vremena u UN, interesuj se za događaje i snimaj situaciju. Mislim da idemo ubrzano ka završnici. Oh, da, nisam ti rekao, stigla je i akontacija za ovaj posao, dogovorili smo se i oko toga, samo treba da se deblokira po obavljenom poslu, onda stiže i drugi deo, bićeš zadovoljan."

Zoran je bio iznenađen i zbunjen. Nije mogao da veruje kako se stvari brzo razvijaju i kako je lako naći finansijera za „dobar projekat", kad se čovek dobro „umreži". Kad se Sami nešto udaljio, Agim mu gurnu podeblji svežanj novčanica u ruku.

„Ovo ti je za troškarenje. A, mogao bi malo i da se opustiš s onom tvojom Norvežankom", primeti na kraju

Agim. „Nešto mi deluješ napeto, a tenzija nije dobar saveznik u ovom poslu."

„To ti je dobra ideja", zaključi Zoran, „malo opuštanja posle ovog puta baš bi mi dobro leglo."

Gerda je bila oduševljena kad mu je čula glas: „Pa, gde si ti dragi, što se nisi javljao sve ovo vreme? Već sam bila zabrinuta."

„Nije bilo prilike, draga, bio je to stravičan tempo, nisam imao vremena da dignem glavu, a i retko sam bio sam."

„Hajde dođi kod mene, spremiću nešto za večeru, pa posle možemo celu noć da pričamo, baš sam te se uželela."

„Ne, za promenu, ja tebe vodim negde na večeru, ti biraj mesto", predložio je Zoran.

„Ne, mili, već sam izabrala – dođi kod mene."

Otišao je kući da se istušira i presvuče, s namerom da ujutro odmah produži na 'radno mesto' u UN, i seo na voz za Menhetn.

Gerda ga je dočekala u bademantilu i spopala još na vratima, ljubeći ga i grleći. Kakva Nordijka, kao da njenim venama teče mediteranska krv! – razmišljao je Zoran, stenjući pod težinom i toplinom njenog tela na kauču, koje je osećao spolja i iznutra, i hvatajući dah između njenih vrelih poljubaca. Objašila ga je nogama i dugo i strasno privijala svoje telo uz njegovo, kao da je i ona htela da prodre u njega, u poslednju, najintimniju poru, baš kao i on u nju.

Onda se naglo propela unazad, ispustila vrisak koji je morao da se čuje dva sprata niže. Posle se opet vratila unapred, ispružila duž njegovog tela i klonula preko njega.

„Je l' ti to prkosiš komšiluku, draga?" – šaptao joj je na uho.

„Ne, mili, nego životu", uzvrati ona, nastavljajući da ga miluje.

„Ovo ti je bilo za predjelo", reče Gerda, kad je krenula u kupatilo. „Sad ću ja nešto da nam spremim, a posle ćemo da vidimo šta ćemo za dezert", rekla je i značajno namignula.

„Nisam ti ja, Zorane, neka kuvarica, pa sam samo nešto improvizovala, nadam se da će ti se dopasti", reče vadeći činiju lepo zapečene lazanje iz rerne.

„Ne znam kakva si kuvarica, ali pogodila si moj ukus, obožavam lazanje, pa još sa zelenom salatom i puno vinskog sirćeta."

„Sirće ćeš, verovatno, morati da dodaš", reče Gerda, sipajući vino. „Taman da malo razblaži tu tvoju slatkoću", dodala je uz smeh i opet ga preko stola nežno poljubila.

Večerali su i pijuckali, ćaskajući o zbivanjima u UN, a ona ga je stalno stavljala na muke, tražeći da joj priča kako je bilo na putu. Dovijao se, vrludao, služeći se nekim opštim mestima, lažući i izmišljajući da bi izbegao istinu, zbog čega ga je pekla savest.

Kako to mogu da radim ovoj divnoj ženi, koja ima sve, a željna je samo ljubavi, što je kao i da nema ništa? – pitao se u sebi. A, kako ću sutra, ne daj bože, tek da joj uradim 'ono'? Ženi koja me voli i koju..."

Onda, posle kraćeg kolebanja, prizna sam sebi: „...da, i koju ja volim."

Flaša vina već je bila pri dnu. „Haj'mo u krevet!" – reče Zoran, tek da odagna misli koje su ga odvraćale od njegovog zacrtanog puta. Gerda se odmah složila i ponela ostatak vina i čaše u spavaću sobu. Prigušila je svetla i dugo su tako ležali goli, pričajući o svemu i svečemu, grejući se uzajmano telima i vinom i milujući.

„Kad ćeš da se preseliš kod mene, dragi, da li si razmišljao o tome?" – upita ona u jednom trenutku.

„Bojim se da će to biti neizvodljivo, draga", uzvrati Zoran. „A možda je tako bolje i za tebe."

Pogledala ga je zaprepašćeno i razočarano.

„O čemu se radi, Zorane, zar nam ne bi bilo lepo? Zar se ne volimo dovoljno?"

„Ne radi se o tome, Gerda. Ja tebe obožavam, ali mi smo, ipak, dva potpuno različita sveta, koje veže samo ljubav..."

„Pa, šta ćeš više od toga? Znaš kako kažu Italijani, dovoljno je jedna koliba i dva srca."

„Da, draga, ali na kojem meridijanu da sastavimo tu našu kolibu? Postoji velika verovatnoća da ću uskoro opet morati da se vratim u Evropu. Osim toga, ti si već na lošem glasu zbog Srba, pa uopšte ne bi bilo dobro da nas viđaju zajedno u UN. Možda je najbolje da me tamo ignorišeš, ne bih voleo da uništim tvoju karijeru."

„Šta ti pada na pamet, dragi, ja sam gospodar svog života, radim šta hoću, kad hoću i s kim hoću", bunila se Gerda.

„To ti se samo čini, draga, niko od nas nije gospodar svog života, stvari su mnogo složenije, veruj mi."

„A, što hoćeš da se vratiš, je l' zbog pobede 'demokratskih snaga' na izborima?"

„Ma kakve 'demokratske snage'? Sve ti je to isto, od zla oca i od gore majke. Nije valjda da su opet pobedili, nisam ništa pratio dok sam bio dole?"

Gerda mu je objašnjavala kako je prošao prvi krug predsedničkih i parlamentarnih izbora, nije pominjala „krađu glasova", toga nije bilo u zapadnim medijima, ali reče da su 'demokratske snage' na dobrom putu da formiraju vladu i izaberu predsednika.

„Ne znam, pogledaću sutra na internetu, ali na osnovu ovoga što kažeš mogu da zaključim samo jedno: ne postoji gluplji narod od Srba, koji tako mazohistički uživa u svom kolonijalnom položaju."

„Moguće je da si u pravu", uzvrati Gerda. „I meni je sumnjivo kad god čujem frazu 'demokratske snage' i pomislim da je to nešto iza čega stoji CIA."

„Nemoj uopšte da sumnjaš, to se pokazalo u toliko navrata, na toliko strana sveta."

Ona je opet počela da ga miluje i golica po najosetljivijim delovima tela. Ta njena aktivnost mu je dobro došla da prekinu razgovore o temama koje je želeo da izbegne. Možda je najbolje da joj 'otpevam uspavanku', pa da lepo zaspimo, mislio je u sebi. Ali njegove misli bile su negde sasvim drugde. Iako joj je iskreno uzvraćao milovanja, nikako nije uspevao da uspostavi vezu između mozga i okidača. A ona je, po svaku cenu, tražila obećani 'dezert'.

„Pa, što me ovaj tvoj mali Srbin ne voli?" – pitala je pola u šali, pola razočarano, nežno ga milujući usnama. Nije pomoglo.

„Voli te, draga, voli, ali vrlo sam umoran i muče me razne misli", uzvrati Zoran, mireći se s kapitulacijom.

„Dobro mili, ne brini, popraviće se mali nevaljalko", reče ona nežno, poljubi ga, i ugasi svetlo.

„Dezert" je dobila tek ujutro, u vidu srpskog „zornjaka".

„Ipak me voli, mali nevaljalko", cvrkutala je Gerda sva srećna, ljubeći Zorana i „nevaljalka".

## 5

Posle nekoliko dana u holovima Ujedinjenih nacija naprasno su se osušila dva velika bendžamina u ogromnim žardinjerama, na sasvim različitim lokacijama. I Karlos, iako iskusni inženjer hortikulture, nikako nije mogao da odgonetne o čemu se radi. Dešavalo se i ranije da biljke uginu, ali to je obično bivalo kao posledica ljudskog nemara, nezalivanja, prskanja, nedostatka prehrambenih aditiva, pojačanog dejstva klimatizacije ili grejanja, retko, ili skoro nikad, biljnih vaši. Bilo kako bilo, šteta je bila nepovratna, ali Karlos je u svom budžetu uvek imao rezerve za slične situacije, a imao je i Ekrema, uvek spremnog da pritekne u pomoć kad zatreba.

„Imam ja svog čoveka, znaš onog na Šestoj aveniji, već smo bili nešto uzimali od njega. Siguran sam da bi nam napravio dobru cenu i dao vremenske garancije", reče Ekrem.

„Zvuči dobro", složio se Karlos, bez razmišljanja. „Vidi šta nudi, pa da to što pre rešimo, ali neka to budu najveći gorostasi kojima raspolaže."

Ekrem je već sutradan imao rešenje, na opšte zadovoljstvo.

„Imaćemo dva gorostasa, dvadeset pet odsto ispod cene, a trećeg, drvo života, dobićemo na poklon", reče Ekrem. „To možemo da postavimo negde u pres-centru, gde smo i inače oskudni zelenilom."

„Odlično, onda ugovori termine, pa ćemo da pošaljemo naš kombi da to preuzme, da ne bude komplikacija oko ulaska u zgradu", reče Karlos zadovoljno.

## 6

Zoran se kratko javio posle duže vremena, kao da se ništa nije desilo, izvinjavajući se zbog dugog ćutanja, i ne znajući da sam se u međuvremenu čuo sa Bepom, Ofelijom i Zefom. Svi su se čudili šta se s njim dešava i žalili da ga ne viđaju i ne čuju. Samo Zef reče da ga je par puta video u društvu sa Agimom.

„Ne znam šta je to spojilo njih dvojicu, ali mi se to ni malo ne sviđa i bojim se da neće izaći na dobro", rekao je zabrinuto. „Koliko ti uopšte poznaješ tog čoveka?"

„Manje nego tebe, Zef, ali ulivao mi je neko poverenje, bilo mi ga je žao što je nesrećan i sam na svetu, i hteo sam da mu pomognem."

„Ne sumnjam u tvoje namere", reče Zef. „Ali dovoljno si mator da ne moram ja da te učim da s ljudima treba biti krajnje oprezan, nikad ne znaš šta je u nečijoj glavi. Drago mi je što se ja nisam dublje upetljao u sve to, ali nemoj više da mi šalješ takve neznance."

„U pravu si", rekoh pokajnički. „Bilo je to nesmotreno s moje strane, izvini."

Ofelija i Bepo nisu slutili ništa loše, samo su se čudili šta se to sa Zoranom dešava.

„Reći ću ti nešto u poverenju, ali neka stvarno ostane među nama", rekla je Ofelija: „Imam utisak da Zoran ima *love affair* sa jednom mojom drugaricom, ali nisam sasvim sigurna i ne znam detalje, jer ona ništa ne govori."

Tu si, znači, ptico! – laknulo mi je. To je bila najbolja vest koju sam čuo, ali u tom trenutku nisam imao ni izdaleka dovoljno saznanja šta se dešava, da bih izvlačio bilo kakve zaključke.

„Ne znam odakle da počnem posle toliko vremena, dragi moj Veljko", počinjao je Zoran svoju do tad najdužu poruku. „Bio sam desetak dana u Floridi i Karolini, vezano za moj novi posao, i moram da priznam da je to bilo jedno dragoceno iskustvo, koje nisam očekivao da ću iskusiti ikad u životu. Ali, o tom potom."

Opet je eskivirao suštinu. Kad će već jednom taj moj prijatelj, u stvari – neznanac, da otkrije sve karte, pitao sam se.

„Za ovo kratko vreme koliko sam u Americi, desilo mi se toliko stvari da bih mogao da napišem knjigu", nastavljao je. „U stvari, već sam počeo u vidu zabeleški i grubih skica, a ako ja ne stignem – ti bi mogao da je završiš. Dogovoreno?"

Šta mu sad to opet znači? Ja sam se već pokazao kao loš pisac i nisam imao nikakve reference u tom pogledu. Moje jedine reference bile su pogan jezik i žestoka kritika svega postojećeg i nepostojećeg, što bih prepoznao kao zlo, laž, obmanu, podvalu i nepravdu. Bio sam nenadmašiv u pišanju uz vetar i pravljenju neprijatelja od prijatelja, potencijalnih i lažnih, doduše. Nije pisanje knjige zajebancija na Jahorini. I što on ne bi završio to što je, navodno, započeo? Nisam imao odgovor na sva ta pitanja.

„Otkad sam se vratio s puta, po ceo dan sedim za kompjuterom i pišem. I, moram da priznam da u tome nalazim neko neobjašnjivo mazohističko zadovoljstvo", nastavljao je Zoran. „Videću dokle ću stići, mada se u sebi i dalje pitam za koga sve to, i čemu?"

Reče da je posle dugo vremena ponovo zavirio na internet i ne može da veruje šta se to dešava u Srbiji. „Pa, nije valjda da su opet pobedile 'demokratske snage'? Zar posle svih laži, prevara i obmana, lažne borbe protiv korupcije i kriminala, nameštenih privatizacija, stotina hiljada obećanih, pa izgubljenih radnih mesta, izdaje Kosova? Stvarno ne mogu da verujem. Pa, kakav smo mi to narod?" – siktao je Zoran.

Najviše ga je nerviao bivši predsednik, svojim manekenskim bravurama i zapaljivom retorikom. „Zar je to rečnik kojim se služi 'lider u regionu' i 'proevropski državnik'?" – čudio se Zoran. „I nikome to ne smeta, ni u Evropi, ni u Americi, ni u jadnoj Srbiji!"

„Čitam na sajtovima o njegovim najnovijim očinstvima i ljubavnicama koje plaća državnim parama. Da se to desilo u Americi, bio bi na naslovnim stranicama svih novina, a u Srbiji – ništa. Tek se potkrade poneka pričica na internetu koja, verovatno, promakne moderatorima", lamentirao je Zoran.

„S takvom biografijom u Americi ne bi mogao da se kandiduje ni za odbornika gradskog veća u nekoj poslednjoj vukojebini. Ovde se i kandidati za kongres povlače iz kampanje, ako se otkrije da imaju ljubavnicu i nisu 'dobri porodični ljudi'. Ako nam je Amerika toliki uzor, što je onda ne sledimo i na tom primeru? Čemu, uopšte, služe mediji u Srbiji?" – nastavio je da prosipa žuč.

E, moj Zorane, nemaš ti pojma šta je „demokratija" i „pobeda demokratskih snaga", pomislih. U Srbiji to znači da, kad se jednom dočepaš vlasti, možeš da praviš decu kome stigneš, uključujući i naciju, i sve to plaćaš parama poreskih obveznika. Pod uslovom da prethodno sve medije staviš pod svoju šapu.

Srbija je, zaista, jedinstvena zemlja u svetu – po gluposti! – pomislih. Globalni lider! Tu sintagmu još nismo čuli iz usta mudrog predsednika, ali nije isključeno da nećemo, ako na kraju definitivno pobedi on i „demokratske snage".

Dokrajčio sam flašu *vranca* i drugu kutiju cigareta, parafrazirajući u mislima Pašićeve reči: *Spasa nam nema i definitivno smo propali.*

# XV

## ZLOČIN I KAZNA

### 1

Agim se javio posle dva dana i zakazao da se hitno vide u cvećari na Šestoj aveniji.

„Šta se dešava, partner, nešto te mnogo okupirala ta tvoja Norvežanka?" – pitao je, tek što su zaseli u ogromnoj cvećari, koja je više ličila na botaničku naštu.

„Nije, nego po ceo dan sedim u UN i nešto škrabam", branio se Zoran. „Baš juče je opet bio onaj mali Jeremić, i opet nešto tupio o Kosovu. Ima da vam sjebe znanje."

„Nemoj da me zasmejavaš, partner, dobar je on dečko, nego sad malo smanji doživljaj na seksualnom planu i usredsredi se na akciju", uzvrati Agim. „Sutra bi trebalo da vam stigne ona biljna isporuka, a poklonili smo i jedno drvo života – vidiš ono tamo, u ćošku. Ekrem će sve to da preuzme i raspakuje, pa mu budi pri ruci da ti u zgodnom trenutku isporuči tvoju robu. Posle ćemo da se nađemo i da još jednom pređemo preko svih detalja."

Kakva ironija – drvo života! – pomisli Zoran, ali nije ništa glasno komentarisao. Agim je insistirao da idu na večeru u *Club 21,* da proslave „uspešan završetak operacije", što je Zoran nastojao da po svaku cenu izbegne.

„Kakvo slavlje, nismo još završili posao!" – branio se.
„Ostaje još završni čin."

„Kad smo stigli dovde, ja više ne brinem", reče Agim. „Još samo sutra da isporuka prođe tako treba, a proći će. Treba večeras da proslavimo zbog uroka", insistirao je Agim.

Posle večere, koja je za Zorana bila dosadna i naporna, promenili su još nekoliko lokala i na kraju završili u *Arabian nights,* gde se ponovio ceo ritual iz one noći posle Arisove akcije. Agim je lumpovao i kitio dolarskim novčanicama plesačice, što je Zoranu odgovaralo, jer mu nije bilo do razgovora i ni do čega. Pio je prekomerno, sa svesnom namerom da se „uletvi", ode u svoju jazbinu u Bronksu, i što pre zaspi i zaboravi na sve.

„Da te ostavim kod tvoje Norvežanke?" – upita Agim, kad su u sitne sate krenuli kući.

„Ne, vozi me u Bronks", uzvrati Zoran. „Večeras imam potrebu da budem sam."

„Kako ti kažeš, partner", uzvrati Agim, i sam već prilično predoziran maliganima.

Sutradan je sve vreme sedeo i piskarao u pres-centru, rekapitulirajući događaje minulih meseci, da bi izbegao razmišljanje o onome što sledi. Kasno uveče, kad je pres-centar već bio skoro prazan, osim nekoliko Pakistanaca koji su imali običaj do ostanu najduže, došli su radnici i na kolicima doneli ogromnu žardinjeru u kojoj je bilo drvo života.

„Baš lepo da se, konačno, neko setio da ulepša i naš životni prostor", reče jedan Pakistanac. *„The tree of life!"*

To je, znači, to, zaključi Zoran. Ali, kako li će sad Ekrem da „otpakuje" stvar tu, na javnom mestu? Međutim, ispostavilo se da je njegova briga bila neopravdana. Ekrem je bio korak ispred njegovih misli. Pojavio se posle nekog vremena noseći „laptop", upakovan u crnu kožnu futrolu, i položio ga nežno pored Zoranovih nogu.

„To ti je to", reče Ekrem. „Samo gledaj da ja ne budem tu kad ga budeš koristio, to bi već bilo previše."

„Ništa ne brini, ti si svoje odradio, pošteno", uzvrati Zoran. „Je li bilo nekih problema?"

„Sve je prošlo u savršenom redu. Bilo je malo komplikovano raspakivanje ali, kao što vidiš, i to je sad u redu."

„Duplo dno?" – upita Zoran.

„Taman posla, to bi se kad-tad utvrdilo", reče Ekrem. „Ovo je bila klasična operacija 'presađivanja', bez ikakvog traga. Ti valjda znaš gde ćeš s tim dalje, samo se javi Agimu."

Pres-centar je već bio prazan. Zoran je uzeo „laptop" i mirno ušetao u odabranu radiokabinu. Postavio je spravu uza zid, prema sali Saveta bezbednosti, i zaklonio ga zvučnicima koji su tu mesecima skupljali prašinu. Onda je seo i zapalio cigaretu i dugo merkao salu koja je sad bila u potpunom mraku.

A, šta ako se Saša nađe u blizini u tom trenutku? – prođe mu kroz glavu. Ili ako Gerda, ili Ofelija, nekim poslom uđu u salu? Stresao se od jeze. Tek sad kao da je definitivno postao svestan sulude avanture u koju se upustio. Dotad, sve to kao da se dešavalo nekom drugom. Da li su njihovi životi vredni života pet-šest skotova koje će, koliko sutra, zameniti neki drugi. A, ko će njihovim najmilijim vratiti Sašu, Gerdu, Ofeliju i toliko drugih, nevinih koji mogu da stradaju? Konačno, da li će to meni vratiti oca? I da li bi on pristao da ga na taj način osvetim? Ne, ne, ne i ne, odgovarao je sam sebi i tresao se kao u groznici.

U glavi su mu odzvanjale Gerdine reči: „Mora da postoji bolji način za borbu protiv zla, da ne stradaju nevini."

Onda opet pomisli: ko nije spreman ni za šta da se žrtvuje, taj nije dostojan ni da živi. Pa onda, opet, odgovor na sopstvena pitanja: ne plašim se sopstvene žrtve, ali ne mogu da žrtvujem nevine i nedužne. Ali, gde je sad izlaz, kad je „leš" već u plakaru? Mora da sam malouman kad sam se upetljao u sve ovo. Gde mi je bila pamet?

Okrenuo je Gerdu i javio da neće doći te večeri. Delovala je zbunjeno i razočarano.

„Dragi, šta se to dešava s tobom?"

„Ništa posebno, mila. U Bronksu sam, imam nekih problema koje moram pod hitno da rešavam, čućemo se", reče i prekinu razgovor.

Onda se javio Agimu i dogovorio da se odmah nađu u nekom mirnom kafiću u Bronksu.

„Šta se dešava, partner, bled si kao krpa, kao one noći posle akcije s Arisom?" – pitao je Agim. „Je li sve prošlo kako treba u vezi isporuke ?"

„Sve je u redu i 'laptop' je na svom mestu."

„Dobro, šta je onda problem?"

„Ništa, čekamo prvu sednicu Saveta bezbednosti", reče Zoran. „Samo me, moram da priznam, pomalo hvata panika zbog nedužnih ljudi koji će da stradaju."

„Plašio sam se ja tih tvojih skrupula od početka", reče Agim zabrinuto. „Nemoj sad sve da usereš, otišli smo predaleko, sad nema natrag. Osim toga, hoću što pre da deblokiram one pare u banci."

„Ne brini, to je samo trenutna kriza, proći će to", uzvrati Zoran nesigurno.

„Koje ste vi Srbi pičke, stvarno niste ni za šta!" – žestio se Agim. „Nije ni čudo šta vam rade. Uzeće vam oni moji sve do Prokuplja i Niša, i dalje. Bolje i ne zaslužujete. A, ti dobro razmisli šta radiš, da ne bi imao posla s Arisom."

„Ne brini, neće biti potrebno", uzvrati Zoran rezignirano. „Osim toga, ne postoji nijedan trag koji bi vodio do tebe i u vezi s tim možeš da budeš miran."

„Tako je bolje za obojicu, a naročito za tebe, veruj mi", zaključi Agim. „Znači, čekamo prvu sednicu?"

„Tako je", potvrdi Zoran.

Razišli su se u prilično zategnutoj atmosferi i obojica kao da su, po prvi put, osetili da se među njih uvukao crv nepoverenja koji je polako počeo da ih nagriza.

## 2

Zoran je proveo još jednu noć u svom memljivom stanu u Bronksu, što je doprinelo da mu se još više smuči život. Razmišljao je da ode negde i da se na mrtvo napije, pa da tako okonča sve svoje dileme, ali je ubrzo odustao od te ideje. Probdeo je noć otvorenih očiju, zureći u plafon, uzalud tražeći izlaz. Obrazi su mu goreli, osećao je povišenu temperaturu, preznojavao se i opet je počela da ga trese neka čudna groznica, verovatno na nervnoj bazi.

Da li je to ista ona groznica koja je tresla Raskoljnikova pre nego što je smrskao glavu Aljoni Ivanovnoj i njenoj sestri Lizaveti, koja se tu zatekla samo kao „kolateralna šteta"? U pogrešno vreme na pogrešnom mestu. Kao srpski civili, i toliki drugi. koji su se „slučajno" zatekli pod NATO bombama. Kao njegov otac, koji se „podmetnuo" baš u trenutku kad su zlikovci gađali most na Belom Drimu. I, ko je sad tu kriv, oni koji su nasumice bacali bombe, ili oni koji su se „podmetnuli"? Kao u onom vicu kad je „Suljo naleteo Muji na ćakiju". Ili obrnuto.

Ili, uzmimo slučaj bombardovanja beogradske televizije: da li su krivi oni koji se nisu na vreme evakuisali, ili oni koji su bacali bombe? Nažalost, po mišljenju mnogih Srba i pravosuđa, pa i one nesrećne majke, koja je na smrti rođenog deteta napravila „estradnu karijeru" i postala mirođija u svakoj čorbi, ispada da su i za to krivi Srbi. NATO je nevin! Ko je kriv Srbima što su se namestili baš na ukletoj balkanskoj vetrometini, što nisu produžili negde dalje – na zapad, možda bi imali neku bolju sudbinu? Sva ta ironična pitanja rojila su se u Zoranovoj glavi, ali odgovora nije bilo, niti ga je očekivao.

Onda se setio debate Rodiona Romanoviča sa inspektorom Porfirijem da li „neobični", izuzetni ljudi, imaju pravo na zločin da bi ostvarili svoje „uzvišene" ciljeve za „dobrobit čovečanstva"? Na to pitanje je već mnogo ranije odgovorio Makijaveli, ali Raskoljnikov kaže: „...eto, na primer zakonodavci i upravljači čovečanstva, počev od najstarijih pa preko Likurga, Solona, Muhameda, Napoleona itd. – svi su bez izuzetkla bili zločinci."

Raskoljnikov svoju teoriju razvija dalje: „Zločini tih ljudi su, naravno, relativni i veoma različiti; većinom, u veoma raznolikim izjavama zahtevaju obaranje postojećeg sistema u ime nečeg boljeg. Ali, ako je takvom čoveku potrebno da zbog svoje ideje prekorači makar i preko leša, preko krvi, on to sebi, mirne savesti, po mom shvatanju, može dozvoliti..."

Raskoljnikov je u toj teoriji našao „opravdanje" da ubije jednu zlu babu, tvrdicu, da bi pomogao ostvarenju svoje ideje i pomogao siromašnima i obespravljenima. Na kraju zaključuje da su „obični" ljudi gospodari sadašnjosti, a oni izuzetni, „neobični", gospodari budućnosti.

„Prvi održavaju svet i umnožavaju ga brojno; drugi pokreću svet i vode ga cilju", zaključuje Raskoljnikov.

Po toj logici, i NATO je imao pravo da uradi to što je uradio, zarad nečega što je percipirao kao svoj „uzvišeni cilj" – da zaustavi „humanitarnu katastrofu" na Kosovu?

A, gde sam tu ja? – pitao se Zoran, poput onih smutljivaca koji su za proviziju posredovali u kriminalizovanim privatizacijama brojnih srpskih firmi.

Odgovor mu se opet nametao sam po sebi: da sam izuzetan po bilo čemu – nisam; da imam ideju koja će promeniti svet i zbog koje vredi ići preko leševa – nemam; da sam za „umnožavanje" – nisam. I čemu, uopšte, umnožavati svet ovakav kakav je?

I, šta će uopšte da promeni moj „zločinači akt"? Da možda ne potrese savest čovečanstva? Ako čovečanstvo uopšte ima savest, njome, kao i svim drugim, upravljaju zlikovci iz senke, koji su, dok su došli tu gde jesu, hiljadu puta prodali dušu đavolu. One u Savetu bezbednosti sutra će zameniti drugi i svet ide dalje, kao da se ništa nije desilo. Šta je promenilo rušenje Svetskog trgovinskog centra? Da se možda nije promenila zločinačka politika velikih sila?

Kako o svemu tome nisam ranije razmišljao, nego sam se prepustio gnevu i očaju? – pitao se Zoran. Gnev je loš drug, a osveta sama po sebi, čista je glupost, pogotovo ako ništa ne može da promeni, a samo nevini stradaju.

Ne, ja to ne mogu da uradim! Pristajem na žrtvu i kaznu, ali ne i na zločin. Ličio je sam sebi na opozicionog političara, koji obećava brda i doline, pa kad eventualno dođe na vlast uplaši se sopstvenih obećanja i tek tad postane svestan težine situacije i svojih reči.

I dalje ga je tresla groznica. Ustao je i dugo se pljuskao hladnom vodom. Onda se opet vratio u krevet, ali san nije dolazio na oči. Creva su mu krčala, bukvalno jaukala i režala, kao da se u njima bore dva pomahnitala šarplaninca. Otišao je do frižidera i sasuo u grlo skoro litar hladnog mleka i stavio u usta parče hleba, ali nije pomagalo. Da li je moguće da savest može da se oglasi i preko stomaka? I, šta sad? – pitao se u mraku.

Na trenutak je pomislio da se vrati u Srbiju, ali je odmah odbacio tu ideju. Gde, na šta i kome da se vrati? Da opstane u „novom svetu" nije bilo šanse. Uostalom, setio se, zar mu lekari nisu rekli da mu je ostalo malo od života, zbog „osiromašenog uranijuma", što je potiskivao u svojim mislima skoro do zaborava.

Opet se setio Raskoljnikova i zavideo mu iz dna duše. On je imao svoju Sonječku, koja ga je verno čekala i dežurala godinama pored njega u Sibiru. Imao je makar nadu u preporod, da doživi „katarzu", kako to vole da kažu Srbi. Tako je to, verovatno, samo u romanima, razmišljao je Zoran. Ali, ne postoji taj roman, ni taj Sibir, u kome on više ikad može da zasnuje nov život i savije gnezdo sa nekom Sonjom, Gerdom, ili bilo kim. Niti više ima snage za tako nešto. Postoji samo jedan izlaz, ali bez nevinih žrtava, bile su poslednje misli pre nego što ga je, na kraju, ophrvao san.

## 3

Slučajnosti ponekad igraju presudnu ulogu u ljudskim životima. Dovoljno je, na primer, naći se u pravo vreme na pravom mestu, ili u pogrešno vreme na pogrešnom, pa da vam se ceo život okrene naglavačke. Kao što se Zoranov otac zatekao na njivi pored Belog Drima, baš kad nije trebalo. Ili, zakasniti na avion, koji se posle sruši. Ili se zapiti u kafani, kao onaj Srbin, koji je zakasnio da se ukrca na Titanik.

Ali, slučajnosti i te kako mogu da utiču i na razvoj civilizacije i istorije sveta i diktiraju u kom pravcu, i kojim tempom će se stvari kretati. Kojim tempom i u kom pravcu bi se, na primer, razvijala nauka da Isaku Njutnu, slučajno, nije pala jabuka na glavu dok je čučao ispod drveta, mada neki njegovi savremenici to osporavaju. U svakom slučaju, jabuka jeste odigrala ključnu ulogu u razvoju teorije gravitacije, a posredno i mnogih drugih nauka.

Ili, kako bi izgledala evropska istorija u prvoj polovini dvadesetog veka da je Adolf Hitler uspeo da se upiše na likovnu akademiju? Možda bismo ga danas pamtili kao velikog slikara?

Po Jungu, slučajnosti se dešavaju mnogo češće nego što to predviđa teorija verovatnoće i zato „moraju biti delo nepoznate sile koja teži uspostavljanju sveopšteg reda". Ili nereda, na šta upućuje Hitlerov slučaj.

Zoran se pitao da li je i njegov susret sa Arisom u Bronksu, posle onog na Žabljaku, bio „slučajnost" koja je trebalo da doprinese „uspostavljanju sveopšteg reda". One noći kad je postavio „laptop" na svoje mesto, posle silnih mora, opet je u snu imao bliski susret sa Arisom. Probudio se i skočio iz kreveta, obliven znojem, kad ga je zver ščepala za grkljan. Tresao se od jeze.

Otišao je do Ist rivera, ali je nastojao da vidi što manje ljudi. Isključio je mobilni i nije se javljao ni Gerdi ni Ofeliji, ni Agimu. Samo se kratko pozdravio s Pakistancima, kojima je situacija u njihovoj zemlji diktirala da rade i „prekovremeno". Drvo života sad im je ulepšavalo njihov radni prostor. Saša nije bio u svojoj kabini. „Laptop" je i dalje bio na svom mestu, kao i prašina na zvučnicima, koju niko mesecima nije skidao.

Zapalio je cigaretu i buljio u mračnu salu Saveta bezbednosti. Možda, ipak, treba da idem do kraja, razmišljao je. Da odsečem rep toj zmiji koja samo vrluda i ne služi ni za šta, osim za pokriće samovolje jedne velike sile koja hoće da bude gospodar i seje zlo širom sveta. Neko, nekad, mora da ih upozori na tu nečasnu ulogu, pa makar i na ovaj način.

Setio se Agimovih reči: pa što nisi izabrao Pentagon, ili Belu kuću? I svog odgovora: ovo mi je jedini dostupan cilj, oni su samo „kolateralna šteta", ali i toj nečasnoj igri mora da dođe kraj. Uz par časnih izuzetaka, ko se ikad od njih usudio da se suprotstavi američkoj samovolji? Sve su to samo bedni klimoglavci koji pridržavaju merdevine glavnom kriminalcu.

Onda, opet, pomisli na Gerdu, Sašu, Ofeliju, i toliko drugih, potpuno nedužnih, koji bi bili kolateralna šteta. Ne, ne mogu, i neću to da uradim. Izvršiću i zločin i kaznu, ali nad samim sobom, nikako nad nevinima. Sam sam se u ovo upetljao, sam ću da izađem, ali neću nedužne da povedem sa sobom. Bolje, verovatno, i ne zaslužujem, niti imam za šta da živim. Na kalendaru još nije bila zakazana sednica

Saveta bezbednosti. Hajde da prespavam još jednu noć, zaključi, ipak, na kraju. Triput meri, jednom seci.

Otišao je kući i počeo da se pakuje. Kako god da okrenem, ovde mi opstanka nema. Nema ga, u stvari, nigde, razmišljao je. Na kraju je smislio „spasonosno" rešenje: sutra će otići da uzme svoj „laptop", može sigurno da ga iznese bez problema, i onda, zajedno s njim – na Verazano bridž!

Seo je i napisao kratku poruku Agimu: „Oprosti, partner, što sam te izneverio. Ipak, nisam imao muda da ubijam nevine. Bio si u pravu kad si rekao da mi Srbi nismo ni za šta. I treba da nam uzmete sve do Niša i Prokuplja. Bolje verovatno, i ne zaslužujemo. Ti si bezbedan i ne brini, nikakav trag ne vodi do tebe. Koristio sam sve lažne adrese. Hvala ti na poverenju i na svemu i nemoj da me tražiš i uznemiravaš Arisa. Biću ispod Verazano bridža. Ključ od stana naći ćeš ispod otirača."

Onda je uzeo nov list papira i dugo pisao Gerdi. Zahvaljivao joj se na kratkim, ali lepim trenucima koje su proveli zajedno. Dugo se zadržavao na pojedinim detaljima, naročito iz Central parka, objašnjavajući koliko mu je to značilo. Pravdao se da je morao naglo da otputuje i da se neće vraćati. „Nemoj da tuguješ ni da se ljutiš na mene, a ponajmanje sam vredan žaljenja. U suštini, ja sam, ipak, bio jedan zao čovek, ma koliko se trudio da budem bolji. Mene je najbolje zaboraviti, kao da nikad nisam ni postojao. Ali, budi sigurna da ću do poslednjeg trenutka misliti na tebe i miris cvetova japanskih trešanja, koji su nas nakratko spojili", ostao je nedorečen.

Ostatak noći proveo je pišući još jedno pismo, podeblji svežanj papira, ižvrljanog drhtavom, nesigurnom rukom, koje je trebalo da pošalje na adresu u Beogradu, ali nije imao koverat da ga upakuje. Ništa, uradiću to sutra u pošti, kad krenem u UN, zaključi. Onda ga, odjednom, obuze ludački smeh: „Bogami ja, posle svega, postadoh 'plodan pisac'", zaključi, i ugasi svetlo.

Histerija ga nije napuštala i nije mogao da zaustavi kikotanje. Mora da sam potpuno poludeo, pomisli uplašeno u jednom trenutku. Hoću li, uopšte, biti u stanju da sprovedem u delo makar ovu, poslednju, zamisao? Ni Raskoljnikov nije bio čist, imao je svoje halucinacije i ludila. Pa, ni sam Dostojevski, samo što se to kod njega ispoljavalo kroz napade epilepsije. Uopšte uzevši, literarni junaci su samo, u manjoj ili većj meri, *alter ego* svojih duhovnih očeva. Mogu li se *Zločin i kazna, Kockar, Zapisi iz mrtvog doma* itd., odvojiti od života Fjodora Mihjloviča? Ili *Starac i more, Imati i nemati i Kome zvona zvone* od lika Ernesta Hemnigveja?

Kad se ludilo malo stišalo, ležao je u mraku, pokušavajući da navuče san na oči. Onda mu pade na pamet nova misao: „Jesam li ja to upravo 'ugasio svetlo' u poslovičnoj balkanskoj krčmi?"

Nije mu bilo jasno otkud odjednom ta misao. Ali, odgovor se još jednom nametnuo sam: „Nema šanse, tamo će svetla da pogase 'demokratski lideri'. Ja samo sebe isključujem sa aparata za veštačko disanje i napuštam krčmu."

4

Izišao je iz podzemne železnice na uglu Šeste avenije i Četrdeset druge ulice. Bio je divan, sunčan dan i park pored Gradske biblioteke bio je prepun sveta. Neki su se izležavali na travi i sunčali, drugi sedeli na drvenim klupama i stolicama postavljanim po travnjaku i šetalištima, pijući kafu i ćaskajući. Seo je nakratko da uživa u tom prelepom prizoru. Ovo je kao u Beogradu, pomisli na trenutak. Imaš utisak da niko ne radi, ali ovde ipak svi rade, samo ukradu poneki slobodan trenutak da bi izašli na vazduh. Posegao je mahinalno za kutijom cigareta, ali je odmah vratio u džep.

„Mirišite cveće, a ne dim", upozoravale su postavljene table.

Šetao je polako Četrdeset drugom ulicom prema Ujedinjenim nacijama, zagledajući povremeno izloge, kao da se uputio u kupovinu, i to mu je bilo smešno. Na trenutak je svratio u prodavnicu duvana kod Pete avenije, koja ga je mamila prelepim lulama izloženim u izlogu. Izigravao je kupca i dugo mirisao i uvlačio u pluća razne aromatizovane mirise duvana. Na trenutak mu se učinilo da su to mirisi zbog kojih bi vredelo živeti i požalio je što to nije otkrio ranije.

„Ja sam svoju lulu odavno ispušio, samo sam poželeo da osetim miris duvana", reče nasrtljivom prodavcu, izlazeći iz radnje.

Ispred železničke stanice i hotela Hajat bila je gužva. Neka grupa turista upravo je pristigla autobusom, vukući svoje ogromne kofere u foaje hotela. Život teče dalje.

Skrenuo je iza ugla u poštu na Leksington avenijí, uzeo poveći braon koverat, upakovao pismo i disketu i ispisao adresu. Poštansku službenicu zamolio je da pismo pošalje najhitnije moguće. „*Special delivery?*" – pitala je ljubazna službenica. „Ali, znate, to će mnogo da vas košta."

„Nema veze, samo vi šaljite."

„E, sad sam se, makar formalno, ispisao iz ovog ogavnog sveta", zaključi Zoran, kad je službenica ispečatirala pismo i ubacila ga u odeljak za hitnu otpremu.

Nastavio je Četrdeset petom ulicom prema Ujedinjenim nacijama i čudio se otkud toliki saobraćajni haos u ranim prepodnevnim satima. Na Prvoj aveniji se sve razjasnilo. Ispred Ujedinjenih nacija saobraćaj je bio potpuno blokiran i masa sveta se gomilala napolju, gledajući u staklenu zgradu koja mu je uvek ličila na uspravno postavljenu ogromnu kutiju šibica.

„Šta se dešava?" – upita Zoran prvog čoveka na koga je naišao.

„Izgleda da je u zgradi postavljena bomba, pa je policija evakuisala", uzvrati čovek.

Zoranu se zavrtelo u glavi i zamračilo pred očima.

„Kažu da je neko javio telefonom za bombu, ali ne mora da znači", nastavi neznanac. „Dešava se to s vremena na vreme, svet je pun ludaka, ali obično to budu lažne uzbune."

„Da, svet je, stvarno, pun ludaka", uzvrati Zoran i krenu svojim putem. A, u sebi pomisli: dobro, valjda će sad policija da reši stvar, da ne strada niko nedužan.

Na Trećoj aveniji uspeo je da uhvati taksi, koji se jedva probio kroz gužvu do Pedeset devete i Gerdinog stana. Ubacio je pismo u njeno poštansko sanduče i uzeo drugi taksi za Bronks. Nije ni pomišljao da joj se javi, još manje da je vidi. Jednostavno, ne bi to mogao da podnese, niti je mogao da zamisli taj susret.

Spakovao je sve svoje stvari, uključujući četkicu za zube i pribor za brijanje, ali kofer je bio tek polupun, ili poluprazan, kako se gleda. Setio se priče kako su prve jugoslovenske diplomate u Titovo vreme, odmah posle rata, odlazeći na dužnost u beli svet stavljale u kofere cigle, da bi koferi bili teži i da ne bi izgledali prazno. Dobra ideja, pomisli, trebaće mi malo tereta. Prazninu u koferu popunio je tanjirima koje je pokupio u kuhinji i kofer je sad imao sasvim „pristojnu" težinu. Ovo je sad moj „laptop", zaključi s dozom ironije.

U koferu je sad bio spakovan ceo njegov život. Odeća, obuća, dokumenta, povratna avionska karta, koju nikad nije imao nameru da iskoristi, sve što je moglo da ostavi ikakvog traga da je ikad postojao. U stvari, ništa nije bilo spakovano, nego haotično nabacano, bez reda i smisla, baš kao i njegov život.

Ostatak para, koje su mu ostale od Agimove apanaže, savio je i umotao u njemu namenjeno pismo. Zadržao je samo sto dolara, što je smatrao više nego dovoljnim za taksi do Bruklina. U poslednji čas odluči da svrati i pozdravi se sa Bepom, svojim „dobrim samaritancem", uz obrazloženje da mora naglo da otputuje. Bepo, međutim, nije bio kod kuće. Možda je tako i bolje, pomisli Zoran, makar neće biti nezgodnih pitanja. Izvadio je list papira i naškrabao drhtavom rukom poruku: „Dragi Bepo, morao sam naglo da otputujem i više se neću vraćati. Hvala ti na svemu što si mi pružio. Veljko reče da će, verovatno, da dođe u junu, pa kad se vidite, popijte čašicu i u moje ime. Hvala ti još jednom na svemu, i čuvaj svoju 'džogerku'. Zauvek tvoj, Zoran."

Presavio je pismo i ubacio ga u poštansko sanduče. Onda je gurtnom vezao dršku kofera za ruku i vukao ga polako na točkićima prema mostu.

\*\*\*

Novine su sutradan kratko zabeležile vest o „lažnoj uzbuni" u Ujedinjenim nacijama. Neki manijak, sa jakim stranim akcentom je, navodno, javio telefonom da je u zgradi postavljena bomba, ali policija, posle „detaljne pretrage", nije pronašla ništa od eksploziva, pisalo je u izveštajima.

U crnim hronikama bile su kratke vestice da je nepoznati čovek, sve sa koferom, skočio sa Verazano bridža. Ali, Obalna straža, uprkos „krajnjim naporima", nije uspela da pronađe ništa od njegovih ostataka, čak ni kofer. Nagađalo se da je reč o nekom beskućniku, kakvih u Njujorku ima na pretek, kome je, verovatno, dojadio život.

# XVI

# PUTOVANJE NA MESTO ZLOČINA

1

Očekivao sam da će Zoran da se javi, makar povodom drugog kruga predsedničkih izbora, svestan sa koliko gneva je reagovao na poslednje događaje i „demokratski cirkus" u Srbiji. Od njega nije bilo ni traga ni glasa, a u Srbiji se desilo čudo, „izborni zemljotres", kako su tvrdili istraživači javnog mnjenja i samozvani politički analitičari, koji su prethodno ubeđivali naciju da „proevropski kandidat" ubedljivo vodi i sigurno pobeđuje. A, onda, šok! Pobedio je, kako su javljali zapadni mediji, „bivši nacionalista, preodeven u evropejca", mada u tu transformaciju mnogi u Srbiji, a naročito na Zapadu, nisu verovali. Šta se to, onda, desilo?

Da se nešto veliko iza brda valja, naslutio sam dva dana pre izbora, kad su jedna „ugledna" televizija i još „ugledniji" istraživač javnog mnjenja objavili zajedničku anketu u kojoj je sve govorilo o brojnim prednostima njihovog proevropskog kandidata, samo nije bilo projekcije o ishodu izbora. To je, znači, to, zaključio sam – ne smeju da kažu istinu.

Počeo sam da sprovodim sopstvenu anketu u slučajnim susretima po komšiluku i jedva da sam našao nekoga ko je bio spreman da glasa za „evropejca". „Ne mogu da gledam ni onog drugog, ali protiv ovoga moram da glasam", obično bih dobijao odgovor. Onda bi usledila tirada o mučnom životu, korupciji, nezaposlenosti, aroganciji vlasti, tajkunima, „interesnim grupama", demagogiji i „šarenim lažama". „Dosta, bre, ovako više, stvarno, ne može, ovo mora da prestane, pa makar bilo i gore", obično bi zaključivali.

Samo je jedna sredovečna gospođa u bakalnici bila nepokolebljiva: „Ja ću, bogami, za mog Borisa. Ipak je on lepši, mlađi i pametniji."

„A vi biste nešto mlađe?" – provocirao sam, pitajući se da li je to ogledni uzorak srpskog biračkog tela. Ona je samo zagonetno treperila okicama.

„Sećate li se vi onog detalja iz filma *Ko to tamo peva*, kad pokojni Paja Vuisic komentariše seksi scenu s onom glumicom iz Bodruma – „i tata bi, sinko!?" – pitao sam.

„Šta to beše Bodrum?" – nije mogla da se seti.

„To je ona afera koju je bivši predsednik u prošloj izbornoj kampanji obećao da će da razreši, ali je posle sve gurnuo pod tepih", rekoh. „Štaviše, ona glumica, koja je bila na odmoru u Bodrumu i istovremeno glasala u Skupštini, ponovo je nagrađena mestom poslanika, a glavni junak i manipulator postavljen je za predsednika vojvođanske vlade."

Opet nije mogla ničega da se seti. Ah, ta srpska „memorija pamćenja"! „Dobro, ali zar ta doza arogancije, demagogije i laži kojima nas zasipa vaš miljenik, ne vređa vašu inteligenciju i zdrav razum?" – pokušavao sam da je pritreram uza zid.

Nije pomoglo. Bio sam, očigledo, suviše mator, plus ružan. Opet me je gledala belo, a iz njenih očiju virilo je nešto, nešto...nalik pitanju: „Koja inteligencija, kakav zdrav razum?"

Posle komunističkog jednoumlja, uvođenje višestranačja u Srbiji bilo je svojevrstan test inteligencije na kojem su građani redovno padali, od jednih izbora do drugih. Onda je, u septembru dvehiljadite, izgledalo da su, konačno, položili ispit. Ali, na kraju se ispostavilo da je to bila najveća prevara od svih prethodnih. Prodefilovalo je u tom periodu na stotine predsedničkih kandidata na izbornim listama, a kola su i dalje nezadrživo klizila nizbrdo – ka provaliji.

Od sve te gomile, meni je ostao upečatljiv samo jedan, sad već zaboravljen, koji se kandidovao iz zezanja i svojevremeno osvojio dvadeset hiljada glasova. Drugi su išli obrnutim redom: kandidovali su se mrtvi ozbiljni, ne bi li se posle zezali na račun i o trošku države.

Blažo Perović je bio među retkim kandidatima koji je sportski podneo poraz i postao svojevrstan barometar i otrov za srpske nečiste savesti. Sedeo bi u baštama kafića u Knez Mihailovoj i merkao razgolićene lepotice i poznate ličnosti koje su ispred njega defilovale kao na tekućoj traci.

„Vuče, jesi li to ti?" – dreknuo bi, videvši bivšeg kolegu i višestrukog predsedničkog kandidata.

Prozvani bi se trgao, kao da nije siguran da je to stvarno on, ili kao da je uhvaćen u krađi i prevari, okrenuo se u stranu i šmugnuo u prvu sporednu ulicu. Kao da ga je Blažo u trenutku skinuo golog, poput onih lepotica, samo što prozvani nije imao baš ništa da pokaže – čak ni sise.

„Vidiš li ti, dragi moj, šta ti je nečista savest?" – naslađivao bi se Blažo i poručio novu lozovaču.

Onda bi se pojavio veliki medijski mag: „Saša, jesi li to ti?!" Opet ista scena. Onda bivši ministar, pa direktor jedne, druge, treće moćne firme. Iste scene.

„Pa, dobro, Blažo, ima li u ovom gradu iko čiste savesti?" – pitao sam u neverici.

„Kako da nema, sav ovaj normalan svet koji ne prozivam, koji gleda svoja posla i živi od svoje muke. A, ovi drugi su toliko ogrezli u lažima i obmanama da više nisu sigurni ni ko su, ni šta su. I, onda, čim ih prozoveš, reaguju kao lopov uhvaćen u krađi", objašnjavao je nesuđeni predsednik.

I sad, posle dvadeset godina, sve je bilo isto, samo Blaža sam retko viđao, a i ja sam se odavno odmetnuo iz Knez Mihailove.

Noć pred izbore, opet sam usnuo čudan san, kao onomad pred Zoranov put u Njujork. Ali, ovo nije bila mora, to je, stvarno, bilo predskazanje. Sedeo sam u nekoj prostoriji, čitajući novine, kad je ušao „europejac" i nasrnuo na mene, urlajući i vređajući me, uz obilnu upotrebu opscenih reči, što njemu, kao „europejcu", nikakako nije pristajalo.

„Šta se ti to proseravaš o meni?!" – urlao je, kad smo već fizički počeli da se gušamo.

„Molim? Kome ti to, folirantu i bitango nijedna!" – uzvratio sam verbalni udarac.

Onda sam skupio svu snagu i hrabrost malog Davida, razmahnuo se koliko sam mogao i, bukvalno, na nozi izbacio Golijata napolje. U tom trenutku u prostoriju je ušla „vršilica" dužnosti predsednika, gegajući se kao moji guščići na Savi.

„Juuuj! Šta se to ovde dešava, kako ste mogli?" – prekorila me s vrata. „A, ja mislila vi ste neki fin čovek!"

„Marš i ti napolje, bitango!" – dreknuo sam. „Onomad si branila Slobu, da ga ne izruči Hagu, a sad paktiraš s njegovim dželatima. Sram da te bude!"

Nju nisam šutnuo. Čovek ne može da pobegne od svoje prirode, pa sam čak i u snu ostao džentlmen. Ali, bi mi krivo što čovek mora da se probudi, baš kad je najlepše.

Ujutro, kad su se već otvorila biralište, prvo sam pohrlio da se o svom snu prokonsultujem sa Frojdom. Ali, Zigmund je bio od slabe pomoći. Prvo se pravdao da je on stručnjak prevashodno za seksualne probleme vezano za snove, a potom reče da su njegova istraživanja bila ograničena, jer u svoje vreme nije imao priliku da izučava *specimene* poput moje malenkosti. Jadni starac uopšte nije shvatio da je ceo izborni proces u Srbiji bio neviđena jebačina.

Onda reče da su snovi jezik duše, „kojim ona progovara naše nesvesno". Dobro, to danas zna svaka gatara na ulici i klinci na svakom ćošku, rekoh indiferentno. E, sa dečjim snovima, stvari su već malo jasnije, vadio se Frojd. Kod dece je, veli, suština sna „ostvarenje neke u stvarnosti nezadovoljene želje".

„Taj sam!" – uskliknuh odom radosti.

Onda se malo zamislih, pa mi se javi: „Ali, čekaj, Zigmunde, znači li to onda da sam ja potpuno podetinjio i da ne snosim odgovornost za svoje postupke?"

„Ono prvo je očigledno", reče Frojd, „a o ovom drugom ne odlučujem ja, nego ministarka pravde. Znate ona sa karnevalskim naočarima, kako se beše zove..."

E, baš si me utešio, rekoh u sebi, ironično. „Nije valjda da si izučavao i njen slučaj, sve sa naočarima?"

„Pokušavao sam nešto, ali izgleda da je to van mojih poimanja", opet se vadio Frojd. „Znam da su ministar spoljni i ona mala iz Lutrije bili predsednikovi učenici, ali otkud ministarka pravde u toj priči? Znam da je radila neke stvari za onog svog prethodnika, koji je običavao da kaže 'nos je ponos', ali nisu joj to valjda jedini kredencijali?"

„Stvarno ne znam, Zigmunde, niti me zanima", rekoh.

„Ali, molim vas", insistirao je Frojd, „ona je, ipak, fenomen! Nikad nešto slično nisam sreo u svojoj karijeri. Nikad nisam video da neko tako uspešno sriče rečenice na jeziku koji ne zna – sa doturene ceduljice – kao ona, kad ste onomad izručili Mladića u Hag! Nju je nadmašio samo onaj što je uveče zanoćio kod tetke na kauču, a ujutro se probudio sa jedanest miliona evra na bankovnom računu."

„Idi bre, Zigmunde, malo do Šenbruna, pa prošetaj!" – rekoh. „A ja odoh da glasam."

Koliko god sam se trudio da se intimiziramo, što sam redovno pokušavao sa svim značajnim ličnostima, nisam uspeo. Ja njemu uporno „ti", on meni „vi". Pored Frojda, nisam uspeo da se intimiziram još samo sa čovekom koji je te večeri definitivno postao „bivši predsednik". Verovatno se nisam dovoljno trudio.

Jer, u nedelju uveče, sve se, srećom, razjasnilo i bez Frojda. „Nepobedivi", kako su ga prikazivali „anketari", „nezavisni novinari" i njegovi spin-majstori, u nameri da prevare naciju, prevarili su svog idola. Doživeo je debakl. Čovek, koji je tako samouvereno poručivao: „Sve ću da ih po.....!" – na kraju je sam doživeo istu sudbinu.

Priznajući, teška srca, poraz, stajao je sam pred novinarima, propao, oronuo, unezveren. Ni traga od njegove kamarile, sekundanata, spin-majstora, podrepaša.

„Sigurno neću biti budući premijer!" – rekao je u lice cele nacije. „Videćemo se u nekom drugom filmu!" – bile su te večeri reči za istoriju. Pomislih da, možda, neće u Holivud. Kad ono, posle nedelju dana, druga priča. Građani ga, veli, teraju da ne sme da odustane. Opet: „Bori-se! Bori-se!" Jer, vlast je slast. A, baš mu se nešto ne napušta vila na Dedinju! Niko se odande nije vratio živ, osim ako nije otišao u Hag, što se, obično, svodilo na isto.

Opet sam došao u iskušenje da se čujem sa Frojdom, ne bi li mi nekako objasnio taj fenomen. Ma daj, rekoh sebi, opet će da mi palamudi o kolektivno svesnom i nesvesnom, o seksualnim frustracijama, mada sve to, ne neki način, jeste bilo povezano i s ovim slučajem. Dok sam se dvoumio, od nekud se, spasonosno, javio Meša Selimović:

*Postoje tri velike strasti – alkohol, kocka i vlast. Od prve dvije se nekako može izliječiti, od treće nikako. Vlast je i najteži porok. Zbog nje se ubija, zbog nje se gine, zbog nje se gubi ljudski lik*

Da, to je to! – zaključih s olakšanjem.

Međutim, najgore od svih prošao je u izbornoj noći onaj nesrećnik iz Haga, koji je kandidovao svoju ženu za predsednika. Pao ispod cenzuisa i definitivno, i nepovratno ubio svoju stranku. Kraj priče.

Surfovao sam po internetu, čitajući komentare, izveštaje i projekcije šta će dalje biti sa Srbijom. Nije izgledalo dobro. Sa svih strana su stizale poruke da će novi predsednik morati da bude „konstruktivan" u vezi sa Kosovom, makar kao i prethodni. To „konstruktivan", razumeo sam kao „poslušan". Američka ambasada čestitala izbor Nikoliću! – čitam na agencijama. Ovo je stvarno bezobrazluk, zaključih. Otkad ambasade rade taj posao? Ako se ne varam, Jahjagi su čestitali lično Obama i Hilari. Samo se Vladimir Putin, i ovom prilikom, poneo kao pravi državnik.

Onda naletim na tekst briljantnog satiričara Dragutina Minića Karla, pod naslovom *Danke Eurland!*

*Dragi i poštovani prijatelji iz Evropske unije, bezgranično smo zahvalni (jer i ne znamo svoje granice) na pozitivnoj oceni, koju ste nam nedavno velikodušno uručili. Ne zamerite što nismo mahali repom od sreće, jer ovih predizbornih dana ne znamo gde nam je glava, a gde rep. Još više vam hvala na novim preprekama, koje ste nam postavili, jer nam je ispod časti da bez velikog truda uđemo u vaše društvo, kao što su to učinili neki naši susedi.*

*Znamo mi da nas vi ne mrzite, jer da nas mrzite, odavno biste nas primili u EU. Takođe smo vam zahvalni na onom bombardovanju, koje je bilo isključivo za naše dobro. Žalimo samo što nismo u stanju da na dobro uzvratimo dobrim.*

*Hvala vam i na preporuci da promenimo onaj zakon o restituciji, što ćemo učiniti bez oklevanja, pa makar morali da Mađarima vratimo Vojvodinu, Hrvatima Zemun, a Crnogorcima Dedinje. To će se, verujemo, pokazati delotvornim, jer nas iskustvo sa Kosovom podseća na to da putujemo bez suvišnog balasta. Tako rasterećni, pašćemo vam u bratski zagrljaj, kao ono Avelj bratu Kainu.Kad smo već kod bratske ljubavi, ne brinite da nekog drugog više volimo. Volimo mi vas i Ameriku, majke nam Rusije.*

*Ne zamerite zbog izostanka parade ponosa, jer u svom primitivizmu mi još uvek koristimo onu zaostalu vezu muško-žensko. Ali, kako stvari stoje, doći će i nama iz Kaknja u Zenicu.Hvala vam što i dalje verujete da smo čvrsto opredeljni za EU, pred čijim ćemo vratima dreždati, ako treba, i celu večnost. I ni dan duže.*

Briljantno! – raspilavio sam se. Dok je takvih umova i duha, Srbija ne treba da brine za svoju budućnost, što reče nekom drugom zgodom drug Tito. Samo, ima li u Briselu ikoga dovoljno pametnog da izanalizira i razume ovu poruku? I da, eventualno, izvuče neku pouku.

Tekst je potpisan sa *Neiskreno vaši Srbi*. A, onda, kratak postskriptum: *Koristimo priliku da vas upozorimo na opasnost koja vreba: kad budete primili sve naše bivše republike u Evropsku uniju, rasturićemo je kao Jugoslaviju.*

U tom trenutku mi je neko zazvonio na vrata. Opet poštar, pomislih. Čime li će sad da me obraduje? Otkad se pojavio internet, poštar mi nije donosio ništa dobro. Bili su to, obično, samo pozivi za sud, za tekstove koje sam prestao da objavljujem u novinama pre više godina, neke specijalne pošiljke, i retko razglednice od prijatelja sa dalekih putovanja.

„Ko me sad tuži? – upitah čim sam otvorio vrata. Da, bio je poštar, ali u ruci nije imao plavi, nego veliki braon koverat.

„Biće da je ovaj put nešto drugo, čak iz Amerike", uzvrati poštar. „Potpiši ovde."

Malo mi je laknulo, ali samo dok nisam otvorio koverat. Onda mi se svet okrenuo za trista šezdeset stepeni i zamračilo pred očima.

## 2

„Dragi Veljko, kad budeš čitao ovo pismo ja više neću biti među živima", počinjao je Zoran.

Tras, pravo u glavu! Pokušavao sam da uhvatim dah, da se priberem i dođem sebi. Šta je sad ovo? Nešto je u grlu počelo da me steže i guši, a srce je lupalo kao u onom starom italijanskom šlageru *cento al'ora*. Mada, srce koje lupa „sto na sat", u stvari, ne kuca. Mora da je autor šlagera bio strastveni automobilista, pa je pobrkao pojmove. Glupost.

Je li taj nesrećnik, stvarno, poludeo? Lepo meni reče Zef da to neće izaći na dobro, razmišljao sam.

Odložio sam pismo i dugo buljio u jednu tačku na plafonu, u nadi da nisam dobro pročitao poruku. Posegao sam za bensedinom. Onda pomislih, možda je, ipak, bolje konjak, za pokoj duše. Mada još uvek nisam verovao u ono što sam pročitao. Na kraju sam uzeo jedno i drugo. Odličan način da se čovek predozira i ubije.

Odsuo sam malo konjaka na pod, valja se, kaže narod, i bojažljivo ponovo uzeo pismo u ruke. Nije bilo dileme – to je to, zaključih čitajući ponovo.

„Oprosti što sam te izneverio i obmanuo", nastavljao je dalje. „Moj život je odavno izgubio svaki smisao, pogotovo otkad sam ostao sam na svetu. Mora da si nešto od toga i sam naslutio. Mržnja i osveta su strašan otrov i kad ti se jednom uvuku u dušu, neko mora da strada. Ili neko nedužan, ili ti sam, što se često svodi na isto."

Ipak je poludeo, zaključih. Odsuh još malo konjaka, gutljaj njemu, gutljaj meni, prekrstih se triput, i zapalih novu cigaretu, umesto sveće.

„Bio sam gonjen ludom potrebom da osvetim oca, da se osvetim za sva zla koja su nam naneli belosvetski zlikovci. Nikako nisam mogao da odagnam iz misli onaj krater na očevim grudima, grob koji više ne postoji pored Belog Drima, sva porušena srpska groblja i žrtve, prezrene i zaboravljene. Kao da Srbi nisu ljudi, kao da treba da im se zatre svaki trag. Mislio sam da ću ovde, možda, da se oslobodim te more, smoći snage da eventualno započnem nov život, ali bio si u pravu kad si me odvraćao od puta – ovde mi se tek sve smučilo, gledajući i slušajući svakodnevno nove nepravde i laži, i tako u nedogled", kao da se pravdao za sopstvenu smrt.

„Na kraju sam odlučio da uradim 'nešto veliko', nešto što će da potrese savest čovečanstva, ako tako nešto uopšte postoji. Da se probude i trgnu, da shvate da tako više ne može, da počnu da nas bar malo respektuju i tretiraju kao ljude. U stvari, hteo sam da osvetim i sebe jer – ni to ti nisam rekao! – oboleo sam od raka, verovatno kao posledica osiromašenog uranijuma, koji su nam ostavili naši 'milosrdni anđeli'."

Opet novi šok. Objašnjavao je da su mu lekari dali najviše dve godine života, ako se ne podvrgne terapiji, što je on odlučno odbio.

„Čemu da se maltretiram, kad mi i bez toga nije do života? Znaš da stotine ljudi godišnje oboleva od malignih bolesti zbog tog 'osiromašenog' uranijuma i možeš li da zamisliš kako onda izgleda tek onaj 'obogaćeni'. Čujem da je umrlo i četrdeset pet italijanskih vojnika koji su služili baš u mom kraju, oko Peći. Pa kako njima, neka bude i meni, mislio sam."

Pisao je da je u poslednje vreme bio opsednut Gavrilom Principom i hteo da učini nešto slično, ne da bi „ušao u istoriju", nego da bi probudio savest čovečanstva.

„Posle, kad sam se suočio s tim činom, shvatio sam da ja za tako nešto nemam ni srca ni muda. Imamo li mi, Srbi, uopšte, i za šta muda, osim da se kurčimo po kafanama?

Moj prijatelj Agim, koga sam takođe izneverio, kaže da nismo ni za šta, i verovatno je u pravu. Na kraju, zaključio sam da nisam sposoban za borbu u kojoj stradaju nevini. Šta je, na primer, promenilo bombardovanje Svetskog trgovinskog centra, osim što su poginule hiljade nevinih? I, ko ga je, uopšte, bombardovao? Nisam više imao kud i izabrao sam sopstvenu smrt."

„Nemoj da te sve ovo rastuži", nastavljao je Zoran. „Veruj mi, izabrao sam najsrećnije rešenje. Možda mi Srbi treba da se borimo samo za istinu, za duše ljudi, za savest čovečanstva, koja jednom, ipak, mora da se probudi. To je sigurno dug i mukotrpan proces za koji ja više nisam imao snage. Imam utisak da tebe i dalje ne napušta 'mladalački', borbeni duh. Ako imaš snage, ti nastavi, bori se i dalje, piši i kad sve izgleda izgubljeno i bez svrhe, jer samo dok se boriš i ne predaješ, život ima smisla."

„Verovao sam da ko nije spreman ni za šta da se žrtvuje, nije dostojan ni da živi. Nadam se da sam, na kraju, makar donekle opravdao svoje postojanje sopstvenom žrtvom. Ali, ti nastavi da se boriš, kako znaš i umeš, samo da ne stradaju nedužni. Prilažem ti ovde disketu, na kojoj sam pribeležio neke svoje misli i doživljaje, sve što mi se dešavalo u Americi i sve što me oteralo u smrt, ako može da ti bude od bilo kakve koristi."

Molio je da nikome u Beogradu, od onih koji su ga poznavali, ne govorim o njegovoj sudbini. „Niko tamo i ne zaslužuje da zna istinu. Osim toga, sve ovo o čemu ti pišem, i što ćeš naći na disketi, nije se zvanično ni dogodilo. To je tajna koju sad znate samo ti i *Most Verazano*."

Na kraju je zaključio: „Učini za mene još samo jednu stvar: kad dođeš u Njujork, prospi karton *drine* bez filtera ispod Verazano bridža. Hvala ti i oprosti na svemu i, ako možeš, pamti me po dobru, a ne po zlu. Zauvek tvoj, Zoran."

Opet sam dosuo konjaka, odlio malo za Zorana, i povukao gutljaj. Pomagao je više od bensendina, samo u obrnutom smeru. Čoveče, na čemu on meni zahvaljuje – što sam ga poslao u smrt? – pitao sam se.

Onda sam otvorio disketu i imao šta da vidim. Neke stvari su mi bile poznate od ranije iz njegovih poruka, neke iz razgovora, a neke sam samo naslućivao. Ali, bio sam fasciniran opisom detalja, njegovim zapažanjima, pronicljivošću, komparacijama, suprostavljanjem ideja, ali iznad svega lirskim opisima predela, pejzaža i pojedinih događaja. On, izgleda, nije promašio samo život, nego i profesiju – možda je, ipak, trebalo da bude pisac, zaključio sam na kraju.

Da li je to „delo" koje mi je ostavio u amanet, ako ga on ne dovrši, kao što reče u jednoj od poslednjih poruka? Osnova je bila više nego solidna, nedostajala je samo potka da bi se istkala kvalitetna i vredna tkanina. Ali, šta ja znam o tkanju? Imam li ja uopšte snage, umeća, istrajnosti i nadahnuća da prihvatim tako veliki izazov? – pitao sam se u sebi. Da dublje proniknem u dušu srpskog teroriste u pokušaju, u kojem opravdani gnev i želja za osvetom, na kraju, prerastaju u potrebu za samožrtvovanjem i koji iza sebe, na kraju, ostavlja humanističku poruku?

Na kraju sam odlučio da ta razmišljanja odložim za neko drugo vreme. Takve odluke se, ipak, ne donose na prečac. Dugo sam sedeo i pušio, krstio se s vremena na vreme, kao poslednji verski fanatik, ne mogavši još uvek da dođem sebi. Preskočio sam čak i svoj dnevni ritual da odem na Ostrvo, gde su me čekala „gladna usta" i da tamo provedem dan, sam sa svojim mislima.

„Šta se desilo?" – upita moja žena, tek što je ušla na vrata, vraćajući se sa pijace, vukući „kao mazga", kako je običavala da kaže, ceger i gomile kesa. „Vidi na šta ličiš, a cela kuća smrdi kao poslednja birtija na dim i alkohol."

„Ništa, moram da promenim put za Njujork, da uhvatim prvi mogući let", rekoh.

U Njujorku sam imao neke nezavršene poslove, lične prirode, koje sam godinama odlagao, malo iz lenjosti, malo zbog opšteg razočaranja a, verovatno, malo i zbog godina i redukovane želje za putovanjima, ali najviše zbog zabrane pušenja. I sama pomisao na uskraćivanje te slobode bila mi je odvratna. Ali, novonastala situacija nije trpela nikakva odlaganja, makar ne u mojoj savesti.

„Pa, dobro", nastavi žena, malo pomirljivijim tonom, „šta se to tako naprasno desilo?"

„Moram na sahranu jednom prijatelju, ti ga ne znaš, ali meni je mnogo značio u životu."

Gledala me je zbunjeno, pitajući se, verovatno, ko to postoji tako važan u mom životu, a da ga ona ne zna, posle toliko godina. Onda je, verovatno, kao mudra matematičarka, zaključila: „Ej, draga moja, šta ti sve ne znaš!" – i počela bez reči da vrti telefone za rezervacije.

Užasno sam se plašio svoje žene. Njen matematičarski um i moja haotična priroda, iako sam ja voleo da je zovem „baroknom", bili su potpuno inkopatibilni. Verovatno nas je, kroz godine, održala zajedno samo ona teorija da se suprotnosti privlače.

Ali, ja bih se uvek stresao od jeze kad bi ona ušla na vrata, natovarena „kao mazga", i uvek sa istim primedbama: „Čoveče, ti ćeš da se ubiješ, ovo je gore od poslednje drumske krčme."

U nekoliko navrata sam, sedeći za kompjuterom, razmišljao da se razvedem zbog tog nepodnošljivog terora. Možda sam joj to neki put čak i rekao. Pitao sam se koliko li je puta u meni ubila velikog pisca, novinara, mislioca, genija. Možda čak i naučnika, što da ne? Možda bih, svojom posvećenošću, bio čak i bolji matematičar od nje, da sam probao?

Ali, moj problem je bio u tome što bih od svega, što bih jednom savladao, dizao ruke i tražio nove izazove, ostajući u svemu „nedovršen". Samo je moja borba, protiv svih i svega, bila neprestana. Ali, umeo sam da budem i plemenit i „veličanstven" u retkim životnim pobedama, i umeo da praštam. Tako sam makar uobražavao, na osnovu retkih primera. Zna li ona, uopšte, da iza svakog velikog čoveka stoji žena? – često sam se pitao u sebi. A, vidi šta ona meni radi!

Nervirale su je plave koverte koje su dolazile iz suda, žestoke polemike i, po mojoj „urođenoj" skromnosti, „genijalne" kolumne u novinama, koje su za nju bile samo „pljuvački tekstovi", sve moje izgubljene, pa čak i poneka dobijena životna bitka.

„Šta će ti sve to? Imaš nas (mislila je na sebe i ćerku), imaš svoje Ostrvo, kad ćeš već jednom da se smiriš?"

„Kad odem na Bežaniju, s grobljanske strane!" – bio je jedini odgovor koji bi mi padao na pamet.

„A, ponašaš se kao da se spremaš za Aleju Pelikana!" – uzvraćala bi ona ironično i jetko. Ponekad je umela da bude i duhovita. Stalno je prepričavala epizodu kako sam simpatičnog, mladog kardiologa, ležeći u Bežanijskog bolnici, iznenada upitao: „Doktore, jeste li sigurni da ja ne ležim na pogrešnoj strani autoputa?"

Često sam imao utisak da ona, ipak, uprkos svom isprogramiranom matematičkom kodu, poseduje jednu neiscrpnu ljubav prema „čovečanstvu". Uvek je bila spremna da učini sve, za svakoga, a najmanje je mislila na sebe. To mi je bilo sasvim razumljivo, jer poznato je da je lakše voleti čovečanstvo, kao apstraktni pojam, nego konretnu indivduu, pogotovo u mom liku.

Onda bih, na kraju, poražen njenom požrtvovnošću i dobrotom, „uvukao rogove" i pragmatično zaključio: „Bolje je biti srećan, 'mali čovek', nego nesrećni genije." Ili, što bi rekli Italijani: *Meglio un assino vivo che un dottore morto.*

I život bi tekao dalje.

# 3

Posle više godina odsustvovanja, imao sam utisak da se Njujork u suštini nije mnogo promenio. Tu i tamo nikli su novi neboderi na mestima starih zgrada, Tajms skver, s pozorišnim kvartom, i dalje je ličio na uzavrelu košnicu, a Peta avenija, s elegantnim prodavnicama i masom sveta koja se kretala u oba smera, zadržala je dostojanstvo stare dame.

Ali, nešto se promenilo „iznutra", u meni ili u gradu, i to jednostavno više nije bio moj *hometown,* kako sam ga godinama ranije doživljavao. Za Njujork su me vezivale uglavnom lepe uspomene, druženja, ljubavi i prijateljstva, šetnje i veslanja na jezeru u Central parku, i jedno osećanje nesputanosti i slobode, koje su postepeno jedna za drugom, gotovo nevidljivo, raznim pravnim začkoljicama, ukidane.

U ljudima sam sad prepoznavao čipovane zečeve, uplašene iz ovog ili onog razloga, od gubitka posla, recesije, terorizma, ili stanja na berzi, koji su bili spremni da se bespogovorno mire sa svojom sudbinom i pokorno preko čipa primaju i izvršavaju svaku naredbu. Ili je i to bilo samo moja pogrešna uobrazilja? Sve što sam nekad doživljavao kao ružno, a bilo je i toga, nije da nije, odavno sam zaboravio i potisnuo iz sećanja. Ali, sad sam prvi put Njujork doživljavao kao mesto „zločina u pokušaju" i onog stvarnog, koji je Zoran izvršio nad samim sobom. Osećao sam da to za mene, definitivno, nikad više neće biti isti grad.

Još dok sam sedeo u taksiju, putujući od aerodroma prema gradu, razmišljao sam samo kako da što pre obavim sve što sam isplanirao, vidim se sa par prijatelja i pobegnem natrag, glavom bez obzira.

Uprkos svim problemima, nedaćama, ekonomskoj krizi, političkim previranjima, stranim pritiscima i nedostatku bilo kakve perspektive, Beograd mi je sa te distance delovao kao jedini preostali *hometown* na planeti. Jedino mesto koje me je čak preko okeana grejalo svojom toplinom i vezivalo nekim nevidljivim zlatnim nitima, utkanim u svakodnevni život, ma kakav bio, i mamilo da se vratim – što pre. Jedino mesto na planeti koje sam osećao kao svoj dom.

Sutradan sam se prvo javio Ofeliji. Bila je iznenađena kad je čula da sam u Njujorku. „Šta se to desilo sa Zoranom, naglo je negde otputovao bez traga?" – bilo je njeno prvo pitanje.

„Pričaću ti, hajde da se vidimo na ručku."

„Pa, dođi u UN, mada je sad dosta komplikovan ulaz u zgradu. Imali smo skoro lažnu dojavu o bombi, znaš?"

„Čuo sam", rekoh. „Radije bih da se nađemo negde u gradu, kad završiš posao, povedi i Gerdu."

„Otkud ti znaš za Gerdu? Ona se tebe ne seća."

„Čuo sam, samo ti nju povedi."

Našli smo se po podne u mom nekad omiljenom restoranu *Mimi's*, na Pedeset drugoj ulici i Drugoj aveniji, koji je bio poznat po italijanskim specijalitetima. Hrana je bila odlična, ambijent prijatan, a uveče je imao i diskretnu živu muziku. Tu su nekad, davno, bili nezaboravni provodi, ali i to se promenilo. Muzika se sad svela samo na jednog pijanistu, koji je odrađivao posao uz pomoć sintisajzera. Bašte nije bilo, ali to nije bilo ni bitno, jer ni u baštama više nije smelo da se puši. A, i vreme je bilo šućmurasto.

Izgrlio sam se sa Ofelijom, koja nije nimalo ličila na ženu pred penzijom. Bila je još živahna i puna elana, a iz njenih toplih, mediteranskih očiju, boje ćilibara, i dalje su virili radoznalost i nemir. Gerda je bila zbunjena i uzdržana, dok smo se rukovali.

„Ti si, znači, Zoranov prijatelj?" – pitala je.

„Da, bio sam", rekoh nesmotreno, i ujedoh se za jezik.

„Kako to misliš?" – upita Gerda iznenađeno.

Ofelija, na trenutak, nije pratila razgovor, pa je i ona uletela nesmotrenim pitanjem, u kojem sam dobio na vremenu: „Šta ima novo u Beogradu? Vidim, imali ste iznenađenje na predsedničkim izborima. Šta će sad da bude?"

„Ništa", rekoh, „biće kao i dosad. Zapadni ambasadori formiraće novu vladu, kao i prethodnu. Na tome se već radi punom parom."

„Čekaj, pa šta će vam onda izbori – niste vi kolonija?"

„Eh, draga moja Ofelija, mi smo mnogo gore od toga", rekoh.

Tri spasonosna pitanja u jednom. Elaborirao sam izborne rezultate, projekcije šta će biti dalje, a sve vreme sam smišljao odgovor na najteže, Gerdino pitanje. Odugovlačio sam koliko sam god mogao, vrludajući i smišljajući odakle da počnem „ono pravo". Mora da sam ih već bio smorio, kad me je Gerda prekinula.

„Dobro, hoću li ja, na kraju, da saznam šta je bilo sa Zoranom?"

„On te je mnogo voleo, ali njegov život je bio pakao, bez ikakvog izlaza i perspektive, verovatno ti je pričao o tome..."

„Ali, šta se desilo, otkud znaš da me je voleo?"

Opet dobrodošlo pitanje, da dobijem još malo na vremenu. „Bili smo bliski i pisao mi je puno o tebi. Njegova pisma bila su čista poezija. A, ostavio mi je i jednu disketu sa svojim beleškama. Odavno nisam video da neko s toliko ljubavi i nežnosti govori o voljenoj osobi."

„Znači, ti sve znaš? Pa, što me je onda ostavio, što je otišao tako naprasno? Ostavio mi je samo pismo iz kojeg nisam ništa mogla da shvatim. Šta se, uopšte, s njim desilo?"

E, sad više nemam kud, zaključih. Taj trenutak morao je da dođe, kad-tad. Uzeo sam ih obe za ruke, koje su bile na stolu, i pogledao naokolo. U restoranu nije bilo mnogo sveta, bilo je već kasno za ručak, prerano za večeru. Dugo sam tako držao njihove ruke, fiksirajući ih pogledom, dok nisam smogao snage da nekako prevalim preko usta: „Drage moje, reći ću vam nešto strašno, ali, molim vas, neka to ostane među nama – Zoran se ubio!"

Obe su u isti mah povukle ruke, kao da ih je udarila struja, vrisnule, pa pokrile usta rukama. Činilo mi se da su tako ostale celu večnost. Onda je Gerda počela da rida i da se trese od plača, kao da je doživela epileptični udar. Ofelija je obujmila njena ramena i grlila je, u nastojanju da je smiri.

„Gospođo, je l' vam nije dobro, da pozovem hitnu pomoć?" – pritrčala je konobarica, i ona sva izbezumljena.

„Biće dobro, samo je čula lošu vest, znate kako je to", pokušavao sam da smirim i nju.

„Neka popije malo vode", uzvrati konobarica, pre nego što je shvatila da je najprimerenije da se udalji. „Zovite me ako nešto zatreba", dodala je na kraju.

„Pa, dobro, kako? Zašto?" – prvo je progovorila Ofelija.

Opet sam kupovao vreme, čekajući da se Gerda malo smiri. Sad je najgore prošlo, zaključih s olakšanjem. Gerda je, polako, dolazila sebi, ali je i dalje šmrcala i brisala suze. „Zašto sve moje prave ljubavi završavaju na isti način?" – uspela je da procedi posle nekog vremena, i dalje šmrcajući.

Bio sam prinuđen da im telegrafski prepričam ceo Zoranov život, tačnije ono što je meni bilo dostupno, sve njegove dileme i muke, gnev, osećanje nepravde, želju za osvetom, i beznađe koje ga je, na kraju, oteralo u smrt.

„Ona dojava o bombi, drage moje, nije bila lažna", uspeo sam nekako da prevalim preko usta, prethodno proverivši da nas niko ne prisluškuje. „To je bio Zoranov poslednji očajnički akt, ali, na kraju nije imao srca da to uradi."

Opet su bile u šoku. „Bože, šta je moglo da nas snađe!" – prva je reagovala Ofelija. „A policija reče da je uzbuna bila lažna."

„To je samo jedna laž više na Ist riveru, drage moje", rekoh. „Sećate se onog tajnog izveštaja o bombardovanju sarajevske pijace Markale, koji je abolirao Srbe od krivice, ali nije nikad objavljen?"

„Bože, u kakvom svetu laži mi živimo", uključivala se polako i Gerda u razgovor. „Ali, zašto to rade?"

„Ono sa Markalama, verovatno, zato da im ne propadne medijska priča o muslimanima kao žrtvama i Srbima kao jedinim 'zlim momcima'", rekoh. „Zašto su slagali ovo za bombu, zaista ne mogu da pretpostavim."

„Kako ne možeš", ubaci se Ofelija, „pa valjda da ne bi ohrabrili teroriste i da bi sakrili bruku da je tako nešto uopšte bilo moguće."

„Zvuči prilično logično", rekoh.

„Ne bi to Zoran nikad mogao da uradi", reče Gerda. „Mada ne mogu da verujem da je on uopšte mogao da razmišlja o tome i da je došao tako blizu da to izvede. Ali, život i nepravda, očigledno, mogu čoveka na svašta da navedu, pa i ne razmišlja o posledicama."

„Zoran je, na kraju, ipak doneo jedinu ispravnu i moguću odluku. Nije mogao da podnese pomisao da od njegove ruke stradaju nedužni, mislio je pri tom posebno na vas dve. Ali, više nije imao kud, pa je skočio s Verazano bridža", rekoh.

Gerda je opet počela da šmrca i briše suze.

„Čekaj, nećeš valjda da kažeš da je on onaj beskućnik o kome su pisale novine?" – upita Ofelija.

„Tako je", rekoh, „ali neka i to ostane među nama. Jer, istina ionako ne može više ništa da promeni, niti bilo koga interesuje, a i Zoran bi sigurno voleo da tako ostane. On je, u stvari, bio verovatno najnesrećniji beskućnik na svetu."

„Stani malo", opet će Ofelija, „policija je rekla da je poziv došao od nekog čoveka sa jakim stranim akcentom, da nije..."

Tu se i ja štrecnuh. Ta misao mi uopšte nije padala na pamet.

„Misliš, da nije Zoran?" – rekoh. „Nisam o tome razmišljao, ali sad kad si pomenula, ne bih isključio ni tu mogućnost."

Gerda je opet počela da plače i briše suze salvetom sa stola.

„To mi liči na njega, ali šta to sad menje na stvari? Njega nema pa nema. Oh, Bože...!

Propao ručak. Jelo koje smo naručili pre „trenutka istine", ostalo je skoro netaknuto. Mirisi italijanskih specijaliteta nisu nas dodirivali. Popili smo samo malo vina i promrljavili po tanjirima kad su se Gerda i Ofelija malo smirile. Tek sad sam shvatio koliko je bilo glupo planirati ručak za ovakvu priliku. Već je pao mrak i pijanista je seo na svoje mesto i počeo da podešava pomagala.

„Hajde da krenemo, devojke, nije baš trenutak za muziku", rekoh. Složile su se bez pogovora, još uvek unezverene i zbunjene onim što su čule. Dogovorili smo se da se vidimo ponovo i da čuvamo našu tajnu. „Ne bi bilo dobro ni za vas, a posebno za Gerdu, da se išta od ovoga sazna", rekoh.

„Hajde da noćas spavaš kod mene, Gerda, dok se malo ne smiriš", reče Ofelija, kad smo već bili na ulici.

„Mislim da je to pametno", uzvrati Gerda, prihvatajući poziv.

4

Sutradan kod Bepa ista mučna priča. Reče da se tek vratio sa svojom džogerkom sa krstarenja po Bahamima, pa se zato nije javljao na moje pozive iz Beograda. Zatekao je Zoranovo pismo u poštanskom sandučetu, ali mu ništa nije bilo jasno.

„A, di je to Zoran otputovao, tako naglo, šta mu bi?" – pitao je.

Opet sam se dugo mučio, razmišljajući kako i odakle da počnem, ali ovaj put sam ćutao. Onda ga zamolih da mi sipa neko piće, bilo šta. Još mi je pamtio ukuse. Sipao je obojici konjak i krenuo da nazdravimo. Ja sam izmakao čašu i odsuo malo konjaka u pepeljaru, da mu ne prljam tepih.

„As ti gospu, pa šta to radiš?"

Povukao sam dobar gutljaj i prelomio: „To je za pokoj duše, Bepo. Zoran se ubio!"

Bepo je skočio kao da ga je neko ubo oštrim predmetom u stražnjicu.

„Šta kažeš – ubio se? Pa, šta mu bi?"

„Duga je to, i tužna priča, moj Bepo", rekoh i počeh da elaboriram otpočetka.

„Ajme, ljudi, pa šta je tom svitu?" – čudio se Bepo. „Jedan je skoro skočija sa Verazana, taman kad smo mi kretali na put."

Ta njegova upadica mi je dobro došla, taman da još malo u glavi razradim strategiju. Nisam mu rekao da je to bio Zoran. Nisam hteo da mu kvarim ugođaj, da ga ubuduće ne progoni Zoranov lik dok bude džogirao pored mosta.

Pričao sam mu o Zoranovoj nesrećnoj sudbini, dilemama i razočaranjima. „Imao sam utisak da ovde ima nade da započne nov život i hteo sam da mu pomognem", rekoh. „Ali, kao što vidiš, sve je ispalo naopako."

„Pa, dobro, jesi li ti slutija išta slično?"

„Ništa, baš ništa, moj Bepo, inače ti ga sigurno nikad ne bih ni preporučio. Ali on je to, očigledno, imao u glavi od samog početka, jer je svuda ostavljao lažne adrese. Na kraju se spetljao s albanskom mafijom i tako okončao."

„As ti Isusa!" – krsti se Bepo i dosipao konjak.

„Izvini što sam te upetljao u sve ovo, kao i sebe, uostalom", rekoh. „Nikad mi više nešto slično neće pasti na pamet. Ali, ti ne brini, tebe nema nigde u ovoj priči, i do tebe ne vodi nikakav trag, samo neka sve ostane među nama", rekoh.

„A čuj, stari, šta imaš od priče? Šta je – tu je. Ali, neka nam ovo obojici bude još jedna škola u životu", mirio se sa situacijom.

Opet se raspitivao za staro društvo u Beogradu, viđam li koga. Nisam imao šta da mu pričam, jer sam viđao sve manje ljudi. „Dođi ti lepo na leto, pa ćemo zajedno sve da obiđemo i družimo se u Skadarliji, i na splavovima na Savi i Dunavu", rekoh.

„Znaš da ramišljam o tome. Već sam razgovarao i sa Filis i ona je oduševljena idejom. Čitala je, veli, dosta o noćnom životu i provodu u Beogradu."

„To je izgleda ozbiljna stvar sa Filis?" – rekoh, osetivši olakšanje zbog promene teme. „Nešto si naprasno žrtvovao svoju slobodu?"

„A, čuj stari, šta da ti kažem, lipo nam je zajedno", uzvrati Bepo. „A, šta ti je i sloboda? Znaš kako se ono kaže – boriš se za nju cijelog života, a kad se izboriš i ona može preći u dosadu i ne znaš šta ćeš s njom. Ulazimo u ozbiljne godine i treba se smirit."

Boca konjaka je poprilično stradala. Dogovorili smo se da jedno veče odemo u *Istra-klub* i obiđemo staro društvo. Bacio sam pogled po kući i konstatovao da je moja pretpostavka bila tačna: Bepo nije imao kompjuter. Jednostavno, nije želeo da ta, kako reče „monstruozna sprava", remeti njegove životne navike. Pogotovo sad, kad je imao Filis.

Posle sam seo da sam sa svojim mislima popijem kafu u nekoj bašti, presabirajući u glavi kojim redosledom, i šta mi još preostalo da uradim u Njujorku, s kim da se vidim, koga da preskočim. Moje „afežejke" bile su na vrhu liste prioriteta, *Istra-klub,* sa sjajnom pesnikinjom Silvanom,

„popravni" ručak s Ofelijom i Gerdom, poslednja šetnja Central parkom, koji me je sad podsećao na Zoranove retko srećne trenutke.

Razmišljao sam i da se vidim sa Zefom i Agimom, ali sam tu ideju brzo odbacio. Zefu nisam imao snage, ni hrabrosti, da se pojavim pred očima, a Agimu, verovatno, ne bih imao šta da kažem, kao, uostalom, ni on meni. Bilo mi je, ipak, žao što neću imati priliku da upoznam tog lika.

Ostala je još nerazrešena i dilema da li da odem na *Roosevelt Island* i obiđem stare, drage prijatelje. Ranije bismo, kad god sam dolazio, neizostavno pravili roštiljijadu na stadionu, s pogledom na oblakodere Menhetna, na *stonethrow* preko reke, koliko da se baciš kamenom, pretresajući događaje i evocirajući uspomene. Obožavao sam to ostrvo usred Istočne reke, povezano sa Menhetnom samo žičarom i podzemnom železnicom, jer me je podsećalo na moje Ostrvo na Savi.

Leti, kad bi oni došli u Beograd, pravili bismo reprizu na Ostrvu, s istim programom, menijem i istim neiscrpnim temema. Onda su se, vremenom, oni pojavljivali sve ređe, verovatno zaokupljeni drugim obavezama, životnim i poslovnim planovima i ambicijama. Sve više smo se udaljavali i postajali dva sveta. Jeste, oni su bili, uglavnom, bolje stojeći, ali nismo baš ni mi sasvim za bacanje, branio se moj povređeni ego. Mogu belosvetski hohštapleri da nam oduzmu sve, ali ne mogu dušu, dostojanstvo, prijateljstvo, ljubav i smisao za druženje.

„Počeli ste da nas diskriminišete na klasnoj osnovi", prebacivao bih im kad se leti ne bi pojavili na Ostrvu.

„Ma daj, šta ti pada na pamet, nego ne stižemo od silnih obaveza", pokušavali su da se odbrane – neuspešno.

Povremeno bi razmenjivali mejlove i „forvardovali" jedni drugima razne tekstove iz srpske, ili američke štampe, uz propratne komentare. Kad bi i to „utihnulo", poslao bih samo kratku poruku:

„Vi nas više uopšte ne volite!"
„Volimo, volimo!" – stizao bi odgovor.
Nedovoljno za pravo, trajno, i iskreno prijateljstvo. Možda je vreme da i ja njima „udarim sankcije"? – razmišljao sam. Pa, neka vide! Šta su oni uobrazili – da parama mogu da kupe svu pamet, prijateljstva i dobrotu sveta?

Ipak, i tu odluku sam ostavio za kasnije. Lomio sam se između ljubavi i blage želje za osvetom – da Imperiji uzvratim udarac. Onda sam krenuo prema Verazano bridžu u svoju poslednju, kako je to u belosvetskom žargonu običavalo da se kaže – „humanitarnu misiju".

# XVII

# EPILOG

## 1

Sedeo sam dugo na šetalištu ispod Verazano bridža, gledajući u more i razmišljajući da li je, stvarno, moguće da je Zoran završio na takav način. Da li je baš tako moralo da bude? I, koliko sam ja tome doprineo, svojom nesmotrenošću, naivnošću i glupošću, uprkos najboljim namerama. Opet se pokazalo da je najboljim namerama, često, popločan i put u pakao. Ali, ko je mogao da pronikne u Zoranove misli i namere, mada je u njegovoj priči, od samog početka, bilo nečeg nedorečenog i dvosmislenog.

Na keju je bilo tek nekoliko džogera i šetača, a niko nije sedeo na obližnjim klupama. Diskretno sam izvadio kutiji *vinstona* i krišom zapalio cigaretu. Onda sam posegao za *drinom* bez filtera, povukao dim, koji me je odmah zagrcnuo, prišao vodi i blago spustio cigaretu u more.

Preko tesnaca nazirao se Steten Ajlend, desno oblakoderi južnog Menhetna, a između Kip slobode. Nad tesnacem su kružila i igrala se jata galebova, a preko mosta su sumanuto jurili automobili na oba nivoa, u oba smera. Bio sam u mislima sam sa Zoranom, baš kao i onog dana kad sam ga ispratio za Njujork sa beogradskog aerodroma. Jedini sam ga ispratio, jedini prisustvovao njegovoj „sahrani", tu, ispod mosta, sa kojeg je skočio u svoju plavu grobnicu, i ostao sam, pored Gerde i Ofelije, jedini čuvar njegove tajne.

Uništio je svoj mladi život, i niko, nikad, neće ni saznati za njegovu žrtvu, koja je bila uzaludna, kao i sam život. On će, u crnim hronikama, ostati upisan samo kao bezimeni beskućnik. Nije čak ni umro kao heroj, ako mu je to uopšte bio cilj. Izvršio je zločin nad samim sobom, jer mu savest, uprkos svom nagomilanom gnevu i očaju, na kraju, ipak, nije dozvolila da to učini drugima. Bio sam, a da toga uopšte nisam bio svestan, saučesnik u tom zločinu, kao i u „zločinu u pokušaju", za koji Zoran nije imao srca.

Nije bilo ni rodbine, ni prijatelja, ni sveštenika da mu drži opelo. Do beskonačnosti sam u sebi ponavljao „vječnaja pamjat", svestan da nije ostao niko, sem mene, da ga pamti.

Znao sam, istovremeno, da ne mogu na dostojan način da se oprostim od mrtvog druga, ako ne odem do mesta gde je sebi oduzeo život, poklonim se njegovim senima i obuhvatim pogledom sve ono što su poslednji put gledale njegove oči. Da umesto grudve zemlje, u njegov modri „grob" bacim karton *drine* bez filtera.

Ako pokušam da pešice pređem preko mosta, ima da završim kao Zoran, samo pod točkovima automobila, ili da me pokupe i odvedu u ludnicu, razmišljao sam. Preostalo mi je samo jedno rešenje: da pokušam da stopiram. Ali, ko će u Njujorku da stane i uzme u auto neznanca, matorog ludaka, koji se smuca oko mosta poput poslednjeg klošara?

Otišao sam, ipak, do skretanja za most, podigao desnu ruku, s palcem nagore i tako stajao najmanje pola sata. Nema šanse. Vozači su trubili, pokazivali mi srednji prst i dobacivali nešto što od silne buke nisam mogao da razumem. Ili bi jednostavno protutnjili, ne obraćajući pažnju.

Onda se desilo čudo: zaustavila se mlada, lepa, plavuša i upitala: „Šta mogu da učinim za vas?"

„Da me prebacite do Steten Ajlenda, dok gradonačelnik ne napravi pešačke staze", rekoh.

„Zar vi, stvarno verujete u predizborne bajke?" – pitala je devojka, dok sam sedao na mesto suvozača.

„Ne verujem ja više ni u šta, draga gospođice, osim u dobre ljude kao što ste vi", rekoh.

„*Where are you from?* " – bilo je njeno sledeće pitanje. Po mom akcentu, koga se ne bih oslobodio taman da živim hiljadu godina, odmah je prepoznala da sam stranac.

„Srbija", rekoh.

„Uuuu, Milosevic!" – primetila je pomalo zgranuto.

„Ne, Đoković!" – uzvratih ja ponosno.

„*Oh, yes, he's a great guy*. Sjajan momak."

Bili smo već na mostu, kad sam izvadio iz torbe karton *drine* i držao ga na kolenima.

„Šta vam je to?" – pitala je devojka.

„Cigarete", rekoh. „Da li biste mi učinili još samo jednu uslugu, bio bih vam zahvalan do groba?"

„Recite!"

„Ako biste stali samo na sekund na mostu, da bacim ove cigarete u more? Tu mi je poginuo dobar drug, a bio je strastven pušač."

„Onaj ludak što je skočio pre desetak dana?" – pitala je i gledala me nepoverljivo.

„Ne, ovo se desilo odavno, poginuo je u sudaru dva glisera. Ali, preklinjem vas, samo jedan sekund...!" – molio sam.

„Ali, zabranjeno je zaustavljanje na mostu, osim toga otkud znam da nećete da skočite? Zakunite se!"

„Kunem se, svim na svetu", rekoh.

Ona je već bila uključila migavce i usporila. Vozači iza nas nalegli na sirene, onda počeše da nas zaobilaze, opet dobacujući i psujući na sav glas. Istrčao sam iz kola, prekrstio se, bacio pogled na Kip slobode i južni Menhetn, poslednje što su gledale Zoranove oči, i prosuo cigarete u more.

„Čoveče, ovo je ludilo!" – rekla je s olakšanjem, kad sam se vratio u auto. „Ovo još nisam doživela."

Onda, kao da se setila da smo nešto propustili pruži mi ruku: „Ja sam Džejn."

„Veljko", uzvratih, ali odmah mi bi jasno da je ime nije „dodirnulo" i da nikad neće moći da ga izgovori.

„Čudan ste narod vi Srbi. Čula sam o vama sve najgore, a sad vidim da i vi imate dušu", reče Džejn, već malo opuštenija.

„Prema svemu što sam ovde čitala, najbolje što može da se desi jednoj ženi sa Srbinom jeste da bude silovana. Da sam znala da ste Srbin, ni u snu vas ne bih primila u auto."

„Ako je silovanje dobro, šta je onda zlo, Džejn? Osim toga, ako su Srbi takvi seksualni manijaci, zašto im onda opada natalitet?"

Malo se zamislila: „Pa, sigurno ima mnogo gorih stvari od silovanja, recimo smrt." Onda, opet, posle kraće pauze upita pola u šali: *„Are you a rapist?"*

„Nije, valjda da delujem kao silovatelj? Siguran sam da vas ne bi prevario vaš nepogrešivi instikt", rekoh. „Vi ste divna i hrabra devojka, Džejn. Ovo što ste mi danas učinili nikad vam neću zaboraviti."

„Nije to ništa, tako bi, valjda, trebalo da se ponaša svaki normalan čovek, hrišćanin ili, *whatever*", uzvratila je, gledajući me svojim nasmejanim zelenim očima.

„A, kako se vi to krstite – prvo desno, pa levo, i s tri prsta?" – upita iznenada. „Moji roditelji su iz Irske, mi smo katolici, i krstimo se obrnuto.

„Srbi, i ostali pravoslavni hrišćani se po tome razlikuju od katolika, ali ne samo po tome", rekoh. „Ali, kad je neko dobar čovek kao vi, Džejn, onda nije bitno ni koje je vere, ni nacije."

Tek sad sam primetio sitne pege na njenim jagodicama i malom, prćastom nosu. A kroz glavu mi prolete misao:

Bože, da li si mi ti poslao ovog anđela, da mi pomogne i ispuni želju? I zašto je to učinila: da li zato što je plavuša, što je Irkinja, ili zbog toga što sam joj u svakom pogledu delovao bezopasno? Prvi razlog sam odmah odbacio. Džejn, definitivno, nije bila ona plavuša iz vica.

Ali, ubrzo se pokazalo da je pomalo luckasta, što me je uvek očaravalo. „Nisam ja baš tako dobra, kako vam se čini, mogu i da ujedem", reče kroz smeh, sad već sasvim opuštena. „Av, av!" – nagnula se ka meni, imitirajući zločesto kuče. Ali, efekat je bio suprotan: njen pegavi nosić se pri tom malo naborao, oči malo skupile, ali nastavile da se smeju. Ličila je na dobru kucu, koju bi čovek poželeo samo da pomazi, nikako da povredi.

Tu negde smo prešli onu nevidljivu granicu intime, koja na engleskom znači prelazak sa „persi" na „pertu", jer drugih razgraničenja skoro i nema. Već smo bili ušli na Steten Ajlend.

„Ako ne žuriš, Džejn, rado bih te poveo na kafu, da ti makar na taj način zahvalim za dobro delo", rekoh.

„Sa zadovoljstvom", uzvrati ona. „Drago mi je što smo se upoznali, mada povod nije bio najsrećniji."

Dugo me fiksirala pogledom, kao da me skenira, ili da još jednom želi da se uveri da možda, ipak, nisam „silovatelj", pa doda: „Baš si me zaintrigirao. Ima još toliko stvari koje bih htela da te pitam, nikad pre nisam srela nekog Srbina."

Reče da radi u jednoj marketinškoj agenciji na Menhetnu, ali je tog dana obilazila neke klijente u Bruklinu, pa nije ni odlazila u firmu. Imao sam utisak da je negde na pola puta između tridesete i četrdesete. Reče da je „razmažena jedinica" i da živi sa roditeljima u porodičnoj kući.

„A, ne sa momkom?" – upitah. „Moja ćerka je dosta mlađa i već se iselila iz kuće, i živi sa momkom."

„Stvarno? Vi ste tako emancipovana nacija, a ja sam vas nešto zamišljala kao da živite u srednjem veku?"

„Sve je to relativno, Džejn. Na neki način i živimo u srednjem veku, jer mnogo robujemo istoriji. Nego, šta bi sa momcima?"

„Ah, to je posebna priča. Ponekad imam utisak da momci danas provode više vremena na internetu, nego sa devojkama. U svakom slučaju, moj 'princ na belom konju' još se nije pojavio."

„Pa, ko ti onda peva na uvce *When Irish eyes are smiling?*"

„Ah, to pevamo samo kad se skupimo u *pabu,* za Dan svetog Patrika, ali horski. Imam osetljive uši, to mi dođe nešto kao erogena zona, i s tim stvarima sam vrlo oprezna."

Opasan mali, irski provokator, pomislio sam u sebi. Da možda ne radi za IRA, pa da sklopimo neki pakt?

„Šteta", rekoh, „tako lepa devojka! Ali, tada sigurno nosiš onaj bedž *Kiss me, I'm Irish?*" – rekoh.

„*Of course, we all do*. Ali, ja uopšte nisam lepa", branila se. „Nikad mi niko nije udelio toliko komplimenata, za tako kratko vreme. Osim toga, vidiš da sam i pegava?"

„Pa šta? To samo iz tebe izvire dobrota. Ali, ništa ne može da zaseni lepotu tih tvojih večito nasmejanih irskih očiju", rekoh. „Znaš da su Srbi i Irci veoma slični. Volimo da pevamo, pijemo, radujemo se – čak i bez nekog posebnog razloga – nepokorni, svojeglavi i pomalo 'opičeni'?"

„Stvarno? Nisam znala da ste i vi takvi?"

Opet me dugo i vragolasto fiksirala pogledom: *„You know something, perhaps you aren't a rapist, but you surely are a flirt."*

Objasnio sam joj da flertovanje nije u mojoj prirodi, ali da mi je došla kao melem, da odagnam crne misli koje su me obuzele pri pomisli na mrtvog druga, „koji je poginuo pre mnogo godina".

„Ne bih baš rekla, dobro ti ide ", dočekala me spremno. „A, čini mi se i da si vrlo sentimentalan."

„Tuga i nesreća obično učine ljude sentimentalnim, Džejn", rekoh. „Dođu tako neki trenuci u životu kad pomisliš da je sve gotovo, besmisleno i uzaludno. Onda te, iznenada, obasja neki zračak lepote i dobrote, kao ti mene danas, pa shvatiš da uvek ima nade i da život mora da ide dalje da bi oni koje smo voleli, a kojih više nema, nastavili da žive u nama."

„To je vrlo tačno, Drago mi je ako sam ti bila od pomoći", uzvratila je, parkirajući se ispred nekog kafića.

„Dobro, sad ti meni reci: zar ste vi Srbi zaista silovali šezdeset hiljada žena u Bosni?" – upitala je tek što smo seli.

Opet ista priča, pomislih. Onda je, na sreću, došla konobarica i dok smo naručivali piće, razmišljao sam odakle da počnem. Ona je naručila *dry martini* sa maslinkom. „Sad sam već kod kuće, pa mogu malo da se opustim. Baš mi prija sve ovo", reče.

Odavno sam već bio zaboravio na svoje nekad omiljeno piće, na koje me je sad podsetila, i rado sam je pratio.

„Lično, nemam nikakvih iskustava sa silovanjima, Džejn. Ali, da li možeš da zamisliš da jedna, na brzinu sklepana vojska, koja uspešno vodi rat i pobeđuje, sve dok se nije umešao NATO, može još i da siluje toliko žena? Kao da im je to 'glavni posao'?"

„Nije baš logično, moram da priznam. Ali, šta hoćeš da kažeš – da silovanja nije bilo?"

„Naravno da je bilo. Ali, pretpostavljam, ni manje ni više nego u svakom drugom ratu, i to na svim stranama. A sve ostalo je naduvano, kao plod mašte one tvoje sestrinske firme u Vašingtonu, *Ruder Finn,* koja je za plasiranje sličnih laži uzela velike pare, najmanje dvadesetak miliona dolara."

„Oh, *Ruder Finn!* Samo njih mi, molim te, ne pominji. To su monstrumi bez trunke morala i poslovne etike. Mada etika i moral baš i nisu neki važni atributi u našem poslu."

„A, znaš li da su mnoge muslimanke, koje su tvrdile da su ih silovali Srbi, posle rodile 'crnčiće', verovatno od vojnika Unprofora."

„Nemoj da kažeš?" – zinula je u čudu. „Pa, kako niko o tome nije pisao? Ne sećam sa da sam o tome išta čitala u novinama."

„Naravno da nisi, jer onda bi pala u vodu cela iskonstruisana priča o 'dobrim' i 'lošim' momcima, pri čemu su samo Srbi zli."

„Ne mogu da verujem", nastavi ona, nakon što se malo pribrala. „Ali, znaš da meni nikad nije bilo sasvim jasno – zašto ste vi tamo uopšte ratovali?"

„Zato što smo imali veliku i lepu zemlju koja se zvala Jugoslavija. A velikim silama, pre svega Americi, bilo je u interesu da je razbiju, da bi lakše vladali malim 'banana republikama'. Zbog toga su posle i Kosovo oteli od Srbije, i napravili drugu albansku džavu na Balkanu."

„I tu mi ništa nije jasno. Kakav interes Amerika ima na Kosovu, i kakav je interes imala u Bosni? Koliko znam, tamo nema nafte, a ni nekih dragocenih minerala."

„A, kakav su interes onomad imali u Vijetnamu, na sasvim drugoj strani sveta, gde su sejali zlo i smrt, osim težnje za globalnom dominacijom? U Bosni i na Kosovu su se stavili na stranu muslimana i Albanaca, da bi se dodvorili muslimanima u drugim zemljama, gde ima nafte, a gde su počinili grdna zlodela. Kao sad u Iraku, Avganistanu, ili Libiji, na primer."

„Hm, ima tu neke logike. Ali ovde sam čitala da su Srbi izvršili agresiju na Bosnu?"

„I to je samo proizvod *Ruder Finn*-a. Srbi su nekad bili većinski narod u Bosni, ali su mnogi za vreme petsto godina turske okupacije prešli u islam, i sad su muslimani u većini", pokušavao sam da zadovoljim njenu radoznalost. Poziv na kafu evoluirao je prvo u martini, pa potom u „čas političke anatomije".

„Hoćeš da kažeš da su muslimani, u stvari, Srbi?" – čudila se Džejn. „Upravo tako, to jest – bilo nekad. Ili Srbi, ili Hrvati – trećeg nema."

„Stani malo, a ko su onda Bošnjaci? U poslednje vreme čitam sve manje o muslimanima, a sve više o Bošnjacima..."

„E, vidiš, u tome i jeste poenta. *Bošnjaci,* to je, u stvari, novo ime za muslimane, da bi zavarali naivne..."

„Kao mene?"

„Pa, i tebe, između ostalog. Ali ono što im je bilo važnije, u vreme rata u Bosni, bilo je da ne uplaše 'demokratsku' Evropu, pa su postali Bošnjaci. A, iz toga onda proizlazi da je Bosna država Bošnjaka, kao autohtonog naroda, a Srbi i Hrvati, kao drugi i treći narod u Bosni, su uljezi i 'agresori'."

„Bože, kakva perfidna igra! I u kakvom mi to svetu živimo?" – ote joj se misao. „I, tako je počeo rat?"

„Tačno. Muslimani su hteli da stvore unitarnu državu, pod svojom dominacijom, pa su, zajedno sa Hrvatima, proglasili otcepljenje tadašnje republike Bosne i Hercegovine od Jugoslavije, gde su svi živeli u jednoj državi. Po tada važećem ustavu, na to nisu imali pravo, bez saglasnosti sva tri naroda. Međutim, velike sile su odlučile da ignorišu odredbe ustava i priznale otcepljenje. Srbi su se pobunili i počeo je rat."

Malo sam zastao, da uzmem predah, pa rekoh: „Duga je to i mučna priča, Džejn. Da li te davim?"

„Ne, naprotiv. Baš je zanimljivo, govoriš stvari koje nikad nisam čula, a hoću da znam istinu."

„Ta priča o agresiji je kao kad bi neko upao u tvoju kuću na Steten Ajlendu, pa proglasio tebe agresorom", pokušao sam da joj objasnim slikovitim primerom. „Šta bi ti uradila?"

„Ujela bih ga", opet je krenula da izigrava zlu kucu, samo ovaj put nije lajala, nego režala.

„E, vidiš, tako su počeli da se ujedaju i u Bosni, pa i u Hrvatskoj."

„Ne mogu da verujem", reče Džejn. „Ako je sve što si rekao tačno, a nešto mi govori da jeste, pitam se zašto mi ovde uopšte čitamo novine?"

Nisam imao odgovor. Ona je dugo ćutala i gledala ispred sebe. Već smo bili načeli drugi martini. Onda, iznenada, primeti: „Ti mora da mrziš Amerikance?"

„Taman posla, ko bi mogao da mrzi nekog tako dragog kao što si ti, Džejn?" – uzvratio sam i blago pomilovao njenu ruku na stolu.

„Prestani da mi se udvaraš. Iako sam rođena ovde, ja sam prvo Irkinja, pa tek onda Amerikanka, ali ozbiljno te pitam", narogušila se, opet izigravajući zloću, ali oči su je izdavale.

„Drago mi je što si prvo Irkinja, pa tek onda Amerikanka, Džejn", rekoh. „Znam ovde mnoge Srbe koji su prvo Amerikanci, pa tek potom, pomalo i stidljivo, Srbi. Inače, uopšte ti se ne udvaram. Ja sam srećno oženjen čovek i nemam marketinški moral. Ali, postala si mi toliko draga da mi dođe da te zagrlim. Kako onda da nekog takvog, ili bilo koga, kao pojedinca, mrzim?"

„Ha, ha, ha, srećno oženjen čovek! Zar postoje takvi?"

„Nađe se, kad libido i strast ustupe prvenstvo nekim drugim vrednostima – prijateljstvu, uzajamnom poštovanju i razumevanju", rekoh, shvativši u trenu zašto je još neudata.

„Zanimljivo, o tome nisam razmišljala. Ali, vidim, imaš problem sa rukama, je l' da?"

„Dobro si primetila, ali to je samo zato što verujem da jedan dodir može da kaže više od milion reči."

„Da znaš da si u pravu! I ja ponekad osetim tu potrebu, ali ljudi to često pogrešno shvataju."

Ono o „marketinškom moralu" joj se, izgleda, dopalo i zasmejalo je, pa se na stolu sad našao *triple decker* sendvič: njena ruka, moja ruka, pa opet njena, i ništa između. Osećao sam kako komuniciramo i bez reči i kako se njena energija i toplina ulivaju u mene, i obrnuto. Poželeo sam da tako ostanemo satima, ali dugovao sam joj odgovor.

„Ono što mrzim iz dna duše, jeste američka politika, koja je nanela toliko zla širom sveta. Bombardovali su i mene i moj narod, zbog iskonstruisane 'humanitarne katasrofe', prvo u Bosni, potom na Kosovu. Kako da voliš nekoga ko ti prosipa bombe na glavu?"

„Ne znam, nisam bila u toj situaciji", reče Džejn. „Ali, čini mi se da je to tvoje mišljenje o američkim 'humanitarnim misijama' sve rasprostranjenije širom sveta. Tu, ipak, nešto, izgleda, nije u redu. Ali šta ja, kao građanin, mogu da uradim, promenim?"

„Ne znam. Menjajte nešto, birajte nove, bolje ljude..."

„Ali, kako, kad biramo samo između dve partije, a obe su iste?"

„Ne znam", rekoh, „ni kod nas nije ništa bolje, iako imamo gomilu partija." Onda mi sinu: „Ako hoćeš da vidiš kako razmišljaju razboriti i trezveni ljudi u Americi, pročitaj tekst Dejvida Jiglija, čukununuka Zlog Orla, poglavice Komanča. Imaćeš šta da vidiš na njegovom sajtu. Samo ukucaj *bad eagle* na guglu."

„Stvarno, *Bad Eagle*, i dotle si stigao? Ti si, stvarno, čudo. Baš ću da pogledam", uzvrati Džejn.

„Ako ništa drugo, shvatićeš da 'etničko čišćenje' nisu izmislili Srbi, nego engleski kolonizatori."

„Ja sam nedužna, svi moji su rođeni u Irskoj!" – podigla je obe ruke u znak odbrane, uz vragolasti smeh.

Raspitivala se o mom životu i situaciji u Beogradu, šta radim, i koliko ostajem u Njujorku. Rekoh da ostajem još samo par dana i da već jedva čekam da se vratim kući.

„*Home, sweet home!*" – rekla je setno, više za sebe. Onda doda: „Volela bih da upoznaš mog šefa. On je normalan čovek, ako više uošte ima normalnih, i sigurna sam da bi i njemu bilo drago, a možda i korisno da upozna tebe. *A strange man you are!*"

Rekoh da sam u vremenskom tesnacu, da imam da obavim još neke poslove i vidim par prijatelja, ali da ću svakako nastojati da je „negde udenem".

„To bi bilo sjajno. Posle bismo mogli da odemo negde na ručak."

Ideja je delovala neodoljivo: „Recimo, u onaj restoran pored jezera u Central parku? Šteta što su već ocvale japanske trešnje."

„Restoran zvuči odlično, a što se tiče trešanja, tu si poprilično okasnio. Moraćeš da dođeš dogodine", uzvrati vragolasto.

Pomisao da više neću stići da je vidim, pomalo me je rastužila. Onda opet, pomislih, možda nađem neku rupu u svom prebukiranom kalendaru. A, i ono njeno „dogodine", kad cvetaju japanske trešnje, delovalo je privlačno. Odjednom mi se ičinilo da život mora da teče dalje, da nije smak sveta i – „nikad ne reci nikad".

„A, gde ti sad ideš?" – upita Džejn, na kraju.

„Idem na trajekt za Menhetn."

„Dobro, odvešću te do tamo."

Posegla je rukom u tašnu i izvadila vizitkartu. „Vidi, ovde imaš sve moje podatke i javi se. Možda bismo mogli da budemo, kako se to nekad govorilo, makar *pen-pals*. Sad se to, verovatno, kaže *net-pals*. Ali, gledaj da se vidimo pre nego što odeš."

„Ne mogu da poželim ništa lepše od toga. I, hvala ti još jednom na svemu, Džejn," rekoh.

Umesto odgovora, sad je ona stavila svoju ruku na moju, gledala me upitno i čudno, dok smo se ćutke vozili prema trajektu. Kao da se neki nevidljivi teret svalio na naša pleća, koji nam je oduzeo moć govora i zavezao jezike.

A, ja sam se, u stvari, za trenutak osetio rasterećeno, makar od crnih misli koje su me vezivale za Zorana. I sve to samo zahvaljujući ovom „čudu" od žene.

Bože, kakav dramski obrt! – razmišljao sam u sebi. Zoran nije uspeo da osveti oca, jer mu to savest nije dozvoljavala, i sigurno je tako bolje. Ali, možda sam ja, bar malo, uspeo da „osvetim" njega, ako sam makar deo njegove muke, i istine, koja ga je oterala u smrt, uspeo da udahnem ovom divnom ljudskom biću, da pusti klicu i u njoj „seme zametne". Bilo je to najviše što sam, na kraju, mogao da učinim za njega. Ali, i za sebe.

U ušima su mi odzvanjale Zoranove reči: „Možda mi Srbi treba da se borimo samo za istinu, za duše ljudi, za savest čovečanstva, koja jednom, ipak, mora da se probudi..." I da niko nedužan ne strada.!

„Žao mi je što danas nije Dan svetog Patrika", rekoh kad smo stigli do trajekta.

„Misliš zbog bedža?" – pročitala mi je misao.

Klimnuo sam potvrdno glavom, i uzvratio osmeh.

„Za tebe ne treba bedž", uzvrati Džejn. „Ne mogu da verujem da smo se tek sreli. *It looks like it's been ages!*"

Raširila je ruke, zagrlila me i poljubila, toplo i iskreno, u oba obraza. Dugo me je tako držala u toplom zagrljaju, kao da se znamo od iskona. Da Srbi i Irci, ipak, nisu isti narod? – pitao sam se.

„Ali, mi to radimo triput, Džejn", rekoh, kad se udaljila.

„Stvarno? Ah, vi Srbi! Niko mi neće verovati da sam pokupila jednog na Verazano bridžu i da nije čak ni pokušao da me siluje."

Onda ponovo priđe, i poljubi me, kako valja: „Ovo ti je za *farewell*."

Kad je trajekt isplovio za Menhetn, stajala je još neko vreme na pristaništu, mašući. Na kraju mi je „dunula" poljubac i sela u svoju, za američke prilike malu, „tojotu".

## 2

Stajao sam na palubi, čudeći se koliko „pešaka" prelazi na Menhetn trajektom. Bio sam ubeđen da ću biti sam, okružen mnoštvom automobila. Međutim, prilagodljivi Amerikanci su na vreme shvatili da je ludilo ići na Menhetn kolima, kad ih je odmah do trajekta čekala podzemna železnica, *South Ferry,* koja se granala na sve strane.

Na horizontu su mi nedostajale siluete Svetskog trgovinskog centra, oko čije lokacije su se dugo sporile gradske vlasti i razne interesne grupe, da bi na kraju počeo da izrasta novi *Liberty Tower.* Pomišljao sam da svratim do Tribeke, pa produžim na sever, u *Little Italy,* i potražim Damira u onom restoranu na Marlberi stritu, ako je još tamo, pa onda dalje, do Grinič vilidža, gde mogu da „ubijem" noć i dočekam zoru.

Možda bih mogao da svratim i do Javorke na Houston stritu, jedne divne devojke koja se bavila modnim dizajnom, da popijemo pićence, kao nekad, u „dobra stara vremena", ako je još tamo...

Ali, nije mi bilo ni do čega. Sad, kad sam ostao sam, razmišljao sam o Džejn, koja me je makar za trenutak ozarila, o Zoranovom amanetu, kako da što pre pozavršavam sve što sam planirao i – vratim se kući. Njujork više, definitivno, nije bio moj grad.

Oko Kipa slobode, simbola Amerike, koji je sve više dobijao na značaju što je slobode bilo manje, obletala su jata galebova i izvodila vratolomije u vazduhu. Osetio sam sumanutu želju da zapalim cigaretu, i udahnem punim plućima miris morskog vazduha, u prvi sumrak. Vazduh je još bio slobodan, iako zagađen, a cigareta samo jedna od zabranjenih sloboda.

Uhvatio sam pogledom Verazano bridž, čiji lukovi su ponosno spajali obale Bruklina i Steten Ajlenda i dugo ga tako „zamrzao" u kadru, u želji da ga zauvek zadržim u sebi. Andrić je govorio da mostovi spajaju ljude, a ovaj je zauvek rastavio mene od Zorana, i njega – od života. Sad, u prvi sumrak, učinilo mi se kao da i lukovi tuguju u večernjoj izmaglici. Kao onomad, u komunističko vreme, kad je „nebo plakalo za najvećim sinovima svih naših naroda i narodnosti".

Ovaj put, nebo nije plakalo, a imalo je milion razloga. Moglo je da se rasplače nad Zoranovom sudbinom i nesrećom, u kojoj je bila objedinjena sudbina svih obespravljenih, poniženih, gnevnih i unesrećenih širom sveta. Nebo nije plakalo ni kad je iz njega nad srpskim, kao i tolikim drugim glavama, lila kiša smrtonosnih bombi, raketa i „osiromašenog" uranijuma.. I ovaj put ostalo je gluvo i nemo. Kao da je oguglalo na sve nesreće, nepravde, tragedije i ljudske žrtve. Kao da mu je ponestalo suza. Ima li nebo, uopšte, dušu?

„Laka ti noć Zorane...i večni san!" – rekoh u sebi, i prekrstih se na onaj, za Džejn zbunjujući način, a sad i na iznenađenje putnika. Onda mi potekoše suze, koje nisam uspeo da zadržim, ni sakrijem.

Evo još jednog ludaka, verovatno su se zgledali putnici, koji nisu čuli za ono – *Suze su OK*.

Jato galebova pratilo je trajekt, nadajući se, valjda, da će neko da im baci parče odranog lista, ili neke druge ribe. Šta znaju galebovi šta je trajekt, a šta ribarski brod?

Jedan, koji me je neodoljivo podsećao na onog Bahovog Džonatana Livingstona, izvodio je akrobacije i vratolomije u letu, u nastojanju da dostigne savršenstvo. Teže li i ljudi savršenstvu, razmišljaju li, uopšte, o tome? I, ako teže, zašto im ide tako loše?

Drugi je ličio na Belog anđela iz manastira Mileševe, od kojeg je vladika Filaret uspeo da napravi zemaljsko čudo, ali mu i to neki zameraju. Srpska posla!

Gledao sam te vesele ptice kako se igraju i, ničim izazvane, vrište od sreće, kao razigrana deca, i zamišljao ih kao bele anđele. Kako li bi izgledao svet kad bi oni ovladali njime, makar na trenutak, umesto onih koji se lažno predstavljaju za 'milosrdne anđele', a seju smrt? – razmišljao sam. Jer, kakvom savršenstvu teže današnji vladari svetom – osim da usavrše tehniku ubijanja?

Ako anđeli, zaista, postoje, Zoran sad mora da je među njima, negde u raju, pokušavao sam da se utešim. On je, u stvari, pravi milosrdni anđeo, koji je žrtvovao sebe da bi poštedeo nedužne. Zatim, opet, obeshrabrujuća misao: možda sad i anđeli završavaju u paklu, dok svetom vladaju – oni drugi?

Onda smo stigli u *South Ferry*.

Vjekoslav Radović
KAD SU CVETALE JAPANSKE TREŠNJE

*Urednik*
Miloš Janković

*Grafički urednik*
Dragana Ristović

*Idejno rešenje korica*
Dunja Radović

*Korice*
Slobodan Tasić

*Izdavač*
IP „Prosveta" a.d. Beograd
u restrukturiranju
Beograd, Kneza Mihaila 12

*Za izdavača*
Jovan Janjić, direktor

Štampa i povez

Novi Sad, Momčila Tapavice 2
Tel./fax: +381 21 499-461, mob.: 063/506-278

*Tiraž*
1000

2013.

ISBN 978-86-07-01998-4

CIP – Каталогизација у публикацији
Народна библиотека Србије, Београд

821.163.41-31

**РАДОВИЋ**, Вјекослав, 1939-
 Kad su cvetale japanske trešnje / Vjekoslav Radović. – Beograd : Prosveta, 2013 (Novi Sad : Sajnos). – 280 str. ; 21 cm.

Тираж 1000.

ISBN 978-86-07-01998-4

COBISS.SR-ID 196542220

www.ingramcontent.com/pod-product-compliance
Lightning Source LLC
Chambersburg PA
CBHW062153080426
42734CB00010B/1667